基于社会资本的知识网络组织之间相互信任机制研究

JIYU SHEHUI ZIBEN DE
ZHISHI WANGLUO ZUZHI ZHIJIAN
XIANGHU XINREN JIZHI YANJIU

王　涛◎著

四川大学出版社

责任编辑:唐　飞　段悟吾
责任校对:张京驰
封面设计:墨创文化
责任印制:王　炜

图书在版编目(CIP)数据

基于社会资本的知识网络组织之间相互信任机制研究 / 王涛著. —成都：四川大学出版社，2016.5
ISBN 978-7-5614-9444-8

Ⅰ. ①基…　Ⅱ. ①王…　Ⅲ. ①知识经济-应用-企业管理-研究　Ⅳ. ①F270

中国版本图书馆 CIP 数据核字（2016）第 091898 号

书名　**基于社会资本的知识网络组织之间相互信任机制研究**

著　　者　王　涛
出　　版　四川大学出版社
地　　址　成都市一环路南一段 24 号（610065）
发　　行　四川大学出版社
书　　号　ISBN 978-7-5614-9444-8
印　　刷　郫县犀浦印刷厂
成品尺寸　148 mm×210 mm
印　　张　10
字　　数　267 千字
版　　次　2016 年 5 月第 1 版
印　　次　2016 年 5 月第 1 次印刷
定　　价　30.00 元

◆读者邮购本书，请与本社发行科联系。电话：(028)85408408/(028)85401670/(028)85408023　邮政编码：610065
◆本社图书如有印装质量问题，请寄回出版社调换。
◆网址：http://www.scupress.net

前　言

知识网络能帮助企业整合资源、提高创新能力以及加快对市场变化的反应速度，从而提高企业自身竞争优势。相互信任是知识网络有效运行的保障，是知识网络组织之间展开合作的必须前提，同时也是知识网络的治理机制之一。研究知识网络组织之间的相互信任机制，既可以丰富信任问题研究体系、知识网络管理理论和知识管理理论，还可以促进知识网络中组织之间信任关系的建立与发展，提高知识网络运行效率与成功率。信任是社会资本的关键要素，社会资本与网络直接相关，社会资本理论中结构洞和嵌入性等观点可用来分析解释知识网络中的相互信任问题。本书以社会资本理论为分析工具，依照相互信任的建立机制—演化过程—作用机理三大模块，搭建分析框架，对知识网络组织之间的相互信任问题展开深入系统的研究，并以知识冲突治理为例证进一步分析了相互信任对知识网络的治理作用。

本书核心内容主要包括如下方面：

（1）根据相互信任在变化过程中不同阶段的特性，将知识网络中相互信任划分为尝试性信任、维持性信任、延续性信任和敏捷信任。以知识网络中知识活动进程为维度，结合知识网络自身特性，将知识网络中的相互信任划分为四类，为研究知识网络中相互信任的建立和演化奠定基础。由于本书将知识活动分为知识转移、知识共享和知识创造三个环节，三者通过反馈机制形成螺旋向上的循环过程，因而此处作为维度的知识活动，特别指单次知识活动进程。

（2）从影响因素和对建立过程的博弈分析及情境分析着手，推断归纳出知识网络组织之间相互信任的建立机制有过程型、特征型、规范型和反馈型四类。由于知识网络中的相互信任受到不同因素的影响，采用前因—后果思路，将影响知识网络中相互信任的因素归纳为前因变量和后果变量。利用博弈论方法，对知识网络中相互信任的建立过程进行分析，获得结论：建立知识网络中的信任关系需要满足合作/信任策略收益大于不合作/失信策略收益。利用社会资本理论中嵌入性和结构洞观点分析发现：由于网络声誉传递机制和结构洞的存在，形成网络中建立信任的两种初始情境，即有第三方和无第三方，两种情境下建立的初始信任不同。因此，本书以满足建立相互信任关系的条件为目的，结合信任建立的两种初始情境，从影响因素角度着手，分析知识网络组织之间相互信任的建立机制。

（3）从类别、程度和范围三个方面分析知识网络组织之间相互信任的演化过程。将知识网络整体信任的演化纳入分析范围，从过程视角和整体视角两个维度展开研究。其中，过程视角对单次合作过程中相互信任的演化进行研究；整体视角分析随着知识活动螺旋向上循环开展，网络整体的相互信任演化过程。通过理论推导得出：单次合作过程中，相互信任的演化体现在类别和程度上，演化过程分为四个阶段，即预测阶段、确定能力阶段、信任保障阶段和转移提升阶段；无第三方信息源时，类别变化为尝试性信任—维持性信任—延续性信任；有第三方信息源时，类别变化为敏捷信任—维持性信任—延续性信任；整个过程中，信任度由低到高变化。从网络整体而言，引入福山的“信任半径”进行分析，得出网络中相互信任的范围随着知识活动的循环开展不断扩大。

（4）通过实证研究与理论推断相结合，分析相互信任的作用机理。将社会资本和知识网络构成要素相结合推断得出：相互信任通过影响知识转移来发挥作用。因此，利用知识转移三要素即知识转移机会、知识转移意愿和知识转移能力构建了一个假设模型，使用统计调查和结构方程模型验证假设模型，并对实证检验结果进行理论推导。通过实证研究与理论推断得出：相互信任与知识转移机会、能力和意愿三要素均正相关；相互信任通过知识转移机会对知识转移行为产生影响；在相互信任作用的前提下，知识转移意愿通过知识转移机会影响知识转移行为，知识转移能力在相互信任、知识转移机会和知识转移意愿对知识转移行为发挥作用的过程中起着制约作用，并影响着知识转移效果。

（5）利用实证研究分析了知识网络组织间相互信任对于知识冲突的治理作用。根据知识冲突产生的原因，明确知识冲突治理的内容，基于博弈分析，提出相互信任通过声誉机制、长期合作关系、沟通开放性等三个中间变量影响知识冲突治理效率，构建出相互信任对知识冲突治理作用机理的概念模型，用统计调查和结构方程模型，对假设关系进行验证，得出：相互信任与声誉机制、长期合作关系、沟通开放性三者具有正相关关系；相互信任通过长期合作关系、沟通开放性正向影响知识冲突治理效率，声誉机制借助长期合作关系与沟通开放性发挥对知识冲突的治理作用。

著 者

2016 年 3 月

目　录

1 绪论

1.1 研究背景

1996 年世界经济合作和发展组织提出“知识经济”的概念，这一与农业经济、工业经济相对应的概念逐渐广为人知。知识经济的兴起对组织结构、产业结构、增长方式和生产方式等带来深刻影响。在全球经济高速增长中，科技进步或知识的贡献已由 20 世纪初的 5%左右上升到 20 世纪末的 60%～70%，成为一个国家富强的源泉，成为人类文明的主要动力和源泉。① 可见，知识已作为一种生产要素登上了经济舞台，成为推动经济发展和生产变革的关键要素。

著名管理学家彼得·德鲁克（1994）曾指出“管理的本质不是技术和程序，管理的本质是使知识富有成效”。② 知识经济时代，知识创造能力成为企业竞争优势的源泉和组织成功与否的标志。然而，由于知识分工的细化和更新速度的加快，单个组织很难依靠自身力量适应激烈的竞争需要。如同 Crossan 和 Inkpen（1995）所言“在当今全球化日益盛行的外部环境里，企业组织

① 张润彤，蓝天. 知识管理导论［M］. 北京：高等教育出版社，2005：27－31.

② Drucker P F. The Age of Social Transformation［J］. The Atlantic Monthly，1994，274（5）：53－80.

仅仅依靠自己的资源发展核心竞争力，变得愈发艰难了”。[①] 企业或组织如果要提高自身核心竞争力，必须整合内外优势资源。知识的可转移性和价值增值使其成为企业的核心能力的源泉，为突破个体局限对知识创造的束缚，企业开始寻求多组织的结盟与合作，实现多组织的知识共享与知识创造。知识链因此应运而生，成为知识经济时代组织之间合作竞争的新形式，知识链管理研究也发展成为管理学科重要的研究方向。知识链有组织内部知识链与组织之间知识链之分，但目前尚未形成统一的概念界定。本书针对组织之间的知识链，采用顾新等（2003）的定义“知识链是指以企业为创新的核心主体，以实现知识共享和知识创造为目的，通过知识在参与创新活动的不同组织之间流动而形成的链式结构。”[②] 知识链通常由多个不同类型的组织构成，某个组织可以同时是多个知识链的成员，因而众多知识链相互交错形成了具有一定空间结构的立体网络—知识网络（Knowledge Networks）。

知识网络的研究始于20世纪90年代中期，这一概念的出现是由许多因素推动的、渐进式的自然演化过程。知识被认为是组织寻求持续竞争优势的战略资源，但全球化竞争、环境不确定性和组织业务分散化对组织的知识管理提出更高要求，需要组织有相应机制、结构和措施保证知识扩散及创新活动。知识网络无疑是针对以上问题的一种解决方案，因而知识网络研究日益受到关注。知识网络有组织内外之分，本书所指的知识网络是由多条知识链构成、集知识共享与知识创造等功能于一体的网络体系，因此，本书研究的知识网络也限定为组织之间的知识网络。知识网

① Crossan M，Inkpen A. The Subtle Art of Learning Through Alliances [J]. Business Quarterly，1995，60（2）：68—78.

② 顾新，郭耀煌，李久平. 社会资本及其在知识链中的作用 [J]. 科研管理，2003，24（5）：44—48.

络能够为网络成员提供丰富的知识来源，促进来自不同组织的知识跨越空间和时间的整合，有效弥补组织自身知识的不足，实现知识网络中组织之间的知识共享与知识创造。因此，越来越多的企业选择构建或参与知识网络进行知识资源的整合与创新，以提升自身竞争优势。

知识网络的有效运行取决于网络成员组织之间的相互信任。相互信任机制是知识网络运作的治理机制之一，也是知识网络良性运行的保障。吸收外来知识促进知识创造能给组织带来收益，但知识具有公共物品属性，其本身具有非竞争性和部分非排他性，因此知识网络中存在机会主义行为的风险。组织之间的相互信任机制可有效控制机会主义行为、提高知识网络运行效率：一方面，信任是成员合作的基础，信任度越高，知识流动越容易发生，知识共享效率越高；而缺乏信任时，由于个体理性和群体理性的冲突往往导致投机行为，合作过程难以为继。另一方面，培育成员间的相互信任可以制约逆向选择、败德行为的出现，治理并规范成员间知识共享与知识创造活动，保障知识网络的运行。因此，组织之间的相互信任在知识网络中不可或缺。

综观国内外知识网络和信任的研究现状可知：知识网络的研究尚不成熟，主要集中于知识网络的构建意义、构建模型、发展模式以及知识网络中知识活动的研究。相对而言，关于信任的研究相对较多且更成体系，学者们从社会学、管理学、经济学以及心理学等学科领域对其进行研究，信任问题的理论研究、战略联盟、虚拟企业以及供应链等新型组织形态中的信任问题等已有大量研究成果。但知识网络中的相互信任机制相关研究文献则很稀少，且缺乏系统深入的研究。而系统研究知识网络中组织之间相互信任的内涵、特点、作用及其建立与演化等问题，对于培育并管理知识网络中的相互信任，促进知识共享与知识创造进而提升组织核心竞争力具有重要的意义。

社会资本是与信任互为关联的一个概念，在作为解释经济和社会发展的重要变量时，表现出强大解释力。社会资本能够促进知识资本的转移和扩散，提高不同市场主体的合作效率，是科技创新的关键因子。基于此，作者在研究工作中引入社会资本概念作为分析与解释工具，尝试从社会资本的角度分析与探讨组织之间的相互信任机制。

综上可知，系统研究知识网络组织之间的相互信任问题是知识网络研究的重要领域，同时也是知识网络实践的客观需要。因此，作者确定了知识网络组织之间的相互信任作为研究课题，并引入社会资本作为解释工具之一，希望通过研究构建出知识网络组织之间相互信任机制的系统框架，丰富知识网络理论研究内容，并为我国企业构建知识网络，以及治理网络成员间合作关系提供理论支撑与实践建议，提高我国知识网络的效率和效益。

1.2 国内外研究现状及评述

由于研究对象是由不同组织构成的知识网络中成员之间的相互信任机制，并且引入社会资本作为解释工具之一，因此，重点就组织之间信任问题、知识网络相关研究和社会资本问题等方面的研究现状进行梳理和总结。

1.2.1 组织之间相互信任问题研究现状及发展动态

20 世纪初，社会学家齐美尔开启了关于信任问题的研究①，随后半个世纪关于信任问题的研究被中断。直至 20 世纪 70 年代，信任问题才又得到学者们的广泛关注和研究。各科学者均以建设诚信为己任，希望从理论层面上深入探讨信任问题，力图解

① 齐美尔. 货币哲学 [M]. 陈戎女，译. 北京：华夏出版社，2002.

决这一重大课题。[①] 研究者们从不同的学科角度，如社会学、心理学、伦理学、经济学、管理学、政治学、人类文化学等几大学科领域，对信任问题进行了广泛而深入的探讨与研究，并且出现多学科交叉融合的现象。按研究对象范畴划分，组织角度的信任有组织内部与组织之间两种类型。组织内部信任研究的维度可概括为两类：一是组织中系统信任，即组织成员对组织的信任，体现为对组织制度、理念和文化等组织特质的认同与遵循；二是组织中人际间信任，分为纵向（组织成员与主管之间）与横向（同事之间）两个维度。组织内部信任研究关注组织文化、组织治理以及组织核心能力与信任机制的关联与相互影响，侧重于研究组织内信任的影响因素及其在组织治理和发展过程中的作用。然而，随着企业间竞合关系的变化，以企业为核心的链式、联盟、网络、虚拟组织等更能满足当前竞争环境要求的新型竞合组织形态不断涌现，这些新型组织形态的治理机制引起研究者的兴趣与关注。多数研究文献预设网络组织的运作逻辑或治理机制是信任，即组织之间的相互信任被视为网络型组织成员间关系的治理机制。相对于组织内信任，组织间信任是指合作伙伴（组织）之间的信任，通常是一种水平的信任关系。组织间信任实质上是人际信任的延伸，但它反映了社会文化、社会诚信度以及社会环境和组织信任水平、信任能力之间的关系，研究背景与研究角度是多学科、多角度的。

目前，关于信任问题的研究主要从理论和实践两方面展开。理论层面关注信任的含义、定义、功能、类型、特点等问题，实践层面则关注信任的产生机制、建立途径、治理作用等方面。根据本书研究对象的明确界定，在对信任问题理论研究进行总结的基础上，着重分析当前关于组织之间的信任问题研究现状。

---

① 刘斌. 信任问题研究述评［J］. 理论前沿，2004（4）：46－47.

1.2.1.1 信任问题的理论研究

关于信任的定义。信任的研究起始于社会学，后扩展到经济学、管理学等领域。信任至今尚无统一定义，目前信任的定义大致归为三类：第一种从认知和预期的角度定义，强调信任是一种信念与信心。如摩根和亨特（Morgan and Hunt，1994）指出，信任是合作的一方对他方的可靠性和诚实度有足够的信心。[①] 国内社会学领域研究信任的权威学者郑也夫（2001）认为，“信任是一种态度，相信某人的行为或周围的秩序符合自己的愿望。它可以表现为三种期望：对自然与社会的秩序，对合作伙伴承担的义务，对角色的技术能力”。[②] 张喜征（2003）对信任做出的定义是：信任是对实体执行所期望行为能力的一种信念，这种信念不是一个确定的值，而是一个与在给定时间、给定背景有关的实体行为相适应的值。[③] 第二种从行为和意愿的角度定义，强调信任的行为特征或行为意愿。莫尔曼（Moorman，1992）提出，信任是依赖于可信任的交易伙伴的意愿。[④] 社会学家霍斯莫尔（Hosmer，1995）认为，信任是在个体面临一个预期损失大于预期收益的不可预料事件时，所做的一个非理性的选择行为。[⑤] 第三种则同时注意到信任的两个方面所下的综合定义，如莫尔曼、德斯潘德和扎尔特曼（Moorman，Deshpande and Zaltman，

---

① Morgan R，Hunt S D. The Commitment Trust Theory of Relationship Marketing [J]. Journal of Marketing，1994（58）：20－38.

② 郑也夫. 信任论 [M]. 北京：中国广播电视出版社，2001：8.

③ 张喜征. 基于信任治理中心的虚拟企业资源池管理模型 [J]. 山西财经大学学报，2003（6）：69－73.

④ Mick C. The Competitiveness of Networked Production：The Role of Trust and Asset Specificity [J]. Journal of Management Studies，1998，35（4）：457－479.

⑤ Hosmer L T. Trust：The Connection Link between Organizational Theory and Philosophical Ethics [J]. Academy of Management Review，1995，20（2）：379－403.

1993）的定义：信任是指由于对合作伙伴有信心而愿意依赖对方。[①]

关于信任的理解与定位。社会学领域系统研究信任的创始人卢曼（Luhmanm）认为信任属于一种系统简化机制，在其《信任与权力》（1979）一书中提出"信任是减少社会交往的复杂性"。Lewis和Weigert（1985）将信任理解为人际关系的产物，认为信任是由人际关系中的理性计算和情感关联决定的人际态度。[②] 詹姆斯·科尔曼（James S. Coleman）在其著作《社会理论的基础》（1990）、普特南（Putman）在其著作《使民主运作：现代意大利的市民传统》（1993）和《独自打保龄球：美国下降的社会资本》（1995）中都将信任视为社会资本的要素之一，从"社会资本"的角度来理解信任。Barney和Hansen（1994）明确提出信任是一种关系属性，他们认为值得信任的交易伙伴是那些不利用别人弱点的人，可信性是个体交易伙伴间的一种属性。[③] 福山（Fukuyama）将信任理解为社会制度和文化规范的产物，在其信任问题研究专著《信任：社会道德与繁荣的创造》（1995）中提出信任来自于道德传统的伦理习惯，产生于宗教、伦理、习俗等文化资源，由文化决定。Adler（1997）从三个方面理解信任：①与未来的不确定性紧密相连；②表明存在易受攻击的弱点；③一方给予另一方，另一方的行为并非完全由自己控制。[④] 此外，在Deutsch的囚徒困境实验中，信任被看作一个由

① 程凯. 企业合作关系中的信任问题分析 [J]. 中州学刊，2001（2）：21-24.

② Lewis J D，Weigert A. Trust as a Social Reality [J]. Social Force，1985，4（4）：967-985.

③ Barney J，Hansen M. Trustworthiness as a Source of Competitive Advantage [J]. Strategic Management Journal，1994，15（1）：175-190.

④ Adler N J. International Dimensions of Organizational Behavior [M]. Cincinnati：South-Western College Publishing，1997.

外界刺激决定的因变量，是由情景刺激决定的个体心理和行为，人际信任的有无以双方合作与否来反映，两个人之间的信任程度会随着实验条件的改变而改变。[①]

关于信任的构成与纬度。Deutsch 分析的信任构成包括能力、动机、才干，Remple 和 Holmos 认为可预测性、可依靠性和坚信构成信任，巴伯（Barber）则认为信任由行为一致性、能力、义务和责任感构成。[②]梅耶（Mayer，1995）等提出能力、正直和善意等三个信任维度。[③] 安德鲁和史蒂芬（Andrew and Steven，1998）提出四个纬度构成信任：信息交流与沟通、目标协调、非正式协议和监督与控制。[④] 曾忠禄（1998）提出信任的两种成分，即结构成分和社会成分。[⑤] 许淑君和马士华（2000）则认为信任包括：①坚持较高的行为标准，比如诚实、开放、公平、可信赖；②交易方以往的实际合作经验与表现；③坚持合同的每项条款；④积极的合作态度，如联合开发产品、信息共享；⑤超越合同的理解等。当双方都值得信任时，这个社会关系就产生了相互信任。[⑥] McKinght 和 Chervant（2002）则提出信任的

---

① 郑也夫，彭泗清．中国社会中的信任［M］．北京：中国城市出版社，2003.

② 张子刚，程海芳．信任在虚拟团队中的作用［J］．科技进步与对策，2001（7）：77—78.

③ Mayer R C，Davis J H，Schoorman F D. An Integration Model of Organizational Trust［J］. Academy of Management Review，1995，20（3）：709—734.

④ 约翰·克劳奈维根．交易成本经济学及其超越［M］．朱舟，黄瑞虹，译．上海：上海财经大学出版社，2002.

⑤ 曾忠禄．公司联盟中的信任问题［J］．经济问题探索，1998（8）：37—39.

⑥ 许淑君，马士华．供应链企业间的信任机制研究［J］．工业工程与管理，2000（6）：5—8.

四个维度，即能力、正直、可预见性和仁慈。[①]

关于信任的分类。Zucker（1986）为了说明控制与信任的关系，从预期的经验性内容出发提出了两种信任：一种基于个人的信任（inter－personal trust），一种基于制度的信任（institution based trust），改变了人们广泛接受的信任只能从人际交往及熟悉度中产生的假设，指出信任也可建立在非个人的规则、制度与规范基础上。[②] Sako（1992）将信任划分为能力型信任（competence trust）、契约型信任（contractual trust）和善意型信任（goodwill trust）三类。[③] Barney 和 Hansen（1994）依照信任程度不同提出存在有低度信任、中度信任和高度信任三种不同程度的信任。[④] McAllister（1995）把信任分为情感型信任（affect－based trust）和认知型信任（cognition－based trust）两类。[⑤] Lewicki 和 Bunker（1996）提出的分类方法广为使用，他们将信任分为三种：计算型信任（calculus－based trust）、了解

---

① McKnight D H，Chervany N L. What Trust Means in Ecommerce Customer Relationships：An Interdisciplinary Conceptual Typology [J]. International Journal of Electronic Commerce，2002，6（2）：35－59.

② Zuker L G. Production of Trust：Institutional Sources of Economic Structure：1840—1920 [J]. Research in Organizational Behavior，1986（8）：53－111.

③ Sako M. Prices，Quality and Trust：Interfirm Relations in Britain and Japan，Cambridge [M]. England：Cambridge University Press，1992.

④ Barney J，Hansen M. Trustworthiness as a Source of Competitive Advantage [J]. Strategic Management Journal，1994，15（1）：175－190.

⑤ McAllister D J. After and Cognition － based Trust as Foundation for Interpersonal Cooperation in Organizations [J]. Academy of Management Journal，1995（38）：24－59.

型信任（knowledge－based trust）和认同型信任（identification trust）。[①] Nooteboom（1996）则将信任分为非自利型信任（non－self－interested trust）和动机型信任（intentional trust）。[②] 科尔曼（1999）认为存在三种信任系统，即：①相互信任。两名行动者处于两种关系中，甲信任乙，同时甲又是乙的受托人。②第三个行动者充当信任关系的媒介。这个行动者可能既是甲的受托人，也是乙的委托人。③第三方的信任。甲不接受乙的承诺，而接受第三方的承诺，第三方的承诺可被用于甲乙之间的交易。[③] 国内学者郑也夫（2001）把信任分为人格信任和系统信任，从不同角度对每种类型的信任进行构建。[④]秦志华等（2014）以 6 个典型案例为比较对象，将创业团队信任划分为制度信任和计算信任，研究其形态结构和变化规律。[⑤]

对种类繁多的信任分类视角梳理后可知，学者们从信任的对象、信任的程度、信任的产生根源、信任的动机以及信任的发展过程等几个方面对此进行了研究。我国学者对信任的分类划分多是在国外学者研究基础上进行的细化或扩充。

关于信任的影响因素。美国组织行为学家斯蒂芬·P. 罗宾斯（1997）将正直（integrity）、能力（competence）、一贯（consistency）、忠实（faithful）和开放（openness）作为信任的

① Lewicki R J，Bunker B B. Developing and Maintaining Trust in Work Relationships［A］//Kramer R M，Tyler T R. Trust in Organizations：Frontiers of Theory and Research［C］. CA：Sage Pubilications，Thousand Oaks，1996：114－139.

② Nooteboom B，Noorderhaven N G. Effects of Trust and Governance on Relational Risk［J］. Academy of Management Journal，1997（40）：30－38.

③ 科尔曼. 社会理论的基础（上、下）［M］. 邓方，译. 北京：社会科学文献出版社，1999.

④ 郑也夫. 信任论［M］. 北京：中国广播电视出版社，2001.

⑤ 秦志华，冯云霞，蒋诚潇，等. 创业团队信任的形态结构与变化规律研究［J］. 管理学报，2014（5）：88－96.

五个影响因素。[①] 王忠（2004）在其博士论文中从个人因素、人际因素以及宏观因素三个方面论述信任的影响因素。其中，个人因素有生理因素、人格特征因素和文化程度因素；人际因素有人际交往的次数和持续时间、第三者信息传递、社会范畴判断和角色判断；宏观因素有制度影响和文化影响。[②] 王学芳（2005）研究指出信任的主要影响因素包括：①社会相似性；②对他人的了解程度；③个人对人性的看法和个人的人格特点；④个人所处的社会地位；⑤社会文化环境；⑥法律因素。[③] Zagenczyk、Scott 和 Gibney 等（2010）视组织为社会网络，考察了网络距离（network range）、连带强度（tie strength）和自我中心度（ego centrality）等网络结构因素对组织中信任的影响。[④] 高波和胡卫兵（2012）运用线性概率模型（LPM），选取被信任程度（trustworthy）、信任他人程度（trusting）和信任的区域歧视（region discrimination）3 个指标，通过浙粤两省的企业家和公众调查，发现信任受到性别、年龄、教育和宗教信仰等因素的影响。[⑤]

关于信任的功能（作用）。张喜征（2003）将信任的功能划分为三大部分，即：①社会功能，包括简化功能、约束功能和协调功能；②经济功能，包括降低交易费用和监督成本；③管理功

① 斯蒂芬·P. 罗宾斯. 组织行为学［M］. 孙建敏，李原，译. 北京：中国人民大学出版社，1997：277－278.

② 王忠. 企业虚拟团队中的信任问题研究［D］. 武汉：华中科技大学，2004. 来源于：http://www.cnki.net.

③ 王学芳. 信任的社会心理学分析［J］. 中共长春市委党校学报，2005（5）：66－67.

④ Zagenczyk T J，Scott K D，Gibney R，et al. Social Influence and Perceived Organizational Support：A Social Networks Analysis［J］. Organizational Behavior and Human Decision Processes，2010（111）：127－138.

⑤ 高波，胡卫兵. 企业家的信任观及其影响因素：基于浙粤两省问卷调查数据的实证分析［J］. 江苏社会科学，2012（1）：61－68.

能，包括控制功能和治理功能。[①]许晓红（2005）探讨了私营企业发展中的信任的作用，包括：①提高企业的管理效率；②提高企业的信息使用率；③降低企业交易成本与经营风险；④影响企业的规模。[②] 赵德华（2006）在对组织信任研究的文献中指出信任具有的功能有：①简化功能；②约束功能；③决策功能；④协调功能。[③]顾新和李久平（2005）阐释了知识链成员间的相互信任作用，包括：①减少不确定性；②降低成员间交易费用；③化解成员间冲突；④促成成员间交互学习。[④] 潘旭明（2006）提出了战略联盟中信任的作用，包括：①有助于成员间合作；②有利于联盟冲突的管理；③有利于成员间知识共享和相互学习；④有利于联盟成员的创新。[⑤]汪秀婷等（2012）研究了核心企业、信任对网络创新绩效的影响机理，发现组织间信任对核心企业与创新网络绩效之间起部分的中介作用，组织间信任在组织沟通与创新网络绩效间起完全的中介作用。[⑥]

1.2.1.2　组织之间相互信任问题研究

随着新型组织形态的涌现，各种非传统情景下新型组织形态成员之间的相互信任问题引起国内外学者的关注。作者从相互信任问题理论研究和对供应链、战略联盟、产业集群、知识网络、知识链等不同组织形态中信任机制的研究来分析当前研究现状和

---

① 张喜征．虚拟企业信任机制研究［D］．长沙：中南大学，2003．来源于：http://www.cnki.net.

② 许晓红．论信任型社会资本对中国私营企业的影响［J］．南通纺织职业技术学院学报（综合版），2005（1）：77－80.

③ 赵德华．组织信任及其产生机制［J］．学习与实践，2006（5）：130－134.

④ 顾新，李久平．知识链成员之间的相互信任［J］．经济问题探索，2005（2）：37－40.

⑤ 潘旭明．战略联盟的信任机制：基于社会网络的视角［J］．财经科学，2006（5）：50－56.

⑥ 汪秀婷，杜海波，江澄，等．技术创新网络中核心企业对创新绩效影响：沟通和信任的中介作用研究［J］．科学学与科学技术管理，2012（12）：37－44.

发展趋势。

关于相互信任的含义。作为一个抽象的概念，信任与相互信任在进行抽象研究时常常被通用，两者的差别在于：信任可以是单方一厢情愿的，但相互信任是双方对彼此的信心与期望，是双向互动的。除此之外，信任的定义与解释很大程度上对相互信任也适用。有学者对相互信任的含义进行了解读：沙贝尔（Sabel，1992）从信仰的角度提出“相互信任就是合作各方坚信没有一方会利用另一方的脆弱点去获取利益”。[①] 梅耶、戴维斯和斯库尔曼（Mayer、Davis and Schoorman，1995）从控制的角度认为“相互信任就是尽管一方有能力监管和控制另一方，但它却愿意放弃这种能力，而相信另一方会自觉地做出对己方有利的事情”。[②] 林莉和周鹏飞（2004）认为“组织间的信任属于Ring和Van de Ven定义的弹性信任或称关系信任，是一种基于强联系和持续互惠规范的信任关系”。[③]

关于相互信任的建立与发展。Zuker（1986）的观点比较系统，提出相互信任的产生机制有三种，即过程型、特征型和规范型。[④] 科尔曼（Coleman，1990）的提法相对比较全面，他认为信任的产生可以是来自直接的人际交往，也可以产生于网络中的

① Sabel C. Studied Trust：Building New Forms of Co－operation in a Volatile Economy ［A］ //Sengenberger W. Industrial Districts and Local Economic Regeneration ［C］. Geneva：International Institute for Labor Studies，1992：215－250.

② Mayer R C，Davis J H，Schoorman F D. An Integration Model of Organizational Trust ［J］. Academy of Management Review，1995，20（3）：709－734.

③ 林莉，周鹏飞. 知识联盟中知识学习、冲突管理与关系资本［J］. 科学学与科学技术管理，2004（4）：107－110.

④ Zuker L G. Production of Trust：Institutional Sources of Economic Structure：1840—1920 ［J］. Research in Organizational Behavior，1986（8）：53－111.

声誉，或者是我们对调节他人价值或行为的制度的理解，以上三种机制是互补的，而不是互相替代的。[①] Lewicki 和 Bunker (1996) 通过构建交往双方信任发展的模型提出，随着交往频度和强度的增加，人们之间的信任演化路径将经历三个阶段：从以计算为基础的信任过渡到以了解为基础的信任，再演变成以认同为基础的信任。[②] Doney、Cannon 和 Mullen (1998) 归纳了建立信任的5个途径：①计算途径（calculative process）；②预测途径（prediction process）；③动机途径（intentionality process）；④能力途径（capability process）；⑤转移途径（transference process）。[③] Korczynski (2000) 在列举20多位学者关于信任的不同用法基础上，提出产生企业间合作关系中信任的基础有四种，即公平、个人关系、对其他企业的了解、协会。[④] 郑也夫 (2001) 在其研究论著中反驳了合作可以不需要信任的观点，指出重复遭遇是信任产生的主要条件之一，持续关系可望产生信任，信任导致合作。[⑤] Maria Cristina Lander、Russell L. Purvis、Gordon E. McCray 和 William Leigh (2004) 对外包信息系统开发（OISD）过程中不同参与者间信任的建立机制进行了实证研究，结果显示：不同的股东没有遇到如早期 Lewicki

---

① Coleman J. Foundations of Social Theory [M]. Cambridge, MA: Belknapp Press of Harvard University Press, 1990.

② Lewicki R J, Bunker B B. Developing and Maintaining Trust in Work Relationships [A] //Kramer R M, Tyler T R. Trust in Organizations: Frontiers of Theory and Research [C]. CA: Sage Pubilications, Thousand Oaks, 1996: 114-139.

③ Doney P M, Cannon J P, Mullen M R. Understanding the Influence of National Culture on the Development of Trust [J]. Academy of Management Review, 1998 (23): 601-620.

④ Korczynski M. The Political Economy of Trust [J]. Journal of Management Studies, 2000, 37 (1): 1-43.

⑤ 郑也夫. 信任论 [M]. 北京：中国广播电视出版社，2001.

和 Bunker 研究得出的信任建立阶段，即基于计算的信任、基于了解的信任和基于认同的信任，且高层经理、项目团队成员、用户和外包商等所使用的信任建立机制存在显著差异。① 喻红阳、李海婴和袁付礼（2005）提出组织之间初始信任建立的机制有抵押机制、中介机构、社会网络、合约机制和跨边界者机制。②张莉（2006）在 Zucker 的研究基础上提出了网上信任的产生机制，即预设性信任，由交往信息产生信任以及交往中的主观判断。③

关于相互信任的影响因素。曹玉玲和李随成（2011）通过验证概念模型提出了影响中国企业层面相互信任的因素有三个维度，即企业特质、关系和环境。④ 许琼来等（2011）针对网络环境中相互信任的缺失问题，重点分析了网络信任中主体意愿、关系人特征及环境因素三方面影响因素，进而描述了基于影响因素的网络相互信任理论模型、实体模型和实证模型。⑤ 叶飞等（2011）通过对广东珠三角地区 189 家制造企业的实证研究，发现高管私人关系对组织间情感信任和能力信任具有正向影响。⑥朱永跃等（2013）基于协同创新中的校企合作视角，提出校企合

① Lander M C，Purvis R L，McCray G E，et al. Trust-building Mechanisms Utilized in Outsourced is Development Projects：A Case Study [J]. Information & Management，2004（41）：509-528.

② 喻红阳，李海婴，袁付礼. 合作关系中的组织学习——一个动态的学习观 [J]. 科技管理研究，2005（8）：76-79.

③ 张莉. 网络人际交往中的信任产生机制 [J]. 重庆图情研究，2006（2）：27-29.

④ 曹玉玲，李随成. 企业间信任的影响因素模型及实证研究 [J]. 科研管理，2011（1）：137-146.

⑤ 许琼来，傅四保，刘薇. 网络信任及其影响因素和模型研究 [J]. 北京邮电大学学报（社会科学版），2011（6）：43-48.

⑥ 叶飞，吴佳，吕晖，等. 高管私人关系对供应商信息共享的作用机理研究——以组织间的信任为中介 [J]. 科学学与科学技术管理，2011（6）：140-149.

作信任的影响因素主要包括信息、能力、声誉和制度 4 个方面。[①] 陈思颖等（2014）采用前置因素和后果变量的模式，概括了企业创新网络中组织成员间相互信任的影响因素，包括法律法规、道德等外部前置，管理控制机制、成员能力、沟通等内部前置，以及成员持续合作关系和相互依赖两个后果变量，并由此构建了“前因变量—后果变量”的概念模型。[②]

近些年，随着市场经济的发展和组织竞合关系的演变，信任问题引起我国社会学、经济学、政治学、管理学等诸多学科学者的研究兴趣。从国内来看，管理学对组织间信任问题的研究主要集中在组织间信任机制的含义、特点、建立与产生、演变过程、作用机理和培育途径等方面。不少学者对企业、项目团队或创新网络中的信任问题展开探讨，如程凯（2001）[③]、黄孝武（2002）[④]、何苏华（2003）[⑤]、慕继丰等（2003）[⑥]、高静美和郭劲光（2004）[⑦]、严中华等（2004）[⑧]、徐和平等（2004）[⑨]、吴其伦

---

① 朱永跃，顾国庆. 基于协同创新的校企合作信任关系研究 [J]. 科技进步与对策，2013（19）：35—40.

② 陈思颖，顾新，王涛. 企业创新网络组织间相互信任的影响因素分析 [J]. 中国科技论坛，2014（5）：16—26.

③ 程凯. 企业合作关系中的信任问题分析 [J]. 中州学刊，2001（2）：21—24.

④ 黄孝武. 企业间信任问题理论述评 [J]. 经济学动态，2002（10）：59—64.

⑤ 何苏华. 企业合作网络的成因及其运行机制 [J]. 佛山科学技术学院学报（社会科学版），2003（7）：1—3.

⑥ 慕继丰，冯宗宪，徐和平，等. 信任在知识型企业网络组织中的作用 [J]. 预测，2003，22（1）：15—19.

⑦ 高静美，郭劲光. 企业网络中的信任机制及信任差异性分析 [J]. 南开管理评论，2004（7）：63—66.

⑧ 严中华，关士续，米加宁. 基于制度的 B2B 电子商务信任模式的理论研究 [J]. 科研管理，2004（3）：76—81.

⑨ 徐和平，孙林岩，慕继丰. 产品创新网络中的信任与信任机制探讨 [J]. 管理工程学报，2004（2）：55—59.

和卢丽鹃（2004）[①] 等。

（1）虚拟企业间的相互信任机制研究。

关于虚拟企业间相互信任关系的建立。高映红、何沙和苏燕平（2002）认为信任机制是虚拟企业运作的重要支撑，对虚拟企业中信任的影响因素、作用以及信任机制建立方式进行了探讨。[②] 陈剑和冯蔚东（2002）对虚拟企业伙伴间信任关系的建立进行了较全面的研究，他们认为虚拟企业伙伴间信任关系建立的影响因素包括伙伴间的合作经历、伙伴的组织背景以及伙伴间的相互沟通，并将虚拟企业伙伴间的信任划分为基于威慑的信任、基于认知的信任、基于共识的信任和敏捷信任四个等级，同时在此基础上提出“虚拟企业伙伴间的信任将遵循上述四种信任等级，并随着合作进程呈现出一个不断上升的过程”，进而就建立伙伴间信任关系的难点及应着重把握的问题进行了分析。[③] 与此相似，贺盛瑜（2003）也对虚拟企业中伙伴信任关系的建立与发展以及建立伙伴信任关系的困难进行了研究，提出一些建立信任关系应采取的措施。[④] 廖成林和乔宪木（2004）从时间维度入手，将虚拟企业信任关系划分为初始信任和持续信任两类，认为初始信任受成员企业的合作经历、承诺、声誉影响，虚拟企业生命周期、相互依赖性、机会主义行为、文化与地缘差异则决定持续信任的建立和发展，在此基础上，通过借鉴 Nielsen 信任产生的静态概念模型，他们建立出一个基于信息共享和学习平台的动

---

① 吴其伦，卢丽鹃. 项目团队的协调管理：信任与合作 [J]. 科技进步与对策，2004（12）：98－100.

② 高映红，何沙，苏燕平. 虚拟企业运作中的信任机制研究 [J]. 价值工程，2002（5）：9－11.

③ 陈剑，冯蔚东. 虚拟企业构建与管理 [M]. 北京：清华大学出版社，2002：103－108.

④ 贺盛瑜. 虚拟企业中伙伴信任关系的建立与发展 [J]. 软科学，2003，17（4）：85－87.

态过程模型。[①] 倪庆萍（2004）也就虚拟企业中信任关系建立的影响因素和构建过程进行了探讨。[②] 李开红（2006）以 Zuker 提出的过程型、特征型和规范型三种为理论依据，对虚拟企业伙伴间信任管理机制进行了系统研究，而其管理机制则由信任建立机制和信任维护机制结合而成。[③]

关于虚拟企业间相互信任机制的治理与控制作用。张喜征（2003）在其研究中提出了基于信任的虚拟企业治理机制这一概念模型，他认为由于打破了传统的企业边界，虚拟企业治理结构中存在“控制断层”，填补控制断层的途径唯有建构联盟各方间的相互信任机制，因而构建出多层次的虚拟企业信任治理结构体系。[④] 在此基础上，他又首先提出虚拟企业资源池模型这一概念，设计出信任治理中心模型，就信任对虚拟企业的治理功能做了进一步分析。[⑤] 晏钢（2003）结合虚拟企业特征分析了信任机制对虚拟企业成功运行的重要性，他认为“虚拟企业组织成员的相互信任是合作各方在面向未来不确定性时彼此间的一种承诺和相互信赖，在相当程度上能规避成员之间弱连接关系所产生的脆弱性”。[⑥]刘相勇（2007）以分析国内外学者关于虚拟企业中信任的产生机制、来源、形成与发展等方面研究成果为基础，针对虚

① 廖成林，乔宪木．虚拟企业信任关系：决定因素与机理［J］．重庆大学学报，2004（5）：139－143.

② 倪庆萍．虚拟企业伙伴信任关系的建立［J］．企业经济，2004（7）：30－31.

③ 李开红．虚拟企业合作伙伴间信任管理机制的构建［D］．青岛：中国海洋大学，2006．来源于：http://www. cnki. net.

④ 张喜征．基于信任的虚拟企业治理机制研究［J］．科学学与科学技术管理，2003（10）：109－113.

⑤ 张喜征．基于信任治理中心的虚拟企业资源池管理模型［J］．山西财经大学学报，2003（6）：69－73.

⑥ 晏钢．虚拟企业组织成员间的信任机制研究［J］．云南财贸学院学报，2003，19（4）：50－53.

拟企业提出基于信任特性的信任评审体系，其所指特性包括声誉、关系、承诺、合作经历、专用性投资等10个方面，通过信任评审机制促进信任机制作用的发挥。[①]杨彩霞和高长元（2009）从社会资本理论的角度出发，提出运用信任机制来弥补契约治理机制的不足。[②] 穆林娟等（2011）通过试验模拟得出结论：高度信任能缓解或防范合作、协调和侵占问题，降低价值链成本。[③]袁青燕（2014）采用博弈理论分析了通过提前支付、重复交易、抵押等方式逐步地改进虚拟企业合作伙伴间的信任结构来实现在信任不对称的情况下增大虚拟企业的合作效率（整体社会福利），并在此基础上探讨了影响虚拟企业信任决策的敏感因素。[④]

（2）虚拟团队成员间的相互信任机制研究。

国外对虚拟团队中信任问题的研究始于20世纪90年代后期，这一时期，许多关于虚拟团队的专著问世，如Lipnack和Stamps的《虚拟团队：以技术跨越空间、时间和组织》（1997），Henry和Hartzler的《虚拟团队的工具》（1998），Haywood的《虚拟团队管理：高科技项目经理的实用技术》（1998），Duarte和Snyder的《管理虚拟团队》（1999）。这些著作无一例外地强调了信任在虚拟团队中的重要作用，对虚拟团队中信任的影响或制约因素、虚拟团队中信任的建立等问题进行了探讨。与此同时，国外学者展开了对虚拟团队中信任问题的实证研究。

关于虚拟团队成员间相互信任的建立与发展。美国学者

---

① 刘相勇. 虚拟企业信任评审机制研究［J］. 消费导刊，2007（11）：62－63.

② 杨彩霞，高长元. 高技术虚拟企业治理问题研究［J］. 科技进步与对策，2009，26（8）：66－69.

③ 穆林娟，崔学刚. 信任与激励：价值链成本治理机制的实验研究［J］. 南开管理评论，2011（5）：31－40.

④ 袁青燕. 虚拟企业信任决策模型研究［J］. 统计与决策，2014（1）：45－49.

C. S. Iacono和 S. Weisband（1997）对三所大学的大学生组成的14支临时虚拟团队进行了信任建立和维持问题的实证研究。几乎与此研究同时开展的是研究跨国虚拟团队中信任问题最负盛名的学者 S. L. Jarvenpaa 与其合作者 K. Knoll、D. E. Leidner 进行的关于 Mayer 等研究者提出的信任影响模型是否适用于虚拟团队的研究。此外，Jarvenpaa 和合作者还对由学生作为研究对象组成的跨国虚拟团队进行了诸如虚拟团队中信任随时间推移发展变化的情况等其他方面更深入的实证研究。Jarvenpaa、Knoll 和 Leidner（1998）通过研究，提出“信任有助于虚拟团队内冲突的解决、目标定向、共同价值观的形成”。① 张子刚和程海芳（2001）对典型的虚拟团队模型进行了研究，“在建立和保持信任过程中存在一个先后顺序”，基于信任的可计算性、知识性、认同性和不确定性等四种特性，提出一个虚拟团队建立和保持信任的五阶段过程：简单过程、规划过程、预期过程、胜任过程和协作过程，将人际关系作为一个信任指标，讨论了各阶段信任的建立过程，并指出“信任是相互情感、反应和认识理解的结果，随着时间而发展的过程”。② 肖伟（2006）构建了一个团队信任与沟通、协作以及绩效的关系模型，分析了虚拟团队信任的核心特征，他认为虚拟团队中存在快速信任，而信任的维系比建立更难，在此结论基础上，他提出虚拟团队中建立和维系信任的原则与策略。③ 肖伟和魏庆琦（2006）还利用博弈论原理，分析完全

---

① Jarvenpaa S L, Knoll K, Leidner D E. Is Anybody out There? Antecedents of Trust in Global Virtual Teams [J]. Journal of Management Information Systems, 1998, 14 (4): 29-64.

② 张子刚，程海芳. 信任在虚拟团队中的作用 [J]. 科技进步与对策，2001 (7): 77-78.

③ 肖伟. 虚拟团队的信任机制及其构建策略研究 [J]. 华东经济管理，2006, 20 (3): 94-97.

信息条件下和不完全信息条件下虚拟团队信任构建的过程，得出虚拟团队中信任构建的动力机制主要表现为设法将一次性博弈转化为重复博弈，并且为这种博弈带来不确定性信息。[①] 高建丽（2007）将虚拟团队的组建划分为组建前和组建后两个阶段，根据不同阶段提出了建立和维系信任的措施。[②] Wu 和 Jyh-Jeng 等（2010）则认为虚拟社群成员之间的相互了解、分享信息、交流思想是建立成员之间信任和增强成员之间信任度的重要因素，它同时还会促进成员关系承诺和黏性。[③]

关于虚拟团队成员间相互信任的特点、影响因素及作用。Jarvenpaa 和 Leidner（1999）在实证研究基础上提出虚拟团队中信任呈现非人际化特点，总结了能够促进早期信任建立以及后期信任保持的沟通行为和其他行为。[④] Ishaya 和 Macaulay（1999）却认为虚拟环境中的信任是人际的，开始基于认知后来基于情感反应。[⑤] 马颜和李晓轩（2004）围绕虚拟团队中信任的特点、影响因素、建立和维持过程等方面进行研究，认为“虚拟团队中的信任主要是任务和行为导向的”“在最初几次互动的基础上迅速建立起来，并通过随后的沟通行为维持下去”“沟通行为和沟通内容的特征对虚拟团队中信任的建立和维持有着特殊重要的意

---

① 肖伟，魏庆琦. 虚拟团队中信任构建的博弈分析［J］. 科技与管理，2006（4）：33-35，40.

② 高建丽. 虚拟团队信任机制的建立和维系［J］. 沿海企业与科技，2007（7）：64-65.

③ Wu，Jyh-Jeng，Chen，et al. Trust Factors Influencing Virtual Community Members：A Study of Transaction Communities［J］. Journal of Business Research，2010，63（9-10），1025-1032.

④ Jarvenpaa S L，Leidner D E. Communication and Trust in Global Virtual Teams［J］. Organization Science，1999（10）：791-815.

⑤ Ishaya T，Macaulay L. The Role of Trust in Virtual Teams［EB/OL］. http://www.findarticles.com.

义”，指出虚拟团队中信任与绩效之间存在密切的相关关系。[①]张喜征（2004）研究了虚拟项目团队中的信任依赖和信任机制。[②]王重鸣和邓靖松（2004）系统地对虚拟团队中信任形成的快速性、发展的阶段性、信任关系的脆弱性以及信任的作用机制等内容进行阐释，对虚拟团队和传统团队中的信任差异进行了重点比较。[③] 邓靖松（2005）基于团队生命周期理论，划分出虚拟团队生命周期中的5个阶段，通过IT行业12个团队中20个访谈样本的半结构化访谈统计分析，归纳出不同阶段团队状态和信任特点，提出不同阶段改善虚拟团队信任的措施。[④] 王卓和李智玲等（2005）认为信任是成功构建虚拟团队的基础，深入地分析和探讨了虚拟团队信任的含义、信任的表现形式、信任的作用机制、信任的来源以及领导者如何通过正式的组织结构（硬环境）和非正式的组织文化（软环境）建立和维系信任。[⑤] 此外，代春艳和杨艺（2007）为解决伙伴选择时的信任决策问题，提出了一个基于直接信任和推荐信任合成的信任评估模型，并引入惩罚机制，识别并惩戒恶意推荐行为，确保在分布式网络下信任度评估结果的客观性，从而为虚拟团队挑选可信伙伴提供了一种解决方式。[⑥]戴艳军等（2012）认为虚拟研发组织信任关系的形成具有

---

① 马颜，李晓轩．虚拟团队中的信任研究［J］．心理科学进展，2004，12（2）：273－281.

② 张喜征．虚拟项目团队中的信任依赖和信任机制研究［J］．科学管理研究，2004（4）：85－87.

③ 王重鸣，邓靖松．虚拟团队中的信任机制［J］．心理科学，2004，27（5）：1264－1265.

④ 邓靖松．虚拟团队生命周期中的信任管理研究［J］．中山大学学报，2005（1）：109－115.

⑤ 王卓，李智玲，刘富铀，等．信任——成功构建虚拟团队的基础［J］．科学管理研究，2005（2）：69－73.

⑥ 代春艳，杨艺．虚拟项目团队成员信任评估模型［J］．重庆工商大学学报，2007，24（1）：72－75.

快速性、信任各方的相对平等性、关系形成的技术归属性三个主要特征，其信任关系的建立主要取决于任务机制（完成任务的需要）、信用机制（对信用约束和保障的信心）和关系机制（与合作伙伴交往产生的认知和情感关系）。[①] 胡英芳（2012）进一步提出促进虚拟研发团队信任关系的关键因素包括管理者和成员的角色认知、完备的信用制度和坚守信用信念、情感倾向的人际交往、管理理念、绩效等。[②] 赵晶和汪涛（2014）通过在线收集255份虚拟社区成员数据，发现虚拟社区成员间的相互信任和共同语言可以提高虚拟社区的网络密度。[③] 宋源（2014）则研究了虚拟团队中团队信任、团队互动与团队创新的关系，实证验证了虚拟团队信任对虚拟团队中的合作行为、冲突行为与主动创新行为等团队互动具有正向影响，虚拟团队中的冲突行为、主动创新行为对虚拟团队创新有正向影响且两者对团队信任与团队创新关系产生中介效果。[④]

（3）供应链企业间的相互信任机制研究。

关于供应链企业间相互信任的特点、作用。许淑君和马士华对供应链企业间的信任问题进行了比较多的研究。2000年，他们对供应链企业间信任的特点、作用进行了分析，提出供应链管理的核心是培养供应链企业间相互信任，并就信任的培养途径进行了探讨。[⑤] 2001年，两人又构建了一个社会制度背景下企业间

---

① 戴艳军，胡英芳．虚拟研发组织信任关系形成研究［J］．大连理工大学学报（社会科学版），2012（3）：47－52．

② 胡英芳．虚拟研发组织信任关系研究［D］．大连：大连理工大学，2012．

③ 赵晶，汪涛．社会资本、移情效应与虚拟社区成员的知识创造［J］．管理学报，2014（6）：88－93．

④ 宋源．团队信任、团队互动与团队创新——基于虚拟团队的研究［J］．河南社会科学，2014（1）：76－82．

⑤ 许淑君，马士华．供应链企业间的信任机制研究［J］．工业工程与管理，2000（6）：5－8．

信任博弈的模型，研究社会制度对约束企业行为，培养信任与合作的作用，同时他们也指出社会环境对企业起制约作用的前提是：企业合作信息的及时传递以及惩罚的及时有效。[①] 2002 年，他们对供应链企业间的信任危机进行了研究，指出“信任危机严重地阻碍了我国供应链企业间合作关系的良性发展”，同样通过博弈模型就信任危机对合作关系产生负作用的过程进行分析。[②] 姜铸和郭伟（2003）结合两个棉纺织企业的实例，探讨了企业与供应商间的信任关系。[③]张强和纳鹏杰（2004）从制度化信任的角度研究日本供应链企业间的合作关系，结合日本供应链组织的特征，分析了制度化信任在供应链中的作用机理。[④] 康世瀛（2004）论述了供应链和产业集群形成和发展过程中信任机制的动态变迁，通过实证分析阐述了信任在产业集群及供应链企业合作关系中的重要作用，提出信任是供应链与产业集群形成发展的基础推动力。[⑤] 徐学军和谢卓君（2007）分析了信任与供应链合作的关系，他们提出供应链信任由能力、可靠和友善三个维度构成，而供应链合作行为则由联合回应、计划共享和柔性安排组成，在此基础上构建了一个供应链信任合作模型。[⑥] 张群洪等（2010）通过对海峡西岸经济区制造商和供应商的调研发现，信

① 许淑君，马士华．合作、信任与社会制度［J］．物流技术，2001（2）：37－39.

② 许淑君，马士华．我国供应链企业间的信任危机分析［J］．计算机集成制造系统，2002，8（1）：51－53.

③ 姜铸，郭伟．论企业与供应商之间的信任关系——以两家棉纺织企业为例［J］．北京纺织，2003（6）：6－8，52.

④ 张强，纳鹏杰．从制度化信任看日本供应链企业间的合作关系［J］．企业经济，2004（12）：147－149.

⑤ 康世瀛．产业集群与供应链形成发展的基础推动力——信任［J］．科技进步与对策，2005（1）：146－148.

⑥ 徐学军，谢卓君．供应链伙伴信任合作模型的构建［J］．工业工程，2007，10（2）：18－21.

任能够显著加强供应链对事前联合计划和事后联合解决问题的正向影响。①

关于供应链企业间相互信任关系的产生机制。林怡和张文杰（2003）认为信任产生机制有三种形式，即过程型、特征型和规范型，对此进行了分析。② 杨静（2006）以制造业企业作为调查对象，对供应链企业间信任的产生机制进行了深入研究，并分析了其对合作的影响。她将影响信任产生的因素分为供应商（受信方）特征、企业与供应商的关系特征以及企业自身特征三个方面，这三方面因素影响供应链中的信任产生。③石岿然等（2014）以“买方信任”为切入点，对供应链企业间信任的前因进行了较为深入的探索，认为声誉、专用资产投资、沟通质量认知、共同的价值观、人际信任以及制度环境均对买方信任具有显著的正向影响，进而促进信任的产生。④

关于供应链企业间相互信任关系的建立、培育。前面提到Korczynski（2000）认为产生这种自信心的基础有公平、个人关系、对其他企业的了解和协会四种。覃汉松和欧阳梓祥（2002）在此基础上研究了供应链中信任关系的建立和发展，指出当代供应链伙伴发展信任关系的一大趋势是用道德（非合同形式）来替代法律。⑤ 沈雁和姚冠新（2003）认为在地位不平衡的情况下，

① 张群洪，刘震宇，严静. 信息技术采用对关系治理的影响：投入专用性的调节效应研究［J］. 南开管理评论，2010，13（1）：125－133.

② 林怡，张文杰. 供应链企业间信任问题研究［J］. 铁道物资科学管理，2003（6）：20－21.

③ 杨静. 供应链内企业间信任的产生机制及其对合作的影响——基于制造业企业的研究［D］. 杭州：浙江大学，2006. 来源于：http://www.cnki.net.

④ 石岿然，王冀宁，许景. 供应链买方信任的前因及信任对合约修改弹性的影响［J］. 系统工程理论与实践，2014（6）：112－118.

⑤ 覃汉松，欧阳梓祥. 供应链中信任关系的建立和发展［J］. 经济管理·新管理，2002（16）：58－61.

供应链中强大企业与弱小合作者建立信任关系需要公平对待弱小合作者，公平包括收益公平和程序公平，其中程序公平包括信息沟通、机会平等、受理上诉、态度诚恳、知己知彼、相互尊重、职权明确等原则。[①] 温承革和于凤霞（2003）认为信任是提高企业间合作效率的一个有效方式，团队学习方式可以作为培育供应链企业间信任关系的一个有效途径。[②] 刘南和李燕（2004）对供应链信任机制的建立进行了分析。[③] 林英晖（2007）对供应链企业间信任的建立进行博弈分析，应用“二手车”单价模型得出的研究结论为：分开均衡情况下供应商可信度最高。[④] 张贵磊、刘志学和马士华（2008）将个体层面和组织层面两个层面作为供应链中信任源，从而构建了一个供应链企业间信任构建的二层模式，即分别从个体和组织两个层面构建信任。[⑤] Enrico Scarso 和 Ettore Bolisani（2011）研究了知识密集型（KIBS）供应链企业间信任机制的建立过程，通过对意大利东北部的多家计算机服务公司进行了案例分析，发现在客户端和知识密集型服务业企业之间供应链传递过程中，相互信任是两者知识交流、形成双边交流循环的一个重要组成部分。[⑥] Gajdzik 和 Grzybowska（2012）认为相互信任是整个供应链条正确运转的基本机制之一。他们基于

---

① 沈雁，姚冠新．供应链管理中合作者信任关系的建立［J］．江苏商论，2003（3）：103－104．

② 温承革，于凤霞．供应链企业信任关系的培育途径［J］．中国软科学，2003（10）：76，84－86．

③ 刘南，李燕．供应链信任机制的建立［J］．经济论坛，2004（21）：65－66．

④ 林英晖．供应链企业间信任建立的信号博弈［J］．上海大学学报，2007，13（2）：216－220．

⑤ 张贵磊，刘志学，马士华．基于信任源构建供应链信任机制的二层模式［J］．当代经济，2008（1）：134－136．

⑥ Enrico Scarso，Ettore Bolisani．Trust－Building Mechanisms for the Provision of Knowledge－Intensive Business Services［J］．Electronic Journal of Knowledge Management，2011，9（1）：46－56．

冶金行业的特性，构建了冶金供应链企业间建立相互信任的理论模型。[①] 林强等（2012）采用马尔可夫过程和柯西满意度的函数模型，研究基于供应链企业合作博弈过程的供应链企业合作信任问题，选取度量信任的5个常用指标，通过计算供应链企业合作的转移概率来设计企业间可信度分析函数，建立了加入主观判断因素的信任函数，预测合作企业间的可信度概率。[②] 欧阳琦等（2014）以有限理性为假设前提，应用最优反应动态的学习规则，探讨了供应链成员间信任策略的演化过程，发现供应链成员间的信任均衡与初始信任状态以及成员的信任基数相关。[③]

关于供应链企业间相互信任的影响因素。殷茗和赵嵩正（2006）通过实证研究分析供应链协作信任的影响因素，他们构建了一个描述供应链协作信任与其影响因素间关系的综合理论模型，通过数据统计分析，得出结论：供应链协作信任的影响因素有企业声誉、预期合作收益、资源投入程度和转移成本四个。[④] 李壮阔（2008）从有限理性出发，运用“复制动态”机制对供应链节点企业的学习与调整机制进行分析，绘制出供应链节点企业间信任行为的进化博弈复制动态相图，对供应链节点企业信任行为的影响因素做了简单分析。[⑤]李全生和解志恒（2010）在研究汽车制造业供应链协作信任的关系中指出，信任的影响因素包括

---

① Gajdzik B, Grzybowska K. Example Models of Building Trust in Supply Chains of Metallurgical Enterprises [J]. METALURGIJA, 2012 (4): 563-566.

② 林强，那仁高娃，许文婷. 面向过程的供应链企业合作信任机制研究 [J]. 天津大学学报（社会科学版），2012 (3)：103-109.

③ 欧阳琦，石岿然，蒋凤. 供应链成员间信任关系的博弈学习模型 [J]. 物流技术，2014 (7)：23-28.

④ 殷茗，赵嵩正. 供应链协作信任影响因素的实证研究 [J]. 工业工程与管理，2006 (3)：80-85.

⑤ 李壮阔. 供应链节点企业间信任行为的进化博弈 [J]. 工业工程，2008，11 (3)：37-40.

企业声誉、企业能力、企业间人际信任、合作经历、专用资产投资、文化与地缘差异 、信息共享、制度规范、产品重要性、预期合作收益十个方面。[①] 王欣欣（2011）认为供应链企业间信任的影响因素包括供应商能力、声誉、产品重要程度、成员间信任、交往经验、沟通与相互依赖性、规模对等程度等，并在此基础上提出了基于 FCM 的供应商信任评价模型。[②] 王舜等（2012）利用因子分析法对影响建筑行业供应链企业项目合作成功的 16 个变量进行分析，指出合作意愿、敏捷性能力、合作能力和竞购能力是影响项目供应链企业间相互信任、选择承包商的关键因素。[③] 王利等（2013）则以生命周期理论为基础，构建了供应商声誉、沟通和信息共享、相互依赖性、交往经验四个主要因素对信任三个维度（能力、可靠性和善意）影响的假设模型，并通过实证验证了不同阶段影响因素对供应链企业间信任的差异性影响。[④]

（4）战略联盟成员间的相互信任机制研究。

关于战略联盟成员间相互信任的重要性和作用。Powell（1990）认为相互信任是一种简化机制，可以比事先预测、依靠权威或进行谈判等手段更快、更经济地减少联盟内的复杂性与不确定性。[⑤] Byrne（1993）指出内部成员之间的相互信任通常被

① 李全生，解志恒. 汽车制造业供应链协作信任的关系结构分析 [J]. 天津大学学报（社会科学版），2010，12（2）：97－100.

② 王欣欣. 基于 FCM 的供应商信任评价模型 [J]. 情报杂志，2011（6）：285－287.

③ 王舜，马钦海，冯卓. 项目合作关系下承包商选择的研究 [J]. 东北大学学报（自然科学版），2012（3）：453－456.

④ 王利，游益云，代杨子. 基于生命周期供应链企业间信任影响因素实证研究 [J]. 工业工程与管理，2013（2）：89－95.

⑤ Powell W W. Neither Market Nor Hierarchy：Network Forms of Organization [J]. Research in Organizational Behavior，1990（12）：295－336.

视为一个成功的战略联盟必要前提。[①] Peng 和 Shenkar（1997）也指出战略联盟的失败大多被归结为其内部缺乏相互信任。[②] 何静、刘兴东和王会海（2002）认为相互信任是合作双方面对不确定性时，相信对方及愿意做出让对方信赖的行为，以及由此产生的双方心理上的认可，分析了相互信任在联盟中的作用。[③]王栋和苏中锋（2009）分析了契约控制和信任控制两种控制机制在联盟知识管理过程中所发挥的作用。研究发现：适度的契约控制可以帮助企业有效获取和利用联盟中的知识，而信任控制对知识获取和知识利用都有重要的促进作用。[④] 陈菲琼和虞旭丹（2010）将战略联盟双方的信任水平作为跨国联盟关系风险的四大影响因素（即机会主义行为）之一，认为联盟的期限越长，信任水平越高，关系水平越高，越不可能产生由于产出压力、勒逼而导致的机会主义行为。[⑤] 黄俊等（2013）从社会资本角度出发，基于国内汽车行业的纵向研发联盟企业数据，构建并验证了联盟共同信任对于联盟绩效风险的作用机理，揭示了联盟组织间的信任差异对于联盟信任与联盟绩效风险关系的调节效应。[⑥]

关于战略联盟成员间相互信任的产生与合作伙伴评审。王蔷

---

① Byrne J A. The Virtual Corporation [J]. Business Week，1993，2（8）：98－103.

② Peng M W，Shenkar O. The Meltdown of Trust：A Process Model of Strategic Alliance Dissolusionpp [C]. Boston：Paper Presented at the Academy of Management Annual Meeting，1997.

③ 何静，刘兴东，王会海. 战略联盟内部信任机制研究 [J]. 企业经济，2002（7）：70，91.

④ 王栋，苏中锋. 联盟中的知识管理：控制机制的作用研究 [J]. 科学学与科学技术管理，2009（10）：95－99.

⑤ 陈菲琼，虞旭丹. 联盟关系风险生成机制研究：以娃哈哈为例 [J]. 科研管理，2010（11）：159－179.

⑥ 黄俊，翟浩淼，万妍纾，等. 联盟共同信任、信任差异与研发联盟绩效风险——基于社会资本理论视角 [J]. 科技进步与对策，2013（3）：16－21.

（2000）对战略联盟中信任问题的研究是较为全面的，就战略联盟内部相互信任的含义做出明确界定，从联盟成员间相互信任的类型、作用以及形式等角度剖析了战略联盟成员企业在组建和运行过程中的相互信任问题，提出形成联盟内相互信任机制的措施。①②③ 陈一君（2002）对王蔷关于形成相互信任的措施之一，即联盟内部信任评审体系的评审指标提出不同见解，认为评审意在明确适合的合作伙伴，因此针对合作伙伴的选择提出一系列评审指标。④ 杨桂菊、郭瑞辉和徐初友（2003）认为“信任是对对方不以自私自利方式行动的可能性的理解，是对彼此会互助互利的相信”，提出信任产生和成长的组织基础、社会基础和利益基础三大基础，并从这些基础的角度探讨了联盟中在管理者控制范围内实施信任管理机制的办法。⑤江旭（2012）在社会交易理论的基础上，研究了战略联盟背景下信任与合作伙伴机会主义的关系，通过对 190 份我国医院间联盟数据的实证检验，证实了善意信任并不是越高越好，过高的善意信任会由于缺少监控而增加合作伙伴的机会主义行为，善意信任与机会主义之间呈现一种先降低后增加的 U 型关系。⑥

关于战略联盟成员间相互信任的建立与发展。Magent

---

① 王蔷．论战略联盟中的相互信任的问题（上）[J]．外国经济与管理，2000，22（4）：22—25.

② 王蔷．论战略联盟中的相互信任的问题（下）[J]．外国经济与管理，2000，22（5）：21—24.

③ 王蔷．战略联盟内部的相互信任及其建立机制［J]．南开管理评论，2000（3）：13—17.

④ 陈一君．企业战略联盟中的相互信任问题探讨［J]．市场周刊·财经论坛，2002（Ⅲ）：49—51.

⑤ 杨桂菊，郭瑞辉，徐初友．在企业战略联盟中建立信任［J]．商业研究，2003（14）：57—58.

⑥ 江旭．联盟信任与伙伴机会主义的关系研究——来自我国医院间联盟的证据[J]．管理评论，2012（8）：85—92.

(1994) 认为信任程度随着联盟的发展相应变化。[①] Ellis (1996) 认为联盟中的信任关系通过一种循环模式建立起来，就良性信任循环在联盟中的建立过程进行了分析。[②] 曾忠禄 (1998) 研究了公司联盟中的信任问题，认为“信任是对对方不以自私自利方式行动的可能性的理解，是对彼此会互助互利的相信”“交流是培养信任的重要手段”，提出“在其他条件相等的情况下，双方的信任程度与双方关系的排他性成正比，同彼此交往的伙伴数量呈反比”，并通过对信任的定义、构成、培养方式、信任程度的影响因素、信任的效率含义以及信任的局限性等众多方面进行研究，探讨了在联盟公司之间如何建立信任关系。[③] 杜旖丁和刘益 (2002) 就管理联盟关系以及发展信任提出一些建议。[④] 曾璨和陈宏军 (2007) 对高科技企业战略联盟建立信任关系的问题进行了研究，他们认为信任是联盟中的社会资本，有利于联盟的维持和运转，而建立成员间学习的正式和非正式机制，组建广泛商业关系网络，设计联盟内部信任评审规范和培育共同价值观则是建立信任的途径。[⑤] 张世强 (2008) 对产学研战略联盟中的信任进行了研究，针对该类型联盟中信任的高门槛性、强依赖性、非对等性以及弱关联性，提出缺口型、瀑布型和蛛网型三种产学研战略联盟中信任的培育模式。[⑥]方静和武小平 (2013) 构建了基于

---

① Magent M. The New Golden Rule of Business [J]. Fortune, 1994 (21): 60—64.

② Ellis C. Making Strategic Alliance Succeed: The Importance of Trust [J]. Harvard Business Review, 1996 (7—8): 7—8.

③ 曾忠禄. 公司联盟中的信任问题 [J]. 经济问题探索，1998 (8): 37—39.

④ 杜旖丁，刘益. 对战略联盟中信任的理解 [J]. 中原工学院学报，2002，13 (1): 1—3.

⑤ 曾璨，陈宏军. 高科技企业战略联盟间信任关系的建立 [J]. 经济与管理，2007，21 (8): 60—63.

⑥ 张世强. 产学研战略联盟合作的信任机理研究 [J]. 科技创业月刊，2008 (6): 37—38.

有限理性的产业技术创新联盟群体信任的动态演化博弈模型，发现产业技术创新战略联盟群体信任关系包含多重均衡结果，专用资产投资、联盟超额收益和背信惩罚等因素影响了信任关系的演化路径与结果。①

关于战略联盟成员间相互信任的其他研究。牛飞亮（2003）运用西方网络理论社会关系学派的方法进行分析，认为应超越西方经济学理性人假设，将宗教、传统和荣誉等因素也视为不同文化背景的企业看待信任的影响因素，指出“信任的产生可以经由制度安排，合作过程或社会文化背景等因素产生”“信任的程度会由于网络内部成员长期互信和外部竞争的加剧而由低到高发展”。② Steven S. Lui 和 Hang－yue Ngo（2004）关注非公平联盟合作中信任与契约安全之间的关系，提出两者都是重要的控制机制，构建了一个将信任、契约安全与合作产出相联系的模型，通过实验得出：契约安全与合作产出间的关系依赖于信任程度和信任类型。③ 张卫国、陈学梅、胡大江和吴丙山（2004）关注非股权战略联盟成员间的相互信任问题，对相互信任的重要作用、信任度的主要影响因素进行研究，认为成员间相互信任受内部和外部因素共同影响，提出了“信任度 T”作为确定成员间相互信任的指标，给出运用模糊综合评判法确定 T 的方法。④ 李永锋和司春林（2008）从合作行为的角度，对合作创新战略联盟中企业

① 方静，武小平，产业技术创新联盟信任关系的演化博弈分析［J］. 财经问题研究，2013（7）：77－83.

② 牛飞亮．网络理论与企业战略联盟存在的信任基础分析［J］. 西北农林科技大学学报（社会科学版），2003，3（1）：31－36.

③ Steven S L，Hang－yue Ngo. The Role of Trust and Contractual Safeguards on Cooperation in Non－equity Alliances［J］. Journal of Management，2004，30（4）：471－485.

④ 张卫国，陈学梅，胡大江，等．非股权战略联盟信任度的分析［J］. 重庆大学学报，2004（5）：135－138.

间相互信任的前置因素与后果变量间关系，以构筑模型的方式进行分析，他们将相互信任的前置因素划分为：情景因素（关系专用性资产、力量对比和相互沟通）、品质因素（公司声誉、共享价值观）、管理控制（正式的、非正式的）和机会主义，而后果变量则指的是绩效、承诺和长期关系。① 同时，他们还对以上问题中的假设进行了验证。② 金玉玲和陈耀（2007）也将双方力量的对比看作战略联盟的前置因素之一，运用重复博弈理论对双方力量对比对信任建立的影响进行了分析，所得结论为：在竞争性联盟中，非均衡力量对比关系不利于成员间信任，而均衡力量对比则有利于成员间信任。③

（5）产业集群中的相互信任机制研究。

随着产业集群的形成，这一独特的产业组织形式由于在提升区域经济竞争力、促进地区乃至国家的经济发展中发挥着重要作用，从而引起了很多学者的极大研究兴趣。已有学者就集群中的信任问题进行了研究，这些研究多关注信任的产生、作用和演变等方面。陈通和田红坡（2002）运用经济学理论研究集群（簇群）企业间的信任机制，他们将信任的产生归结为“在企业集群（簇群）的环境下，以内生的市场选择监督和市场竞争监督为核心的‘社会实施’是集群企业信任机制的经济内因”。④ 王冰和顾远飞（2002）对簇群中的知识共享机制和信任机制进行了研究，在对信任来源、机理和对象进行分析的基础上提出簇群中的

---

① 李永锋，司春林. 合作创新战略联盟中企业间相互信任问题的分析［J］. 技术经济与管理研究，2008（2）：33－35.

② 李永锋，司春林. 合作创新战略联盟中企业间相互信任问题的实证研究［J］. 研究与发展管理，2007，19（6）：52－60.

③ 金玉玲，陈耀. 论战略联盟相互信任的前置因素之一：双方力量的对比［J］. 扬州大学学报（人文社会科学版），2007，11（1）：89－92.

④ 陈通，田红坡. 集群企业信任机制的探讨［J］. 经济问题，2002（10）：23－24.

信任机制是一种自发演进形成的制度安排。[①] 王春晓和和丕禅（2003）利用博弈论等工具探讨集群内企业间信任机制的动态变迁，在实证研究基础上得出结论：集群内企业间信任机制呈现从基于个人身份的信任向基于制度的信任地动态变迁，且两者间相互促进。[②] 潘文燕和余一明（2006）指出集群内信任的形成与集群特性（信息的高度透明、连续性多次交易、有较多的备选企业、根植性和学习性）密切相关。[③] 刘友金、徐尚昆和田银华（2007）引入行为生态学方法对集群中企业间的信任机制进行了研究，构建了一个种群互相回报式合作行为博弈模型，通过系统分析得出结论：集群内信任产生的重要内在动因是无限不确定次数长期交易（种群互相回报式重复博弈），而“社会实施”限制了道德风险与机会主义行为，成为信任产生和维系的外部约束条件。[④] 郭舒、高闯和曹宁（2008）试图分析集群演变与信任机制变迁间的关系，通过分析交易成本和社会嵌入对信任机制变迁的影响，得出了网络化和集群演变过程中信任机制变迁的一般轨迹，结论认为集群发育期与关系型信任相适应，而集群演进则需要计算型信任机制和制度型信任机制发挥主导的作用。[⑤] 李东升（2008）对农业产业集群中的信任治理模式进行了比较分析，探究了声誉、关系与制度信任治理模式与不同特征的农业产业集群

① 王冰，顾远飞．簇群的知识共享机制和信任机制［J］．外国经济与管理，2002，24（5）：2—7．

② 王春晓，和丕禅．信任、契约与规制：集群内企业间信任机制动态变迁研究［J］．中国农业大学学报（社会科学版），2003（2）：31—36．

③ 潘文燕，余一明．集群企业信任问题的研究［J］．北方经济，2006（3）：61—62．

④ 刘友金，徐尚昆，田银华．集群中的企业信任机制研究——基于种群互相回报式合作行为博弈模型的分析［J］．中国工业经济，2007（11）：56—63．

⑤ 郭舒，高闯，曹宁．集群企业成长中的阶段性与信任机制变迁假说［J］．辽宁大学学报（哲学与社会科学版），2008，36（3）：112—116．

的匹配。[①]徐涛（2008）指出信任文化是非正式网络治理机制的重要内容，高技术产业集群中的信任机制可以降低交易成本，促进合作创新。[②] 范如国等（2012）运用社会网络分析方法、概率论中的状态转移方程建立起了集群复杂社会网络内企业间的信任关系状态转移的非线性动态模型，利用仿真手段分析了由集群内企业所构成的社会网络的结构特性对网络内企业间信任关系状态的影响。[③] 翟丽丽等（2013）分析了软件产业虚拟集群信任源的构成和信任产生途径，建立了软件产业虚拟集群信任的概念模型，构建了软件产业虚拟集群信任的模糊认知时间图，用于模拟信任动态变化过程中信任前因与信任形态之间的复杂因果关系，并量化信任节点间的影响程度。[④] 张树臣和高长元（2013）构建了以直接信任度、间接信任度及信任感知风险度 3 个维度为核心的高技术虚拟产业集群社会网络动态信任评估模型，综合考虑时间衰减、失信惩罚、推荐可信及风险感知等要素，从多角度全面准确地刻画动态性、复杂性及不确定性，并通过 Ma－pleSim 模拟仿真，证明该信任模式可以约束并遏制恶意失信行为的发生，对潜在合作伙伴选择、提高合作成功率具有较好的效果。[⑤]

（6）知识网络、知识链成员间的相互信任机制研究。

针对知识网络、知识链中相互信任的研究并不多见。本书界

① 李东升. 农业产业集群信任治理模式的比较分析［J］. 商业研究，2008（6）：182－184.

② 徐涛. 高技术产业集群非正式网络治理机制研究［J］. 中南财经政法大学学报，2008（4）：32－36.

③ 范如国，叶菁，李星. 产业集群复杂网络中的信任机制研究——以浙江永康星月集团与双健集团合作创新为例［J］. 学习与实践，2012（2）：39－45.

④ 翟丽丽，李楠楠，王京，等. 软件产业虚拟集群信任模糊认知时间模型研究［J］. 统计与决策，2013（15）：33－41.

⑤ 张树臣，高长元. 高技术虚拟产业集群社会网络信任模式研究［J］. 管理学报，2013（9）：91－97.

定的知识网络是多条知识链构成的网状结构，对知识网络的研究以知识链相关研究为基础。常荔、李顺才和邹珊刚（2002）对信任在知识链中的作用进行过探讨，指出“知识链成员解决冲突的能力可以通过建立一定的信任水平而得到加强”。① 顾新和李久平（2005）对知识链成员间相互信任的含义、行为、类型和作用进行了分析，提出成员间相互信任的培育途径。② 祁红梅和黄瑞华（2005）对知识型动态联盟信任缺失问题进行了研究，认为联盟成员间信任缺失的主要原因在于：①基于知识型动态联盟组织形式（不确定性、脆弱性、风险性）的信任缺失；②基于知识型动态联盟知识特性（知识外溢、知识揭露悖论）的信任缺失。他们将成员间信任划分为快速性信任和结果性信任，从知识资产投入的时间、投入量、专用性三个方面提出了建立知识性动态联盟信任的建议。③ 林健和李焕荣（2006）就战略网络内的信任问题进行了探讨，指出由于信息不完备和信息不对称导致信任风险，并引入信息经济学进行分析，提出战略网络内部存在“逆向选择”以及“败德行为”两种信任风险，并针对这两种风险提出设计战略网络内部相互信任机制的建议。④ 作者（2007）以社会资本为研究视角和解释工具之一，对知识链成员间的相互信任问题进行了系统研究。陶蕾和刘益（2008）对知识联盟企业之间的信任对于知识共享的影响进行了研究。他们将信任分为友好信任和能力信任两个维度，并引入了个人关系的影响作用。研究得出：

---

① 常荔，李顺才，邹珊刚．论基于战略联盟的关系资本的形成［J］．外国经济与管理，2002，24（7）：29—33.

② 顾新，李久平．知识链成员之间的相互信任［J］．经济问题探索，2005（2）：37—40.

③ 祁红梅，黄瑞华．知识型动态联盟信任缺失与对策研究［J］．研究与发展管理，2005（2）：55—59.

④ 林健，李焕荣．战略网络内部相互信任风险与信任机制研究［J］．商业研究，2006（6）：1—4.

友好信任能增强成员间知识共享，个人关系有助于增强这种正相关关系；能力信任与知识共享间关系呈倒U型，即能力信任超过一定程度后会成为知识共享的障碍，而个人关系可以减弱负相关关系，加强正相关关系。①刘国新等（2011）将分布式创新与知识网络联系起来，依据管理支持和受益主体2个维度阐述了分布式知识网络的4种类型，并提出构建分布式创新知识网络的4个重要阶段，即聚焦知识网络、创建网络背景关系、网络活动惯例化和利用网络成果，指出建立相互信任是创建网络背景关系阶段的关键内容。② 陈健等（2011）建立了知识网络分配公平、程序公平和互动公平通过信任影响知识共享的假设模型，通过实证分析，发现信任是知识网络分配公平、互动公平影响知识共享的显著路径之一；程序公平对信任有显著影响，但并不直接影响知识共享。③ 王涛和顾新（2011）运用博弈论对不同条件下组织之间相互信任的建立过程进行分析，推断出在知识网络中建立组织之间相互信任需要满足的条件不等式；采用前因变量和后果变量的模式，对知识网络中相互信任的影响因素进行了分类概括，推断出知识网络中组织之间相互信任的四类建立机制，并构建出对应的模型图。④⑤王雅娟（2012）从组织的心理层面深入研究了知识链在不同层次和维度信任关系下的演化过程与系统动力机制，

① 陶蕾，刘益．知识联盟中企业间信任对知识共享的影响研究［J］．情报杂志，2008（2）：73－74，78．

② 刘国新，李霞，罗建原．分布式创新中的知识网络构建［J］．管理学报，2011（11）：1669－1674．

③ 陈健，顾新，吴绍波．知识网络公平感对知识共享的影响及路径研究［J］．情报杂志，2011（4）：107－112．

④ 王涛，顾新．知识网络组织之间相互信任的建立过程分析［J］．情报杂志，2011（4）：102－106．

⑤ 王涛，顾新．知识网络组织之间相互信任的影响因素及建立机制研究［J］．中国科技论坛，2011（10）：114－119．

并从知识链、合作效果和组织间信任的协同演化关系中进一步揭示出知识链演化的系统规律，即知识链成员组织间信任是随着知识链生命周期而逐步建立并具有层次演进性的，多层次的组织间信任又成为知识链渐进性演化的“系统动力机制”的内驱动因，即在本质上，组织间信任、知识链、合作效果具有动态的协同演化关系。① 薛克雷（2014）等针对产学研协同创新中信任行为的动态演变性，应用演化博弈理论，提出产学研协同创新信任关系包含多重均衡结果，即博弈双方相互信任的概率与协同收益正相关，与创新资源投入、投机收益负相关，存在着最佳的协同收益分配比例，使博弈双方相互信任的可能性最大化。②

（7）信任、相互信任研究的一些动态。

随着知识日益重要的战略经济地位以及新型组织形态的不断涌现，信任与知识转移、知识共享以及知识创造等的关系受到更多的关注。近些年，针对新型组织形态中信任与知识转移、知识共享、知识创造、合作实现之间的关系、影响因素、作用等方面开展理论研究、数理模型分析以及实证研究成为信任研究的一个动态。Nahapiet 和 Ghoshal（1998）构建了信任与知识交换的一个理论模型，从社会资本的角度展开分析研究工作。③ 随后国外研究者针对不同类型的企业内以及企业间的知识共享、知识创新与信任的关系问题展开探讨。国内相关研究的起步较晚，胡安安、徐瑛和凌鸿（2006）在戴安福特构建的模型基础上，引入组

① 王雅娟. 基于组织间信任的知识链演化研究［D］. 大连：东北财经大学，2012.

② 薛克雷，潘郁，叶斌，等. 产学研协同创新信任关系的演化博弈分析［J］. 科技管理研究，2014（21）：21－28.

③ Nahapiet J，Ghoshal S. Social Capital，Intellectual Capital and the Organizational Advantage［J］. The Academy of Management Review，1998，23（2）：242－266.

织制度、认知因素、情感因素和信任倾向等构建了一个新的组织内知识共享信任模型。① 随后，他们（2007）又对组织内知识共享活动的信任机制发展路径做了研究。② 张桐（2007）③、郝雅风等（2007）④以及秦红霞和丁长青（2007）⑤ 等分别通过实证研究、建模推导等方式分析信任与知识转移、知识共享之间的关系。傅荣和裘丽（2007）从信任、知识与资源角度分析企业间网络的演化过程，将该过程分解为知识网络、信任网络、资源网络和电子商务协同网络四个层次，认为企业间网络的演化是各个层次网络在循环递进和往复作用下演化过程的叠加。⑥ 任志安（2007）认为机会主义行为和知识共享问题是企业知识共享网络运作中的两类治理困境，提出了"信任中心网"的治理机制体系，试图以信任为中心建立知识共享网络治理体系。⑦马华维和姚琦（2011）通过对组织信任研究核心问题的梳理，发现国内外学术界对信任研究有重视情景因素、信任者主动性和情感因素对信任的影响，重视快速信任、信任发展中的动机化归因过程以及对信任机制的研究，关注社会网络分析与传统信任测量的结合等

① 胡安安，徐瑛，凌鸿．组织内知识共享的信任模型研究［J］．上海管理科学，2007（1）：32－36.

② 胡安安，徐瑛，凌鸿．组织内知识共享信任机制的发展路径和改善方法研究［J］．现代情报，2007（8）：2－5，9.

③ 张桐．商业伙伴信任与知识转移：若干因素的中介作用［D］．大连：大连理工大学，2007．来源于：http://www.cnki.net.

④ 郝雅风，张鹏程，张利斌．基于三因素信任模型的知识传递研究［J］．工业工程与管理，2007（1）：79－82，93.

⑤ 秦红霞，丁长青．企业知识共享中的信任机制研究［J］．情报杂志，2007（11）：43－45.

⑥ 傅荣，裘丽．企业间网络演化中的知识、信任与资源：一个层次分析框架［J］．科技管理研究，2007（8）：256－258.

⑦ 任志安．企业知识共享网络的治理机制——信任中心网［J］．兰州商学院学报，2007，2（3）：60－73.

趋势。[①] 杜晓君等（2011）提出情感信任与隐性知识转移意愿、转移知识价值性和探索性转移模式正相关，认知信任与转移知识价值性和探索性转移模式负相关，制度信任对隐性知识转移的意愿具有正向促进作用。[②] 张雁飞和朱瑜（2012）以中国华南地区的企业员工为调查对象，证实了组织成员的信任在组织社会化与创新行为之间起着中介作用。[③] Meng－Lei Monica Hu 等（2012）通过一个拥有 466 名员工的台湾国际酒店案例，研究了知识共享（Knowledge Sharing，KS）、服务创新（Service Innovation，SI）、领导成员交流（Leader－Member Exchange，LMX）、团队成员交流（Team－Member Exchange，TMX）与信任之间的关系，发现信任对知识共享、领导成员和团队成员交流的质量具有正向促进作用。[④] 吴翠花等（2012）认为信任是影响联盟网络效率及效益的重要变量，通过对 950 家联盟网络企业的实证研究，发现过程信任、制度信任与两类知识创造活动正相关关系显著，而人际信任与两类知识创造活动的正相关关系微弱。[⑤] 卫武和刘明霞（2012）提出信任是不同主体层次中组织知识转化的重要影响因素，通过实证分析发现，信任对个人层次知识转化具有显著

① 马华维，姚琦．组织内信任研究的核心问题及其发展趋势［J］．心理科学，2011，34（3）：696－702.

② 杜晓君，王小干，闵琳琳，等．人际信任与并购后企业间的隐性知识转移——以宝钢系企业并购为例［J］．东北大学学报（自然科学版），2011（1）：140－144.

③ 张雁飞，朱瑜．组织社会化、信任、知识分享与创新行为：机制与路径研究［J］．研究与发展管理，2012，24（2）：34－46.

④ Meng－Lei Monica Hu，Tsung－Lin Ou，Haw－Jeng Chiou，et al. Effects of Social Exchange and Trust on Knowledge Sharing and Service Innovation ［J］. Social Behavior and Personality，2012，40（5）：783－800.

⑤ 吴翠花，李慧，张雁敏．联盟网络中信任对知识创造影响路径实证研究［J］．情报杂志，2012（7）：121－127.

的正向影响，而对团队和组织层次知识转化没有显著影响。[①] 陈通和吴勇（2012）从信任的角度，将研发外包中信任的发展划分为了解和认同两个阶段，发现信任能够有效提升研发外包知识转移水平，并能增加厂商和研发机构的共同收益。[②] 费钟琳等（2014）以组织间关系理论为基础，分析孵化器管理方与在孵企业间的相互信任、信息交流、互惠承诺对在孵企业技术创新绩效的影响，以及相互信任与信息交流、互惠承诺的相互促进关系，发现孵化器管理方与在孵企业间较强的相互信任、信息交流、互惠承诺有助于提升在孵企业技术创新绩效。[③]

从国内外信任问题的研究现状来看，信任问题的理论研究成果较多，针对虚拟企业、产业集群、虚拟团队、战略联盟等组织形态中信任问题的研究也比较多，研究内容涉及具体组织形态中信任的建立、发展、培育及其作用。信任与知识转移、知识共享以及创新等知识活动间的关系是信任研究的新动态，然而目前的成果比较零散，不成系统。综合来看，现有信任研究文献中鲜有关于知识网络中相互信任问题的探讨与分析，缺少对知识网络中信任问题的系统研究。

1.2.2 社会资本理论及其应用沿革

社会资本这一概念，一经出现就由于其对一些经济学和其他社会科学难以解释的社会经济现象表现出的解释能力而受到关注。如今，社会资本已成为经济学、社会学、政治学、管理学等

---

① 卫武，刘明霞．不同主体层次中组织知识转化的影响因素研究［J］．管理工程学报，2012（1）：20－26．

② 陈通，吴勇．信任视角下研发外包知识转移策略［J］．科学学与科学技术管理，2012（1）：77－82．

③ 费钟琳，许景，王朦．孵化器管理方与在孵企业间关系对企业技术创新绩效的影响［J］．南京工业大学学报（社会科学版），2014（4）：112－117．

领域最有影响力的分析框架之一，是宏观经济发展和微观组织绩效的重要解释变量。社会资本的研究文献众多，由于本书使用社会资本作为解释工具，因而重点关注社会资本理论的发展，及其在知识管理、合作创新等方面的应用发展。

关于社会资本的概念界定。最早独立使用"社会资本"的是汉尼芬（Hanifan，1920），他使用的社会资本是个人或家庭在日常互动中的资产，用以说明社会交往对教育和社群社会的重要性，但界定比较模糊。最先将社会资本概念引入经济学的是美国经济学家洛瑞（1977），他在《种族收入差别的动态理论》中从研究社会结构资源对经济活动的影响出发，提出与物质资本和人力资本相对应的崭新的理论概念——社会资本，但他没有进行系统研究。第一个对社会资本进行系统表述的法国社会学家皮埃尔·布尔迪厄（1980，1985），1980 年布尔迪厄在其发表的一篇法文论文中提出社会资本概念，然而直到 1985 年，他用英文写的一篇论文发表后，这个概念才引起学术界广泛关注。目前，国内外对社会资本的界定大体包括社会网络说、关系网络说、社会资源说、摄取能力说、资源能力说、规范信任说等论说。国外学者关于社会资本的界定，有代表性的见表 1－1。

表 1－1　社会资本的概念

学者	定义
Bourdieu (1985)①	社会网络成员或群体拥有的实际和潜在资源的累积，它是由一个特定群体成员共享的集体财产，为群体的每一个成员提供共有资源的支持

① Bourdieu P. The Forms of Capital ［A］ //John Richardson. Handbook of Theory and Research for the Sociology of Education ［M］. New York：Greenwood，1985：241－258.

续表 1—1

学者	定义
Coleman (1988)①	社会资本的定义由其功能而来，它非某种单一实体，而是具有各种形式的不同实体。它们有两个共同的特征：它们由社会结构的某些方面组成；它们促进了处于该结构中的个体的某些行动
Burt (1992)②	网络结构给网络中的各个节点提供资源和控制资源的程度，他称之为“朋友、同事以及更一般的熟人，通过他们获得使用金融和人力资本的机会”
Putnam (1993)③	社会组织的特征，例如信任、规范和网络，它们通过促进合作行动而提高社会效率
Fukuyama (1995)④	社会资本可简单定义为群体成员共享的一套非正式的、允许他们之间进行合作的价值观或准则
Ports (1995)⑤	个体通过他们的成员资格在网络中或者在更宽泛的社会结构中获取短缺资源的能力，获取的能力不是个人固有，而是个人与他人关系中包含的一种资产

① Coleman J. Social Capital in the Creation of Human Capital [J]. American Journal of Sociology，1988，94 (5)：95—121.

② Burt R. Structural Holes [M]. Cambridge：Harvard University Press，1992.

③ Putnam R. Making Democracy Work [M]. Princeton：Princeton University Press，1993：167.

④ Fukuyama F. Trust：The Social Virtues and the Creation of Prosperity [M]. New York：Free Press，1995.

⑤ Ports A. The Economic Sociology of Immigration：A Conceptual Overview [A] //Ports. The Economic Sociology for Immigration：Essays on Networks，Ethnicity and Entrepreneurship [M]. New York：Russell Sage Foundation，1995：12.

续表 1－1

学者	定义
Lin Nan (2001)①	嵌入在社会网络中的，是通过社会关系所获得的资源，可以通过目的性行动获取

我国较早研究社会资本的学者是张其仔（1997），他认为社会资本从形式上看就是一种关系网络，主要围绕社会网络范畴进行社会资本研究。② 边燕杰和丘海雄（2000）认为社会资本就是行动主体与社会的联系，以及通过这种联系摄取稀缺资源的能力。③ 卜长莉和金中祥（2001）把社会资本看作是以一定的社会关系网络为基础，以一定的文化作为内在行为规范，以一定的群体或组织共同收益为目的，通过人际互动形成的社会关系网络。④ 顾新等（2003）将社会资本界定为两个以上的个体或组织通过相互联系与相互作用过程中所形成的社会关系网络来获取资源的能力。⑤万俊毅和秦佳（2011）认为社会资本概念应从内部和外部两个方面分别界定，社会资本的功能主要体现在加快信息流动、促进合作、降低交易成本等方面，他将信任看作是社会资本关系维度的一个不可分割的重要组成部分，认为在高信任水平下，不用花费大量时间了解他人，每个人能如预期的那样行动，

① Lin Nan. Social Capital: A Theory of Social Structure and Action [M]. Cambridge: Cambrige University Press, 2001.

② 张其仔. 社会资本论——社会资本与经济增长 [M]. 北京：社会科学文献出版社，1997.

③ 边燕杰，丘海雄. 企业的社会资本及其功效 [J]. 中国社会科学，2000 (2)：87－99，207.

④ 卜长莉，金中祥. 社会资本与经济发展 [J]. 社会科学战线，2001 (4)：217－222.

⑤ 顾新，郭耀煌，李久平. 社会资本及其在知识链中的作用 [J]. 科研管理，2003，24 (5)：44－48.

大大节约时间和资金。[①] 国内相对比较认同的是李惠斌和杨雪冬的概念界定：社会资本是指与物质资本、人力资本相区别的以规范、信任和网络化为核心的，从数量和质量上影响社会中相互交往的组织机构、相互关系和信念，是社会机构、社会成员互动作用的具有生产性的社会网络。[②] 综观国内外关于社会资本的概念界定可发现，学者们从各自学科和研究侧重点的不同给予了社会资本不同的界定，社会资本的概念至今未达成共识，尽管如此，诸多概念仍有共性可循，这些共性也获得公认：①社会资本与网络（包括社会网络和人际关系网络）有直接相关性；②社会资本和社会资源（不少学者特指稀缺资源）密切相关；③社会资本具有生产性或者社会资本与摄取能力相关；④社会资本的表现形式与信任、规范、合作、信息等相关。

关于社会资本的性质。社会资本概念本身就暗含资本的生产性、收益性以及规模效应。此外，学者们总结提炼出一些社会资本自身的特性：①公共物品性。社会资本的公共物品性在学术界存在争议。科尔曼（1998）指出社会资本与其他资本最基本的差别是社会资本具有公共物品特性，不是一种私人财产，主体拥有的社会资本是嵌入的结果，即个体只有进入某一网络才能拥有社会资本。它具有一定的私人物品性质，但更具有公共物品性质。[③]而以波茨为代表的一些研究者则指出，社会资本对整体社会有消极作用且具有明显的排他性。张广利和桂勇（2003）从布尔迪厄和科尔曼的定义中找到佐证，认为西方社会资本理论实际

① 万俊毅，秦佳. 社会资本的内涵、测量、功能及应用［J］. 商业研究，2011（4）：8－12.

② 陈柳钦. 资本研究的新视野——社会资本研究的综述［J］. 云南财经大学学报，2007，23（4）：12－20.

③ 曾璨，陈宏军. 社会资本理论研究综述［J］. 铜陵学院学报，2007（4）：25－30.

上仍将社会资本视为个人所有。[①] 然而，总体来看，虽然社会资本具有私人物品性质，但更多的是公共物品性质。②使用强化性或可再生性。Alder 和 Kwon（2002）提出社会资本的有效性离不开社会联系的维持。[②] 千春玉、房石和王璐（2008）指出企业社会资本具有可再生性，会由于不断消费与使用而增值，但会由于不用而枯竭。[③] 可见，社会资本会随着不断使用而不断强化。③可传递性。在许多社会资本的概念界定中，信任被视为社会资本的构成要素之一。Fountain（1997）认为社会资本一个关键特性即在于信任的可传递性，使得较大社会网络中行为主体无需个人间直接接触也可获得相互信任。[④] 信任具有可传递性，从这个角度而言，社会资本也具有可传递性。④不可转让性。科尔曼（1994）指出社会资本具有不可转让性，但我国学者认为，社会资本的不可转让性同样具有中西差异。张广利教授（2003）指出，社会资本不可转让性在西方价值观体系下成立，但是在具有先赋性特征的社会中，如我国，社会资本的可转让性和可继承性要更明显。然而，作者认为社会资本的可转让性与可继承性更多体现在社会学领域以个人为主体的研究情景中，以组织或社会整体作为拥有主体的情况下社会资本更多只能为结构内的主体行动提供便利，表现出的是不可转让性。⑤可转化性。布尔迪厄（1999）提出“经济资本可以轻易、有效地转化为社会资本和其他资本，而社会资本虽然最终可以转化为经济资本，但这种转化

① 桂勇，张广利. 求职网络的性别差异：以失业群体为例——兼论社会资本的中西差异［J］. 南京社会科学，2003（7）：53－61.

② Adler P S，Kwon S W. Social Capital：Prospects for a New Concept［J］. Academy of Management Review，2002，27（1）：17－40.

③ 千春玉，房石，王璐. 企业社会资本研究［J］. 中国环境管理干部学院学报，2008，18（2）：58－60.

④ 曾璨，陈宏军. 社会资本理论研究综述［J］. 铜陵学院学报，2007（4）：25－30.

并非轻易和及时的”。林南（2001）认为经济地位（经济资本）和社会地位（社会资本）是互补的，两者可以通过交换获得。[①]关于社会资本的摄取能力说、资源能力说的概念界定也暗示了社会资本向其他资本转化的可能性。此外，程民选、龙游宇和李晓红（2006）从经济学视角总结了社会资本的属性：①收益性。社会资本可以产生一定收益，其作用机制有信息分享、互惠互利的集体行为以及决策制定等。②制度性。道格拉斯·诺思（Douglass North）在其制度经济学相关论述中，明显地将社会资本纳入制度经济学分析范畴，提出制度由正式规则、非正式制约以及实施制约的特性组成，非正式制约则大部分可以用社会资本概念解释。③外部性。社会资本的外部性有正有负，即有积极和消极两种影响，这个观点得到多数学者认同。[②] 张文江（2007）还提出社会资本具有固有性、不可让渡性、无形性、隐秘性、动态性等特质。[③]

关于社会资本的划分。对于社会资本的划分包括维度、形式以及层次等几个方面。科尔曼（1988）将社会资本划分为个体社会资本和群体社会资本。[④] 他给出社会资本的五种表现形式：义务与期望、信息网络、规范与有效惩罚、权威关系和多功能社会组织及有意创建的社会组织。[⑤] 一些学者按层次将社会资本划分

① 林南. 社会资本：争鸣的范式和实证的检验［J］. 香港社会学学报，2001（2）：1－35.

② 程民选，龙游宇，李晓红. 经济学视阈中的社会资本——经济学关于社会资本的研究述评［J］. 社会科学研究，2006（4）：62－67.

③ 张文江. 社会资本及其相关概念厘定［J］. 现代管理科学，2007（11）：53－54.

④ 姚福喜，徐尚昆. 国外社会资本理论研究进展［J］. 理论月刊，2008（5）：143－148.

⑤ 黄锐. 社会资本理论综述［J］. 首都经济贸易大学学报，2007（6）：84－91.

为微观、中观和宏观三层，具有代表性的是托马斯·福特·布朗。布朗（1997）依照系统主义“要素、结构和环境”三维分析进行的划分。微观社会资本是个人融入网络的产物，以关系形式存在，关注个人通过社会关系来获得所需资源，如信息、知识、工作机会、社会支持和长期社会合作等，这是一种嵌入自我的观点，包含嵌入社会结构中的资源、资源的可获得性以及对资源的使用三种构成形式，科尔曼、波茨和林南是微观社会资本研究代表人物；中观社会资本以组织惯例、习俗规则、非正式制度等形式存在，关注主体因其在社会结构中所处的特定位置而产生的对资源的可获得性，这是一种结构的观点，伯特的结构洞理论就属于中观层面的研究；宏观社会资本包括普遍信任、有效的制度规范以及和谐的社会关系网络等，关注团队、组织、社会或国家中某一行动者群体对社会资本的占有情况，代表人物有布尔迪厄和普特南。[①②] Adler 和 Kwon（2002）与布朗采用了不一样的二分法，将微观和中观层次社会资本统称为“外部社会资本”，因为它产生于主体外在社会关系，而意在帮助行动者获得外部资源，被视为私人物品。宏观社会资本则被称为“内部社会资本”，因为它形成于主体（群体）内部关系，意在提升群体集体行动水平，被看作公共物品。[③] Nahapiet 和 Ghoshal（1998）将社会资本划分为三个维度：结构维度（structural dimension）、关系维

① 曾璨，陈宏军．社会资本理论研究综述［J］．铜陵学院学报，2007（4）：25－30．

② Ford B T．Theoretical Perspectives on Social Capital［EB/OL］．http：//hal. lamar. edu/~BROWNTF/SOCCAP. HTML．

③ Adler P S，Kwon S W．Social Capital：Prospects for a New Concept［J］．Academy of Management Review，2002，27（1）：17－40．

度（relational dimension）和认知维度（cognitive dimension）。[①] Krishna 和 Uphoff（2000）把社会资本划分为结构型社会资本（Structural Social Capital）和认知型社会资本（Cognitive Social Capital）。其中，结构型相对更客观，通过规则、程序和先例建立的角色与社会网络促进共同受益的集体行动；认知型相对更主观，在共同的规范、价值观、态度与信仰基础上引导共同受益集体行为的产生。[②] 此外，波茨（1995）认为社会资本是嵌入的结果，并区分了理性嵌入和结构性嵌入。[③] 我国学者通常是在以上层面的划分下进行的具体研究。如程聪等（2013）将网络中企业社会资本划分为内部与外部社会资本两种类型，构建了“网络关系—内外部社会资本—技术创新”理论模型，并以珠三角地区四个产业园区的 916 家民营企业为调查对象进行了实证研究，发现网络关系对内外部社会资本和企业技术创新都有显著的正向影响，内外部社会资本在网络关系和技术创新绩效之间均起到部分中介作用。[④] 万生新和李世平（2013）则将社会资本与非政府组织链接起来，借鉴了 Woolcock 和 Sweetser（2002）对社会资本的分类方式，以农民用水户协会为例，研究了内聚型、桥接型和连接型社会资本影响非政府组织发展的内在机理。[⑤]

关于社会资本的应用。社会资本理论被广泛应用于社会资本

① Nahapiet J, Ghoshal S. Social Capital, Intellectual Capital and The Organizational Advantage [J]. Academy of Management Review, 1998, 23 (2): 242－266.

② 姚福喜，徐尚昆. 国外社会资本理论研究进展 [J]. 理论月刊，2008 (5): 143－148.

③ 汪永涛，荣娥. 社会资本概念综述 [J]. 法制与社会，2007 (3): 295－296.

④ 程聪，谢洪明，陈盈，等. 网络关系、内外部社会资本与技术创新关系研究 [J]. 科研管理，2013 (11): 102－107.

⑤ 万生新，李世平. 社会资本对非政府组织发展的影响研究——以农民用水户协会为例 [J]. 理论探讨，2013 (3): 165－167.

与民主、公民精神与公民社会、社会资本与科技创新以及工作和组织问题等社会学、经济学、政治学等领域。在管理学领域，社会资本也被用来分析解释知识管理、客户关系管理、智力与人力资本开发、结构重组、战略联盟等问题。本书重点分析社会资本在知识管理、技术创新领域应用的研究成果。戴勇和宋耘（2007）对企业社会资本与技术创新关系的研究进行了梳理，指出：有学者从知识的角度间接分析企业外部社会资本对技术创新的作用，认为组织间关系创造了获取和利用知识的机会（Dyer and Singly，1998；Lane and Lubatkin，1998）；还有国外学者通过实证研究，验证企业社会资本对创新有正向影响（Tsai and Ghoshal，1998；H. Yli－Renko，E. Autio and H. J. Sapienza 2001；Landry，2002）。[①] 我国学者更多关注社会资本本身与创新或知识管理的关系、作用机理与效果等。一些学者对产业集群中社会资本进行研究，认为集群社会资本对技术创新有积极影响，社会资本通过学习机制、合作分工机制、信任机制、规范机制等影响集群技术创新或知识共享，在集群中发挥降低风险与交易成本、优化资源配置、促进知识转移和共享等治理功能，集群企业拥有本地（集群域内）和超本地（集群域外）的双重社会资本，不同类型的社会资本对于企业组织学习及突破式创新具有不同的作用机理（陈鹏，2007[②]；张魁伟和许可，2007[③]；王颖和

① 戴勇，宋耘．企业社会资本与技术创新的理论研究述评［J］．现代管理科学，2007（5）：56－58.

② 陈鹏．产业集群的社会资本与技术创新研究［D］．厦门：厦门大学，2007．来源于：http://www.cnki.net.

③ 张魁伟，许可．产业集群的社会资本运行机制［J］．经济学家，2007（4）：59－64.

彭灿，2007[①]；王雷，2008[②]；陈柳钦，2008[③]；姚佐文，2008[④]；徐蕾等，2013[⑤]）。还有学者用社会资本理论作为分析工具，对创新网络的构建、演化和治理进行研究，将社会资本依照不同纬度划分（多数学者采用结构、认知和关系三维度划分法），通过分析社会资本在创新网络中的作用机理，探讨利于创新的网络构建、治理机制和网络演化途径，考察社会资本对自主创新能力、合作创新能力的显著影响等（蔡文娟和陈莉平，2007[⑥]；欧阳峣和徐姝，2007[⑦]；杨桂菊，2007[⑧]；党兴华和郑登攀，2008[⑨]；林民书和刘洋，2008[⑩]；林筠等，2011[⑪]）。学者们还就社会资本与知识转移、创新绩效的关系进行了分析。韦影（2007）构建了基于吸收能力的企业社会资本与技术创新绩效的

① 王颖，彭灿．基于社会资本视角的集群知识系统环境优化［J］．科学管理研究，2007，25（2）：57－60.

② 王雷．产业集群中社会资本创新绩效研究［J］．云南大学学报（社会科学版），2008，7（1）：64－68，96.

③ 陈柳钦．高新技术产业集群中社会资本的作用［J］．学习与实践，2008（5）：29－37.

④ 姚佐文．社会资本的治理机制——以硅谷风险投资为例［J］．经济管理，2008（4）：74－78.

⑤ 徐蕾，魏江，石俊娜．双重社会资本、组织学习与突破式创新关系研究［J］．科研管理，2013，34（5）：39－47.

⑥ 蔡文娟，陈莉平．社会资本视角下产学研协同创新网络的联接机制及效应［J］．科技管理研究，2007（1）：172－175.

⑦ 欧阳峣，徐姝．基于社会资本理论的中小企业技术创新网络构建［J］．系统工程，2007，25（1）：83－88.

⑧ 杨桂菊．基于社会资本理论的网络组织演化机制新阐释［J］．软科学，2007，21（4）：5－8.

⑨ 党兴华，郑登攀．基于社会资本理论的技术创新网络有效治理研究［J］．科学管理研究，2008，26（3）：16－19.

⑩ 林民书，刘洋．基于社会资本视角的中小企业社会关系网络演进分析［J］．福建论坛（人文社会科学版），2008（5）：4－9.

⑪ 林筠，刘伟，李随成．企业社会资本对技术创新能力影响的实证研究［J］．科研管理，2011（1）：36－44.

概念模型，通过实证研究得出：不考虑吸收能力作用下，企业社会资本的结构、关系和认知三个维度的水平对技术创新绩效的提升有积极显著作用，社会资本三个特征维度通过提高吸收能力正向影响技术创新绩效，认知维度在其他两个维度发挥效应中作为中介变量。[①]王三义等（2007）分别从社会资本结构、关系和认知三个维度对知识转移的影响路径进行实证研究，得出：企业间社会资本的结构、关系和认知三个维度与知识转移效果正相关，但三维度对知识转移三要素作用途径不尽相同。[②③④]柯江林和石金涛（2007）对知识型团队有效知识转移的社会资本结构优化进行了研究，从知识转移角度考虑社会资本结构的优化，将社会资本分为内外两类。[⑤] 谢洪明、葛志良和王成（2008）以珠三角企业为调查对象对社会资本与组织学习、组织绩效的关系进行了研究，结果表明：组织内部社会资本对组织学习有显著直接影响，外部社会资本对技术创新有显著直接影响。[⑥] 高展军和江旭（2011）研究发现企业间社会资本的三个具体维度（网络连接、关系信任和共享愿景）对企业家导向和企业间知识获取之间关系

---

① 韦影．企业社会资本与技术创新：基于吸收能力的实证研究［J］．中国工业经济，2007（9）：119－127.

② 王三义，刘新梅，万威武．社会资本结构维度对企业间知识转移影响的实证研究［J］．科技进步与对策，2007，24（4）：105－107.

③ 王三义，刘新梅，万威武．社会资本关系维度对知识转移的影响路径研究［J］．科技进步与对策，2007，24（9）：84－87.

④ 王三义，何风林．社会资本的认知维度对知识转移的影响路径研究［J］．统计与决策，2007（3）：122－123.

⑤ 柯江林，石金涛．知识型团队有效知识转移的社会资本结构优化研究［J］．研究与发展管理，2007，19（1）：21－27，58.

⑥ 谢洪明，葛志良，王成．社会资本、组织学习与组织创新的关系研究［J］．管理工程学报，2008（1）：5－10.

具有调节效应。[①] 姜波和毛道维（2011）[②]、曲刚和李伯森（2011）[③] 分别以技术创新绩效和交互记忆系统为研究对象，考察了两者在资本结构与企业社会资本网络关系、社会资本与团队知识转移的关系中的中介作用。杨昆（2011）将企业社会资本划分成六个维度，即外部社会资本的结构维度、关系维度与认知维度以及内部社会资本的结构维度、关系维度与认知维度，由此构建了企业社会资本与潜在、现实吸收能力对企业创新绩效影响的理论模型。[④] 彭灿和李金溪（2011）提出了团队外部社会资本和团队学习能力之间关系的理论模型，实证发现团队外部社会资本的不同维度对特定团队外部学习能力产生影响。[⑤] 刘芳（2012）构建了产学研合作中社会资本、界面协调与知识转移绩效的结构方程，证实了社会资本的结构维度、关系维度和认知维度均对产学研合作知识转移绩效具有明显正向影响，界面协调具有显著的中介作用。[⑥] 曾萍等（2013）通过广东省 166 家企业的实证分析，发现社会资本不能直接促进企业创新，但社会资本可以通过动态能力间接地促进企业创新。[⑦] 尹惠斌等（2014）通过 341 份

---

① 高展军，江旭．企业家导向对企业间知识获取的影响研究——基于企业间社会资本的调节效应分析［J］．科学学研究，2011，29（2）：257－267.

② 姜波，毛道维．科技型中小企业资本结构与企业社会资本关系研究：技术创新绩效的观点［J］．科学学与科学技术管理，2011，32（2）：140－145.

③ 曲刚，李伯森．团队社会资本与知识转移关系的实证研究——交互记忆系统的中介作用［J］．管理评论，2011，23（9）：109－118.

④ 杨昆．社会资本、吸收能力对企业创新绩效的影响研究［D］．长沙：中南大学，2011.

⑤ 彭灿，李金溪．团队外部社会资本对团队学习能力的影响——以企业研发团队为样本的实证研究［J］．科学学研究，2011（9）：102－109.

⑥ 刘芳．社会资本对产学研合作知识转移绩效影响的实证研究［J］．研究与发展管理，2012（1）：103－110.

⑦ 曾萍，邓腾智，宋铁波．社会资本、动态能力与企业创新关系的实证研究［J］．科研管理，2013（4）：131－138.

研发团队样本的实证分析，发现社会资本的结构维度、关系维度和认知维度对团队知识冲突与组织学习之间关系具有不同程度的调节效应。①

通过前述文献分析总结可以看出，社会资本理论体系中逐渐形成一些基本共识。任亮（2007）总结的社会资本理论基本命题包括：社会资本有利于提高效率，行动者地位越高社会资本越丰富，占据或靠近结构洞有利于工具性行为，强关系有利于表达性行为，弱关系有利于信息资源获得等。② 戴萍萍（2007）认为，社会资本的主要理论观点可归结为社会网络与嵌入资源范式、民众参与范式和普遍信任范式。③在运用社会资本理论为组织、企业等带来积极效益的同时，社会资本的负面作用也引起关注，肖冬平和顾新（2007）对社会资本在企业管理中的负面作用进行了论述。④ 现有关于社会资本的定义、性质及其划分对本书利用社会资本进行分析都具有参考价值。而当前关于社会资本的应用主要集中分析社会资本对技术创新、知识管理的影响与作用，信任被当作社会资本的一个作用机制。几乎很少有文献利用社会资本作为分析和解释工具来对信任问题加以研究。

1.2.3 知识网络研究的发展

知识网络的研究始于 20 世纪 90 年代中期。1995 年，Bechmann 提出了知识网络的概念，将知识网络描述为进行科学

---

① 尹惠斌，游达明，刘海运．社会资本对团队知识冲突与组织学习关系的调节效应［J］．系统工程，2014（10）：90－97.

② 任亮．社会资本理论的五个命题［J］．探索，2007（3）：109－113.

③ 戴萍萍．社会资本理论综述［J］．科技信息，2007（15）：236.

④ 肖冬平，顾新．论社会资本对企业管理的负面影响及其应对措施［J］．科技管理研究，2007（6）：31－33.

知识生产和传播的机构和活动。[①] 迄今为止，对知识网络尚无一个明确和统一的定义，即使在知识管理领域，知识网络被赋予的含义也各不相同。依照构成知识网络的结点形态可将知识网络分为四类：①知识主体（人、企业、组织）之间的网络。如科研工作者之间、科研团体之间或企业之间的知识合作网络，其实质是知识在不同主体之间流动或传播所形成的网络。目前，大多数关于知识网络的概念都属于这一范畴。②知识与知识之间的网络。以知识为节点，以知识分类或语义分类为基础建立知识之间的分类网络。[②] 如教育领域中某一领域的学科知识以网络的形式表示出来所构成的知识网络。③以存储媒介为节点的知识网络。如引文网络以科研论文为节点、以论文之间的引用关系为边所构成的知识网络。④多类型节点或关系的知识网络。如知识与人之间形成的网络。从知识管理的角度来看，知识主体间的知识网络研究较多，尤其是对于由企业或个体组成的知识网络引起了广泛关注。Mentzas 等（2002）区分了知识网络的四个层次：个人的、团队的、组织的以及组织之间的知识网络，其中组织之间的知识网络是指聚焦于核心竞争力的企业之间的关系网络和价值网络，以及对外部资源的获得性，包括与顾客、竞争者、次承包者、合作者等构成的网络。[③]

本书以不同知识主体之间形成的知识网络，即第一种类型作

① Bechmann M J. Economic Models of Knowledge Networks，in Networks in Action [M]. Berlin，Heidelberg，New York，Tokyo：Springer－Verlag，1995：159－174.

② Wang J. A Knowledge Network Constructed by Integrating Classification，Thesaurus，and Metadatain Digital Library [J]. International Information & Library Review，2003，35 (2－4)：383－397.

③ Mentzas G，Apostolou D，Abecker A，et al. Knowledge Asset Management：Beyond the Process－centred and Product－centred Approaches [M]. Heidelberg：Springer，2002.

为研究范畴。从不同知识主体的角度，将知识网络分为组织之间的知识网络和组织内部的知识网络。本书所称的知识网络是指由多条知识链构成、集知识共享和知识创造等功能于一体的网络体系，开篇之初，已经界定本书中的知识链是组织之间形成的链式结构。因此，本书中的知识网络也限定为组织之间的知识网络。

关于知识网络的定义。OECD（1996）在关于知识经济的报告中从宏观的角度探讨知识网络，认为社会和经济活动已经成为一个网络，企业、政府、学术界、消费者和市场中的其他各部门已经形成知识传递、创新和利益分配的网络联结，这一网络形态可以看作知识网络。美国自然科学基金会（NSF，1999）认为，知识网络是提供知识、信息利用等的社会网络。[①] 还有的学者将知识网络称为知识联盟。Norman（2002）认为，知识联盟是指企业为实现共享知识资源、促进知识流动和创造新的知识，与其他企业、大学和科研院所之间通过各种契约或股权而结成的优势互补、风险共担的网络组织。[②] 国内学者蒋恩尧、侯东（2002）认为，知识网络用于解释大量的资料与信息，归纳为明确的观念与准则，可以记录、包装并传递给需要它们的员工、业务伙伴、顾客及供应商，从而简化专业知识在供应链中的传递的这种用于管理知识的网络系统。[③] 然而，如本书前述，知识网络尚无统一的概念界定。

关于知识网络结构与知识转移的关联。许多学者就网络节点

① 李姝兰. 知识网络与哈耶克的知识观［J］. 农业图书情报学刊，2005（1）：87－88.

② Norman P M. Protecting Knowledge in Strategic Alliances Resource and Relational Characteristic［J］. Journal of High Technology Management Research，2002，13（2）：177－202.

③ 蒋恩尧，侯东. 基于MIS平台的企业知识网络的组建［J］. 商业研究，2002（9）：36.

间的关联强度与知识转移形式之间的关系开展研究。如 Hansen（1999）提出了一种知识权变模型，通过实证研究得出结论：强联系网络对于缄默知识的转移更有效，而弱联系网络对于显性知识的转移更有效。Cowan 和 Jonard（1999）利用网络模型模拟了知识在社会网络中扩散的过程，发现小世界知识扩散效率最高。① Ahuja（2000）指出，网络的“强连接既能提供资源共享，又能促进知识溢出。而弱连接只促进知识溢出却不能提供资源共享”②。Dyer 和 Nobeoka（2000）通过分析社会关系网络在丰田公司创造和保持业绩方面的作用，发现强关系网络建立了多种制度性程序，而这些程序能促进多方知识的流动。③ 胡峰和张黎（2006）也运用网络模型模拟了知识在社会网络中扩散的过程，发现：当网络为小世界时，经过充分的知识扩散后整个社会的平均知识水平最高。但与 Cowan 等结论不同，他们认为小世界中知识差异接近最低。模拟的结果印证了美国社会学家格兰诺维特（Granovetter）的“弱连带优势”理论。④此外，唐方成和席酉民（2006）在规则系统的基础上，利用虚拟实验探讨了知识转移与网络组织的动力学行为模式之间的相互依赖关系。⑤ 此外，他们（2006）还针对网络组织知识转移过程中知识释放者与吸收者之间的双向互动作用，根据知识吸收能力提出知识释放能力的概

① Cowan R，Jonard N. Network Structure and the Diffusion of Knowledge [R]. MERIT Working Papers，1999：99－128.

② Ahuja，Gautam. Collaboration Network，Structural Hotel and Innovation：A Longitudinal Study [J]. Administrative Science Quarterly，2000 (45)：425－455.

③ Dyer J H，Nobeoka K. Creating and Managing a High－performance Knowledge Sharing Network：The Toyota Case [J]. Strategic Management Journal，2000，21 (3)：345－367.

④ 胡峰，张黎. 知识扩散网络模型及其启示 [J]. 情报学报，2006，25 (1)：109－114.

⑤ 唐方成，席酉民. 知识转移与网络组织的动力学行为模式（Ⅰ）[J]. 系统工程理论与实践，2006 (5)：122－127.

念，分别从随机性和确定性释放能力两个角度，利用仿真分析，探讨了知识转移过程中网络组织结构的动力学行为模式。[①]钟琦、汪克夷和齐丽云（2008）构建出以企业内各成员为节点，知识在节点间流动的企业内部知识网络，分析其体系结构和知识流动的基本过程与一般模式。[②]汤婧和韩丽川（2011）运用博弈论构建了一个以企业为节点的知识网络形成的两阶段博弈模型，探讨了 N 个企业知识参与者在不同知识转移系数、连接成本及知识投入量 3 种情形下的有效网络结构，证明了网络结构会影响给定相同的知识资源向量节点企业所获得的知识资源量，同时企业自身投入的知识资源量对古诺模型的均衡利润边际影响作用递减。[③]马军和杨德礼（2011）基于复杂网络中的无标度网络理论，采用模拟仿真分析了知识转移中不同人性主体的分布对于知识在知识网络中的转移效率的影响。[④] 之后，马军等（2012）进一步建立了知识网络下个体企业基于利润、知识转移风险、组织间关系价值、知识转移费用和知识的吸收转化价值的多目标决策模型，运用变分不等式理论与修正投影方法，得到个体最优化状态下的网络组织知识转移的均衡状态。[⑤] 张宝生和王晓红（2012）基于知识网络分析框架，针对东北三省多所高校 24 个具有虚拟性质的科技创新团队，围绕虚拟科技创新团队知识流动意愿的影响因素

① 唐方成，席酉民．知识转移与网络组织的动力学行为模式（Ⅱ）：吸收能力与释放能力［J］．系统工程理论与实践，2006（9）：83－89．

② 钟琦，汪克夷，齐丽云．基于企业内部知识网络的知识流动分析［J］．情报理论与实践，2008，31（3）：397－399，406．

③ 汤婧，韩丽川．基于非合作博弈的企业知识网络形成研究［J］．陕西科技大学学报，2011（11）：102－116．

④ 马军，杨德礼．基于人性假设的加权知识网络知识转移的仿真分析［J］．情报杂志，2011（5）：119－123．

⑤ 马军，董琼，杨德礼．基于竞争的网络组织间知识转移的均衡模型研究［J］．运筹与管理，2012（4）：173－182．

和作用路径展开实证研究，研究证明制度机制、网络氛围、节点特征、网络结构 4 个方面对成员的知识流动意愿均有显著的正向影响，其中制度机制和网络氛围是最为重要、直接的影响因素。[①] 王斌（2013）探讨了知识网络中知识转移速度异变问题，按照疏密关系和强度关系将知识网络分为弱关联疏网、弱关联密网、强关联密网、强关联疏网 4 种模式，认为在不同知识网络模式作用下，知识转移速度和加速度发生异变。[②] 吴悦等（2014）通过分析知识网络中组织间信任关系演化过程，构建了知识网络中组织间“信任演化—知识转移”概念框架。[③] 李柏洲等（2014）构建了团队知识转移风险、知识网络、知识转移绩效及团队共享心智模式的理论分析框架，通过实证发现团队知识转移风险与知识转移绩效间显著负相关，知识网络是团队知识转移风险与知识转移绩效的中介变量；团队共享心智模式正向调节团队知识转移风险、知识网络与知识转移绩效间的关系。[④]

关于知识网络的模型。王铮等（2001）基于知识由节点产生，节点间存在信息交流的事实，借鉴统计力学主方程，建立了一个能够反映知识网络动力学特性的模型，此外，考虑外界环境的影响，参考神经网络的物理模型，在动力学特性模型基础上发展出一个政策参与调控的知识网络模型。[⑤]Apostolou 等（2003）

---

① 张宝生，王晓红．虚拟科技创新团队知识流动意愿影响因素实证研究——基于知识网络分析框架［J］．研究与发展管理，2012（4）：1-9．

② 王斌．基于知识网络结构的知识转移速度异变机理研究［J］．科技进步与对策，2013（7）：72-78．

③ 吴悦，顾新，王涛．信任演化视角下知识网络中组织间知识转移机理研究［J］．科技进步与对策，2014（20）：47-52．

④ 李柏洲，徐广玉，苏屹．团队知识转移风险对知识转移绩效的作用路径研究——知识网络的中介作用和团队共享心智模式的调节作用［J］．科研管理，2014（2）：29-36．

⑤ 王铮，马翠芳，王露，等．知识网络动态与政策控制（Ⅰ）——模型的建立［J］．科研管理，2001，22（3）：126-133．

提出知识分享网络的类型，总结了知识网络将会出现的模型。[①] Cowan 等（2004）关注网络型产业中知识演化的动态过程，比较了参与者随机交互转移知识和在正式体系下的交互转移知识两种方式对知识网络演化的影响，对相应模型进行了仿真研究。[②] 姜照华、隆连堂和张米尔（2004）提出基于知识供应链的知识网络结构和网络创新能力函数，在此基础上，建立起知识网络动力学模型。[③] 成桂芳和宁宣熙（2005）认为虚拟企业中存在的是复杂知识协作网络，运用复杂网络理论和方法，构建出基于某隐性知识传播的虚拟企业知识协作网络模型。[④] 傅荣等（2006）构建了一个基于多智能主体的产业集群知识网络模型，通过 Blanche 软件仿真计算，研究了产业集群参与者交互偏好对网络演化的不同影响。[⑤]李金华和孙东川（2006）运用复杂网络理论，结合知识在网络中的传播特征，引入柯布一道格拉斯生产函数构建了网络上的知识传播模型。[⑥] 周浩元等（2009）构建了复杂产业知识网络模型，研究了复杂产业知识网络拓扑结构与网络上发生的知识学习动力学过程之间的相互关系，发现在知识网络中取得中心地位的主体可以在知识水平、知识竞争和资本水平上取得优势，

① Apostolou D, Mentzas G, Maas W. Knowledge Networking in Extended Enterprises [EB/OL]. http: //imu. ices. ntua. gr/Papers/C60－ICE2003－Apostolou _ Mentzas _ Maass. pdf.

② Robin C, Jonard N, Ozman M. Knowledge Dynamics in a Network Industry [J]. Technological Forecasting & Social Change, 2004 (7): 469－484.

③ 姜照华，隆连堂，张米尔．产业集群条件下知识供应链与知识网络的动力学模型探讨 [J]．科学学与科学技术管理，2004 (7)：55－60.

④ 成桂芳，宁宣熙．基于隐性知识传播的虚拟企业知识协作网络研究 [J]．科技进步与对策，2005 (9)：25－27.

⑤ 傅荣，裘丽，张喜征，等．产业集群参与者交互偏好与知识网络演化：模型与仿真 [J]．中国管理科学，2006，14 (4)：128－133.

⑥ 李金华，孙东川．复杂网络上的知识传播模型 [J]．华南理工大学学报（自然科学版），2006，43 (6)：99－102.

从而可以取得竞争中的领先地位。① 于晶等（2011）认为知识共享是发生在知识网络之上的公共物品进化博弈，根据知识共享过程中的信任因素建立了两种理性水平下的知识共享进化博弈模型，并运用仿真分析的方法研究了知识网络中知识共享的机制和知识网络对知识共享的影响，发现在不同理性水平下知识网络的结构对知识共享具有不同的影响。② 廖开际等（2011）则以组织中同时作为社会活动和知识活动载体的“人”为研究对象，构建了一个基于知识网络和社会网络的组织知识共享网络模型，并探讨了该网络模型如何影响组织中主体间知识共享的过程和方式。③ 王斌（2012）通过博弈模型和仿真模拟分析，构建了基于知识转移的知识网络创新路径模型，认为根据知识转移存量和开放度两个维度的强弱，创新投入呈现出不同的数量，同时知识网络创新也分别沿着 3 条不同的非线性路径展开。④

关于知识网络的性质、构建和运行分析。Carayanni 等（1999）认为，参与知识网络运作的组织应具备为其他组织提供相应稀缺知识的能力，实现组织间知识领域的优势互补。⑤ 李丹、俞竹超和樊治平（2002）分析了组织存在知识缺口的问题，以春兰集团作为案例说明了知识网络构建的实际意义以及知识网

① 周浩元，陈晓荣，路琳. 复杂产业知识网络演化［J］. 上海交通大学学报，2009（4）：596－601.

② 于晶，刘臣，单伟. 知识网络中知识共享的准公共物品进化博弈［J］. 科学学与科学技术管理，2011（12）：65－70.

③ 廖开际，叶东海，吴敏. 组织知识共享网络模型研究——基于知识网络和社会网络［J］. 科学学研究，2011（9）：1356－1364.

④ 王斌. 基于知识转移的知识网络创新路径模型研究［J］. 科技进步与对策，2012（1）：126－130.

⑤ Carayanni L，Alexander J. Winning by Co－opeting in Strategic Government － university － industry R&D Partnerships：The Power of Complies Dynamic Knowledge Networks［J］. Journal of Technology Transfer，1999（24）：197－210.

络的构成要素、构建原则和构建方法。① Thomas Ritter 等（2003）认为企业的知识网络具有动态性和根植性，网络成员间的联系源于其自主性和相互依赖地结合，网络中的交流规则促进或抑制知识交流，进而影响企业的能力发展。② Jason Owen－Smith 和 Walter W. Powell（2004）认为，正式的跨组织网络具有地理接近和组织形式两种重要且不相关的特征，这些会根本改变网络的信息流动，他们还通过案例分析检验了提出的论点。③ 刘江（2005）通过施乐公司知识网络系统实例阐释企业构建知识网络的思路、方法和取得的成效。④ Chen 和 Wang（2005）基于社会网络理论研究中国企业的知识网络建设，认为嵌入社会结构的经济行为的前提是参与者面对的规则和文化，中国企业是关系导向而非原则导向，应培育中介结构，以建立战略知识网络来适应国际竞争，构建了战略知识网络模型。⑤ 宋英华（2005）认为现代企业运营已突破供应链、价值链、知识链的链状模型，呈现网络模型的运营模式，将其概括为价值—知识网，初步探讨了其协调机制和预测机制。⑥ Wei、Sun 和 Ye（2005）认为知识共享

---

① 李丹，俞竹超，樊治平．知识网络的构建过程分析［J］．科学学研究，2002，20（6）：620－623.

② Ritter T，Gemünden H G．Network Competence：Its Impact on Innovation Success and its Antecedents［J］．Journal of Business Research，2003（56）：745－755.

③ Owen－Smith J，Powell W W．Knowledge Networks as Channels and Conduits：The Effects of Spillovers in the Boston Biotechnology Community［J］．Organization Science，2004，15（1）：5－21.

④ 刘江．谈知识网络构建［J］．情报杂志，2005（1）：40－42.

⑤ Chen H，Wang H L．Strategic Knowledge Network Enterprises Based on Social Network Theory［A］//Proceedings of the 2005 International Conference on Management Science and Engineering［C］．Harbin：HIT press，2005：587－590.

⑥ 宋英华．价值—知识网：一种新的企业运营模式［J］．科技进步与对策，2005（6）：16－18.

是知识网络存在和发展的前提，知识共享的利益分配将直接影响知识网络的运行，运用博弈论讨论了知识网络中知识共享的利益分配方法。[①] 李勇、史占中和屠梅曾（2006）认为知识网络是形成企业动态能力的重要知识来源，具有动态性和根植性，网络的知识转移效率受企业自身吸收能力、所转移知识特性等多方面因素影响。[②] 任志安（2006）对企业知识网络的有效运行问题进行了研究，提出根据“认知范围的外部经济性”原理选择知识伙伴，从知识共享效率角度，依据网络分析方法如强弱关系、结构洞、桥连接等安排企业知识网络结构，并且通过网络治理来防范企业知识网络成员的机会主义行为。[③] 任志安和王立平（2006）对知识网络中合作伙伴的选择做了进一步研究，利用不完美信息动态博弈模型，分析了知识共享中促使高质量伙伴参与而低质量伙伴不参与的发生条件，探讨了知识共享伙伴选择的影响因素及可行措施。[④] 孙建华（2007）构建了企业内外部知识网络的结构体系，指出企业内部知识网络的高效有序运转需要有知识分类机制、知识分享机制和知识更新机制等运行机制；企业外部知识网络的高效运行则侧重信息收集和积累、交流整合以及外部知识内部化等方面。[⑤] 陈得文和陶良虎（2008）认为产业集群具有完善

---

① Wei Y B, Sun D C, Ye F. Benefit Allocation Methods of Knowledge Sharing Within Knowledge Network [A] //Proceedings of the 11th International Conference on Industrial Engineering and Engineering Management [C]. Shenyang, 2005: 1235−1238.

② 李勇，史占中，屠梅曾. 知识网络与企业动态能力 [J]. 情报科学，2006，24 (3)：434−437.

③ 任志安. 企业知识网络的有效运作问题研究 [J]. 科技管理研究，2006 (11)：71−73，79.

④ 任志安，王立平. 知识型网络组织的知识共享伙伴选择问题分析 [J]. 合肥工业大学学报（自然科学版），2006，29 (9)：1111−1115.

⑤ 孙建华. 企业内外部知识网络管理体系研究 [J]. 工业技术经济，2007，26 (3)：117−119.

的知识网络系统，提出产业集群知识网络运行分为知识共享和知识转移两个阶段。这两个阶段也是影响知识网络效率的重要因素，两者一定程度的有机结合构成知识网络高效率的充要条件。[①] 张苏荣和王文平（2011）运用演化博弈论的方法，构建了企业间知识网络的合作演化博弈模型，发现企业均选择合作策略的概率与知识更新的收益系数及相互间的信任水平正相关、与知识更新的合作成本系数和风险系数负相关，并借鉴共生理论、基于 Lotka-Volterra 模型，探究了生产性服务业与先进制造业间的知识网络生态演化效应。[②] 江积海和于耀淇（2011）将知识存量和脑力劳动投入纳入统一变量，构建出知识网络中的知识生产函数的一般形式和特殊形式，发现知识网络中的知识增长存在一定条件下的稳定平衡增长路径，知识活动效率是知识网络中知识生产和增长的原动力。[③] 赵文军和王学东（2012）分别从结构嵌入、关系嵌入以及认知嵌入 3 个维度，探讨了虚拟团队知识网络的嵌入影响机制，并分别就虚拟团队知识网络的结构治理、关系治理以及认知治理提出治理对策。[④] 魏奇锋等（2013）从“知识节点—知识链—知识网络”的耦合过程视角，分析了知识网络的耦合主体、关系及类型，并对知识网络的耦合形成机理进行了数理推演。[⑤] 单子丹和高长元（2013）揭示了跨区域高技术知识

① 陈得文，陶良虎．产业集群知识网络运行分析［J］．商品储运与养护，2008，30（2）：44-47．

② 张苏荣，王文平．基于知识更新的企业合作演化博弈分析［J］．软科学，2011（1）：24-37．

③ 江积海，于耀淇．基于知识增长的知识网络中知识生产函数研究［J］．情报杂志，2011（5）：114-139．

④ 赵文军，王学东．社会网络嵌入视角下的虚拟团队知识网络治理对策研究［J］．实践研究，2012（1）：80-84．

⑤ 魏奇锋，顾新，张宁静．知识网络形成的耦合分析［J］．情报理论与实践，2013（12）：27-33．

网络的构成元素、生态演进过程及路径迁移规律；通过对“云计算创新平台”多案例比较分析，给出平台知识管理的阶段化战略体系及功能定位，发现高技术知识网络的空间建构决定创新平台的单元组合及功能范畴，导致新知识生产模式、商业模式与服务模式的形成，而知识网络的演化形态与知识轨迹的发展进程共同作用于传导活动主体的战略选择。[①]

关于知识网络的功能（作用）及其他研究。赵晓庆和许庆瑞（2002）指出企业在关系网络中的嵌入是获取竞争能力的重要来源，以丰田生产系统作为案例论证知识网络能帮助企业获取更大的竞争优势。[②] Cheng 和 Hu（2004）基于理论分析提出企业可以通过构建合作知识网络（Cooperative Knowledge Network，CKN）实现其能力的动态发展，并以南京 SVT 构建 IC 设计 CKN 为案例，说明构建 CKN 是企业获取内、外部知识，提高企业能力的一种有效方式。[③]柯青（2006）对虚拟企业知识网络存在多维研究视角的原因进行了分析，选取了能力整合、运行平台和管理理念三个不同的视角对虚拟企业知识网络进行了研究。[④] 龙静和吕四海（2006）分析了三种类型的网络，即社会网络理论、内部网络理论和外部网络理论对于企业的知识创造及管

---

① 单子丹，高长元. 跨区域高技术知识网络的演进机理与战略定位研究［J］. 中国科技论坛，2013（12）：33－39.

② 赵晓庆，许庆瑞. 知识网络与企业竞争能力［J］. 科学学研究，2002，20（3）：281－285.

③ Cheng J Y，Hu H H. Development of Enterprises' Capability Based on Cooperative Knowledge Network［A］//Chinese Academy of Sciences Symposium on Data Minning and Knowledge Management［C］. Berlin：Springer－verlay Berlin Heidelberg，2005：187－194.

④ 柯青. 论虚拟企业知识网络的三大研究视角［J］. 科技管理研究，2006（8）：197－198，203.

理活动的影响。[①] 任志安（2006）分析了企业知识共享网络治理的特点、作用机理和安排，提出将网络治理纳入知识治理的分析体系中，应成为企业知识共享网络治理实践的发展趋势。[②] 张龙（2007）从知识网络结构的角度对知识管理进行了研究，同时提出，优化组织知识网络结构可通过知识载体网络化、知识网络模块化以及外部知识获取制度化等管理策略。[③] 郝云宏和李文博（2007）通过梳理国外知识网络的研究文献，指出知识网络的内涵界定、知识网络的构成要素和知识网络的知识活动是当前研究的主要内容；基于集群创新视角的知识网络动态演化是知识网络研究的新进展。[④]张静和姜永常（2011）从正反两方面分别阐述E－knowledge 在知识构建中的作用和机制，以及 E－knowledge 在知识网络构建中的应用，提出了知识网络构建的 E－knowledge 机制，并从特性与功能角度全面展现基于 E－knowledge 机制实现知识网络构建的作用过程及功能表现。[⑤] 陈健等（2011）分析了知识网络公平感的形成过程和影响知识网络公平感的因素，提出知识网络公平感的形成经历了选择公平标准、解读信息、对比参照对象和形成公平感 4 个阶段，影响知识网络公平感形成的因素包括 3 个层次：环境特征（文化、网络结构）、组织特征（历史、目标、权力、熟悉度）和个人特征（管

① 龙静，吕四海．基于网络视角的企业知识创造与管理［J］．科学学与科学技术管理，2006（7）：87－92．

② 任志安．企业知识共享网络的治理研究［J］．科技进步与对策，2006（3）：97－101．

③ 张龙．知识网络结构及其对知识管理的启示［J］．研究与发展管理，2007，19（2）：86－91，99．

④ 郝云宏，李文博．国外知识网络的研究及其新进展［J］．浙江工商大学学报，2007（6）：70－75．

⑤ 张静，姜永常．知识构建的 E－knowledge 机制初探［J］．图书情报工作，2011（10）：106－110．

理经验、一起工作的时间)。[①] 万君和顾新（2011）对知识网络组织之间的合作效率的影响因素进行了研究，实证发现知识网络成员的期望收益、学习能力、成员组织之间的关系强度、成员组织之间的相互信任、网络环境对知识网络合作效率有显著的正向影响作用，而成员组织之间的相互信任与成员组织的学习能力、成员组织之间的关系强度和网络环境等其他因素之间具有显著的相关关系。[②] 吴绍波和顾新（2011）认为知识水平、知识结构、组织惯例、价值观念等各方面的差异导致知识网络节点组织之间不可避免地产生知识冲突，知识冲突一般要经过知觉阶段、行为阶段和适应阶段等几个阶段，其对知识网络组织之间的合作创新既有正面影响，也有负面影响。[③] 辛晴和杨蕙馨（2011，2012）发现在知识网络演进、动态能力提升和创新绩效提高之间存在着循环反复的正相关关系，网络规模、网络异质性、网络中心性、关系强度分别对技术创新和管理创新产生不同影响，并揭示了网络特征通过动态能力的中介作用影响企业创新的微观机制。[④⑤]汤超颖和邹会菊（2012）研究了知识网络对虚拟研发团队创造力的作用与影响，构建了一个基于人际交流的研发团队内外知识网络关系对所获取的外部知识的特征以及团队渐进型与突破型创造力的影响理论分析模型，提出虚拟研发团队创造力管理应关注不同

① 陈健，顾新，吴绍波. 知识网络公平感的形成及影响因素研究［J]. 科技进步与对策，2011（7）：139－143.

② 万君，顾新. 知识网络合作效率影响因素的实证研究［J]. 科技与经济，2011（10）：70－74.

③ 吴绍波，顾新. 知识网络节点组织之间的知识冲突研究［J]. 情报杂志，2011（12）：125－128.

④ 辛晴，杨蕙馨. 知识网络对企业创新影响的实证研究［J]. 图书情报工作，2011（8）：72－76.

⑤ 辛晴，杨蕙馨. 知识网络如何影响企业创新——动态能力视角的实证研究［J]. 研究与发展管理，2012（6）：64－69.

研发阶段中外部知识网络和团队内部知识网络的耦合效应。[①] 阮爱君等（2014）从社会网络视角探讨开放式创新下知识网络嵌入性的内涵及其测度，证实了知识网络结构嵌入性中的知识网络规模和知识网络中心性及知识网络关系嵌入性中的知识网络关系强度和知识网络关系质量对企业创新能力有显著的积极影响。[②]

近些年，集群创新视角的知识网络相关研究也确实越来越多，学者们对集群或产学研合作中的知识网络自身特征或其功能等问题展开探讨，如王晓娟（2007）[③]、张永安和付韬（2009）[④]、曾德明等（2009）[⑤]、赵晨光（2009）[⑥]、白洁（2009）[⑦]、阳志梅和胡振华（2010）[⑧]、张寒冰（2011）[⑨]、欧光军等（2012）[⑩]。还有学者将知识网络作为研究视角，分析知识管理问题。李彦华（2009）以产学研知识网络为分析视角，对企业知识获取与技术

① 汤超颖，邹会菊. 基于人际交流的知识网络对研发团队创造力的影响［J］. 管理评论，2012（4）：94－100.

② 阮爱君，卢立伟，方佳音. 知识网络嵌入性对企业创新能力的影响研究——基于组织学习的中介作用［J］. 财经论丛，2014（3）：34－39.

③ 王晓娟. 知识网络与集群企业竞争优势研究［D］. 杭州：浙江大学，2007.

④ 张永安，付韬. 集群创新系统中知识网络的界定及其运作机制研究［J］. 科学学与科学技术管理，2009（1）：92－101.

⑤ 曾德明，覃荔荔，王业静. 产业集群知识网络中黏滞知识的转移机理研究［J］. 财经理论与实践，2009，30（3）：97－101.

⑥ 赵晨光. 产学研知识网络构建与评价研究［D］. 长春：吉林大学，2009.

⑦ 白洁. 基于知识网络的校企合作思考［J］. 中北大学学报（社会科学版），2009，25（2）：63－66.

⑧ 阳志梅，胡振华. 知识网络与集群企业竞争优势研究——基于组织学习视角［J］. 科技进步与对策，2010，27（3）：101－104.

⑨ 张寒冰. 基于社会网络工具的集群企业间知识网络构建［J］. 科技管理研究，2011（2）：193－196.

⑩ 欧光军，郑江孝，李永周. 基于产品创新集成的高技术集群知识网络能力整合构建研究——一个分析框架的提出与构思［J］. 科技进步与对策，2012（1）：64－68.

创新做了研究。[①] 王君、管国红和刘玲燕（2009）关注利用知识网络系统支持企业知识管理的问题，构建了基于知识网络系统的企业知识管理过程支持模型。[②] 针对知识链构成的知识网络，已有学者对其形成动因、合作效率的影响因素及其中的知识活动展开研究，如万君和顾新（2008）[③④]，肖冬平和顾新（2009）[⑤⑥⑦]。此外，李文博（2012）认为目前国内外学术界重点关注于从动态演化、复杂系统、最佳实践、效果推理、社会网络、经济政策等视角出发开展集群情景下企业知识网络研究，并提出集群情景下的企业知识网络能力不仅是企业核心竞争力的重要表现，还关系到一个区域或国家的综合竞争力，其中集群情景下知识网络的演化、运行及其作用受到较多关注。[⑧] 黄训江（2011）以知识获取最大化为准则构建集群知识网络形成、演化的过程模型，并利用仿真技术研究集群知识网络结构的演化特征及其影响要素。[⑨] 王梅和王文平（2012）根据知识和社会关系水平将集群升级转化为

---

① 李彦华．基于产学研知识网络的企业知识获取与技术创新研究［J］．山西高等学校社会科学学报，2009，21（7）：69－72．

② 王君，管国红，刘玲燕．基于知识网络系统的企业知识管理过程支持模型［J］．计算机集成制造系统，2009，15（1）：37－46．

③ 万君，顾新．知识网络的形成机理研究［J］．科技管理研究，2008，28（9）：243－245．

④ 万君，顾新．知识网络合作效率影响因素探析［J］．科技进步与对策，2009，26（22）：164－167．

⑤ 肖冬平，顾新．知识网络的形成动因及多视角分析［J］．科学学与科学技术管理，2009，30（1）：84－91．

⑥ 肖冬平，顾新．知识网络形成的理论基础——一个经济学的视角［J］．情报杂志，2009，28（1）：136－139．

⑦ 肖冬平，顾新．知识网络中隐性知识的共享困境及其克服路径——基于非正式网络的观点［J］．图书情报工作，2009，53（2）：108－112，138．

⑧ 李文博．集群情景下企业知识网络研究前沿探析与中国问题展望［J］．科技进步与对策，2012（3）：128－132．

⑨ 黄训江．集群知识网络结构演化特征［J］．系统工程，2011（12）：77－83．

由社会网络、显性知识网络和隐性知识网络互动的超网络，建立了集群超网络模型，运用变分不等式理论和最优化问题的关系，研究集群升级。[①] 徐蕾（2012）从知识网络内节点间关系的发展总结出集群创新网络的 4 个演变特征，即网络边界的开放性、网络主体的多元性、嵌入对象的动态演化性、嵌入关系的多样性，并从地理边界和主体类型两个维度将集群创新系统分为集群域内创新网络、集群域外创新网络、知识应用开发网络和知识产生扩散网络 4 个类别。[②] 韩言虎等（2013）从创新集群知识网络的概念和内涵出发，构建了由纵向产业链知识转移和扩散链与横向知识支撑链构成的结构模型，基于系统观视角提出了双重嵌入性、动态性、协同性、创新经济性等特征，并从知识网络运行的过程机制、以产学研为核心的知识协同创新机制、知识网络运行服务保障机制、知识网络环境支持机制 4 个方面研究了创新集群知识网络的运行机制。[③] 杨雪等（2014）借鉴耗散结构理论、自组织理论和产业集群生命周期理论，构造了基于知识网络的集群创新演化模型，并以成都高新区集群创新演化为例，验证了知识网络的结构模式在集群创新中的作用。[④] 魏江和徐蕾（2014）基于网络嵌入性和创新能力理论，通过对 5 个制造业产业集群中 206 家企业的实地调查，发现集群企业本地和超本地双重嵌入与其创新能力提升之间存在主效应，本地与超本地两类网络的功能整合和知识整合是促进集群企业创新能力跃迁的必要条件；提出并检验

① 王梅，王文平．基于超网络视角的产业集群升级研究［J］．管理学报，2012（4）：570－577.

② 徐蕾，集群创新网络内涵、运行机制与研究展望［J］．情报杂志，2012（5）：202－207.

③ 韩言虎，罗福周，方永恒．创新集群知识网络的构建及运行机制研究［J］．现代经济探讨，2013（11）：54－59.

④ 杨雪，顾新，张省．基于知识网络的集群创新演化研究——以成都高新技术产业开发区为例［J］．软科学，2014（4）：57－64.

了知识整合—互补性知识整合和辅助性知识整合的中介效应。[①]

可见，作为知识经济时代的重要组织形式，知识网络引起学者们极大兴趣。关于知识网络自身的构成、内涵、构建与运行等方面，学者们引入不同学科理论观点通过建模、实证等方式开展了大量研究。知识网络与其中的知识活动（知识转移、知识共享等）的关系和知识网络的功能也是当前研究的主要内容。集群创新视角的知识网络相关研究正日渐增多。但是几乎没有文献研究知识网络运行的重要支撑即相互信任机制，知识网络中的信任问题研究没有受到应有的重视。

1.2.4 当前研究简要评述

从目前收集分析的国内外研究文献资料来看，针对信任、社会资本、知识网络各领域的相关研究成果不断涌现，但是关于知识网络组织之间的相互信任问题研究却相对缺少，且存在如下不足：

第一，对于知识网络中的信任问题研究成果还比较少，重视度不够。现有的关于信任问题的研究许多是围绕信任自身的特性、含义或者针对虚拟企业（团队）、产业集群以及联盟等组织形式展开。对于知识网络这种更复杂的新型组织形态中信任问题的相关研究寥寥无几，没有受到足够重视。

第二，缺少知识网络组织之间相互信任问题的系统研究框架。迄今，为数不多的与知识网络中信任问题相关的研究文献往往局限于单一方面的探讨，如信任与知识转移、知识共享和知识创造之间的关系，信任与合作实现的相互关系等，缺少系统完整的框架体系。对战略联盟、产业集群等组织形态中的信任问题开

---

① 魏江，徐蕾．知识网络双重嵌入、知识整合与集群企业创新能力［J］．管理科学学报，2014（2）：65—70.

展讨论所获得的成果虽然可以借鉴，但无法完全适用于知识网络。目前还缺少围绕知识网络组织之间的相互信任问题进行的系统分析。

第三，缺少利用社会资本作为分析工具对组织之间相互信任进行研究的成果。目前有不少的学者在分析探讨社会资本理论及其社会作用时，会关注信任问题和网络结构。信任与网络是社会资本的核心要素，然而现有成果大多在进行社会资本的应用研究和理论分析时，将信任视为一个构成要素加以探讨，却少有从社会资本理论与方法的角度，分析解释信任相关的问题。而社会资本理论中的强弱关系、结构洞、嵌入性等原理，知识网络本身的网络结构、网络特性与社会资本的密切关联，既会影响知识网络中的信任水平，又对知识网络中的信任相关问题表现出解释能力。从方法论的角度，目前还缺少这种研究思路与方法。

本书拟利用社会资本作为分析解释工具之一，对知识网络中组织之间的相互信任问题进行系统研究和深入探讨，以便为企业构建知识网络、进行知识管理、提升核心竞争力提供理论指导和决策建议。

1.3 研究意义

信任是合作的基础，也是知识网络成功的保障。本书从社会资本视角对知识网络成员间相互信任问题进行研究，具有理论价值与现实意义。

首先，丰富和发展了信任问题研究体系与研究内容。目前关于信任问题的研究大致分为对信任问题的理论研究、组织内和组织间的信任问题研究。组织之间的信任研究，多为对信任问题某一方面的研究，常见于供应链、战略联盟、集群、虚拟团队等组织形态中。国内外关于知识网络这种新型组织形态的信任问题研究成果较少。本书以社会资本作为分析和解释工具，系统地探讨知识网络这种复杂组织形态中组织之间的相互信任问题，丰富和发展了信任问题的研究体系和研究内容。

其次，丰富和充实了知识网络管理理论。相互信任是知识网络组织之间合作关系的重要治理机制，信任问题是知识网络管理研究的一个重要方面。系统研究知识网络中组织之间的相互信任问题相当于建立知识网络管理理论体系的一个研究分支，是对知识网络管理理论的丰富和充实。

最后，发展了知识管理理论。知识管理是现代管理学的研究前沿，处于不断发展之中。知识网络是知识管理的载体和工具，研究知识网络相关问题，有助于知识管理理论体系的完善，促进知识管理研究的发展。

从实践上看，科技迅猛发展和知识经济的到来，使得企业对构建知识网络的需求随着竞争的加剧和知识的快速更新在不断增加。在我国，随着科技创新战略地位的确立，催生出一批产学研协作网络。但是，知识网络的构建、知识网络的管理和知识网络的成功运行都缺少有效的理论指导。同时，本书对知识网络中组织之间的相互信任机制进行研究，系统分析组织之间相互信任关系的建立、演化、培育与作用机制等，有利于促进知识网络中组织之间相互信任关系的建立与发展，从而推进知识网络中的知识共享与知识创造，对于知识网络的构建、管理及其成功运作具有积极的指导作用，可提高我国企业知识管理的水平和知识网络的成功率。本书有助于推动知识管理、知识网络理论在我国企业的应用，为我国企业迅速形成、巩固和拓展组织核心能力提供了新思路。

综上所述，本书在理论和实践上都具有重要意义，作者希望通过本研究促进信任理论及知识网络理论的发展，提高我国企业知识网络的成功率，推动知识管理在我国的发展和应用。

1.4 研究目标与内容

1.4.1 研究目标

构建知识网络组织之间相互信任机制的系统研究框架，以社会资本中有关理论作为分析和解释工具，分析知识网络组织之间相互信任的建立机制、演化过程和作用机理，通过实证研究方法对书中构建的假设模型加以验证，得出分析结论与管理启示，并进一步例证分析知识网络组织间相互信任对于知识冲突的治理作用，为提高我国知识网络成功率、运行效率和管理成效提供理论指导和对策建议。

1.4.2 研究内容

相互信任研究领域中针对知识网络中组织之间的相互信任问题研究比较薄弱，作者试图深入系统探讨知识网络中组织之间的相互信任机制。由于网络、信任和社会资本之间有密切关系，因此，研究工作将引入社会资本的相关理论作为分析和解释工具。明确研究主题后，研究工作逐层展开，主要研究内容包括以下几个方面：

(1) 主要概念的界定问题。本书使用的关键概念包括知识网络、社会资本、相互信任等。初期研究工作是根据研究对象的特点，明确界定本研究中主要概念的含义与内涵。知识网络是研究选定的组织背景，相互信任关系嵌入知识网络之中。因此，首先分析知识网络的构成、网络中的知识活动以及知识网络与知识链的异同；在此基础上再明确相互信任的含义、特点、构成与类型划分；最后，阐明本书中社会资本的含义，社会资本与相互信任的关系，并对分析过程中使用的社会资本理论加以简要说明。本部分概念的界定与关系梳理是研究工作的基础与前提。

（2）知识网络组织之间相互信任的建立机制。通过分析知识网络组织之间相互信任的建立条件、影响因素和建立过程，探寻知识网络组织之间相互信任的建立机制。作者已经深入分析过知识链成员间相互信任的产生和建立机制，知识网络以知识链为基础，但网状结构比链式结构更复杂。因此，以知识链成员间的相互信任产生与建立的研究成果为基础，构建博弈收益矩阵，运用博弈论进行过程分析，进一步结合知识网络的特性（如网络声誉传递机制、结构洞等）对不同初始情境下的信任建立进行分析，最后得出知识网络相互信任的建立机制。

（3）知识网络组织之间相互信任的演化过程。知识网络组织之间的初始信任建立之后，随着知识网络中组织间的交互作用，相互信任关系也将随之变化。本部分将从类别、程度和范围三个方面讨论知识网络组织之间相互信任关系的演化过程。从过程分析与整体分析两个视角，探讨相互信任演化的阶段、不同阶段的特性以及知识网络中整体信任关系的变化，构建知识网络中组织之间相互信任关系演化过程的模型图是本部分研究的重点。此外，在掌握了相互信任建立机制和演化过程的基础上，将有针对性地提出适用于知识网络的组织间相互信任培育措施。

（4）知识网络组织之间相互信任的作用机理。相互信任是知识网络合作关系的一个重要治理机制，也是知识网络成功的保障。本部分探讨相互信任在知识网络中具有哪些重要作用，它通过何种途径在知识网络中发挥作用。相互信任作用机理需要结合知识网络的结构特征、网络中的知识活动进行综合分析，提出相关性假设，构建假设模型。假设能否成立，可通过问卷调查收集数据，用结构方程模型加以验证。分析实证检验与理论推导所得结论在有效管理知识网络、促进相互信任发挥积极作用方面所带来的管理启示。

（5）知识网络组织间相互信任对于知识冲突的治理作用。以知识冲突治理为例证来分析相互信任对知识网络的治理作用。知识网络组织之间的相互信任通过影响网络中的知识活动发挥其作用，而知识冲突治理是确保有序开展网络知识活动的重要环节。本部分探讨知识冲突产生的原因和发展过程，明确知识冲突治理的内容，在此基础上结合知识网络的结构特点和知识的特性，运用博弈分析，构建假设模型，再通过问卷调查收集数据，用结构方程模型加以验证，最后根据实证检验结果进一步讨论组织之间的相互信任对于知识冲突的治理路径和其带来的管理启示。

1.5 研究思路、研究方法与创新点

1.5.1 研究思路

在总结分析国内外研究现状的基础上，本书围绕构建知识网络组织之间相互信任机制的系统研究框架这一目标，按照主体研究内容的模块和层次逐渐开展研究工作。本书的研究思路：首先，鉴于本书所使用的关键概念尚无获得公认的统一定义，先对书中的关键概念及其内涵进行明确界定和说明，梳理阐明关键概念间的逻辑关系；在此基础上，分析相互信任的影响因素，建立过程和建立初始情境，从而推断出知识网络组织之间相互信任的建立机制；随后，探讨组织之间相互信任随着知识网络中组织间交互活动的进行如何演化，分析其演化过程；然后，分析知识网络中相互信任的作用机理，构建假设模型，并采用实证研究方法加以验证；最后，以知识冲突的治理为例证分析知识网络组织间相互信任对于知识网络的治理作用。知识网络是开放性的社会网络，网络和相互信任与社会资本关系密切，因此，在探究知识网络中组织之间的相互信任问题时，将使用社会网络理论和社会资

本理论的相关观点作为分析和解释工具。本书的研究思路可用如图 1—1 所示的技术路线图来概括。

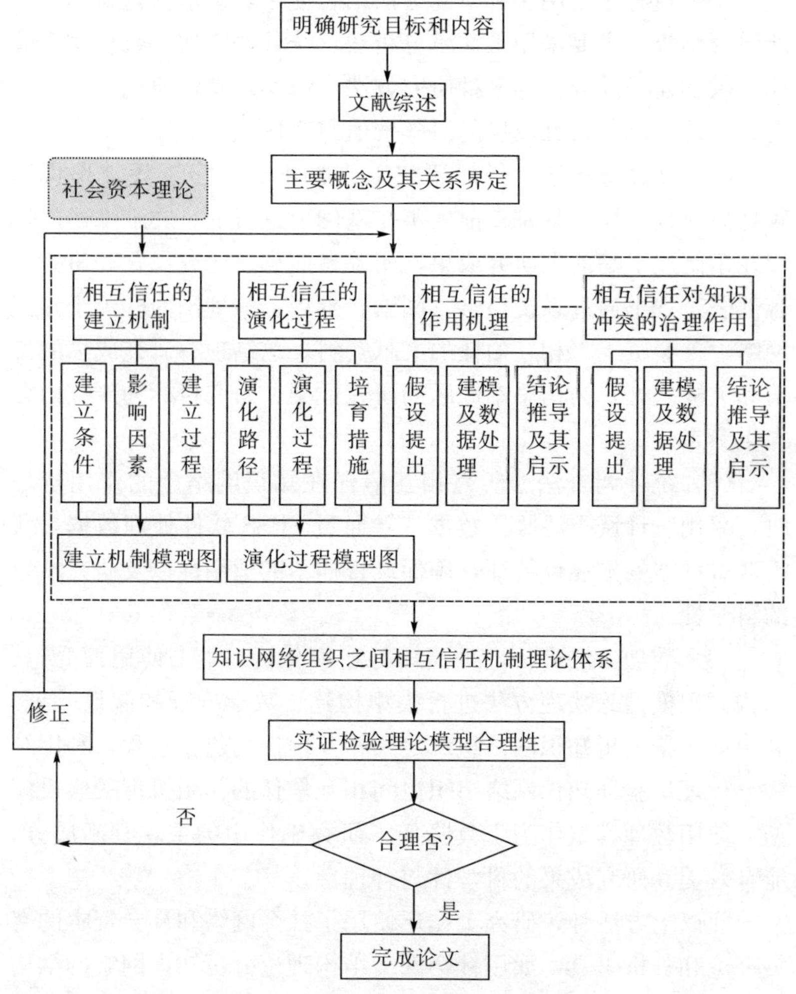

图 1—1 本书研究思路的技术路线图

1.5.2 研究方法

研究过程中采用多种研究方法结合使用，以期获得科学合理的研究结果。主要采用了文献分析法、统计调查法、数理逻辑演绎、数学建模及分析等多种研究方法，以实现理论研究与实证研究相结合，提高研究成果的科学价值与实用性。

（1）文献分析法。任何研究工作都不能完全“凭空出世”，管理研究也一样，都是在前人工作基础上进行的。文献综述的作用在于阐述清楚前人研究成果，明确参照点、研究主题和研究内容部署。本书通过系统检索、阅读、翻译、整理国内外关于知识网络、社会资本、相互信任的文献资料，总结现有研究成果的价值和欠缺之处，为构思本课题的研究框架、研究目标和研究内容提供参考。

（2）统计调查法。研究相互信任在知识网络中的作用机理时，采用统计调查法收集数据，并通过 SPSS 软件处理数据，获得调查样本的描述性特征，确保调查样本的适用性以及研究结论的科学性。

（3）数理方法进行推理演绎与建模分析。本书使用博弈论、结构方程模型等数理方法进行模型构建、数学推理和假设验证。利用博弈论分析知识网络组织之间相互信任的建立过程，利用结构方程理论验证知识网络组织之间相互信任的作用机理的假设模型。使用数理模型作为工具降低了研究工作中的主观判断成分，能有效提高研究成果的科学性与合理性。

除以上方法外，研究工作还使用了社会网络和社会资本的有关理论和分析工具。如用社会网络结构理论分析知识网络的结构和构成要素，用社会资本的结构洞理论、强弱关系理论以及嵌入观点分析知识网络中相互信任的类别、作用、建立情境和演化过程等。

1.5.3 创新点

本书的创新点包括如下几个方面：

（1）本书结合知识网络自身特性，从建立和演化过程出发，将知识网络中组织之间的相互信任划分为尝试性信任、维持性信任、延续性信任和敏捷信任。

（2）本书推断得出了知识网络组织之间相互信任的四种建立机制。通过前因—后果思路归纳出相互信任的影响因素，通过博弈分析和情境分析对知识网络中组织间相互信任的建立过程进行探讨。以上述研究结论为基础提出知识网络中相互信任的建立机制有过程型、特征型、规范型和反馈型。

（3）从两个维度、三个方面研究知识网络组织之间相互信任的演化过程。三个方面是指相互信任的类别、程度和范围，两个维度是指过程视角和整体视角。在知识网络中，从单次合作过程来看，随着合作进程的推进，无第三方信息源时，相互信任经历尝试性信任—维持性信任—延续性信任的类别演化，有第三方信息源时，则类别演化过程为敏捷信任—维持性信任—延续性信任。该过程可划分为预测阶段、确定能力阶段、信任保障阶段和转移提升阶段四个阶段。期间，相互信任度由低到高演变。从知识网络整体来看，由于组织自身获取知识的需求、信任延续性和网络中发达的联系渠道的影响，相互信任的范围随着知识活动螺旋向上的循环进行而不断扩大。

（4）通过问卷调查、数据结构模型研究和理论推断得出相互信任在知识网络中的作用机理。分析推导认为，相互信任以影响知识转移为途径来发挥作用。以知识转移机会、意愿和能力三要素模型为视角，构建相互信任作用机理的概念模型，运用结构方程模型分析软件验证模型的合理性。在实证研究结论和理论分析的基础上，推断知识网络中相互信任作用机理的路径：相互信任与知识转移机会、知识转移意愿和知识转移能力三者具有正相关关系。相互信任通过知识转移机会正向影响知识转移行为，知识转移意愿也借助知识转移机会发挥对知识转移行为的作用，知识转移能力则是相互信任、知识转移机会、知识转移意愿对知识转移行为产生影响过程中的制约因素，并影响知识转移效果。

（5）以知识冲突的治理为例证分析相互信任对知识网络的治理作用。通过博弈分析推导提出相互信任通过声誉机制、长期合作关系、沟通开放性等三个中间变量影响知识冲突治理效率，构建相互信任对知识冲突治理作用的概念模型，运用统计分析软件和结构方程模型分析软件验证模型的合理性。根据检验结果推断出知识网络组织间相互信任对知识冲突的治理路径：相互信任与声誉机制、长期合作关系、沟通开放性三者具有正相关关系。相互信任通过长期合作关系、沟通开放性正向影响知识冲突治理效率，声誉机制借助长期合作关系与沟通开放性发挥对知识冲突的治理作用。

2 知识网络、相互信任及社会资本

通过文献综述可知，由于研究学科、研究视角和出发点的差异，知识网络、相互信任和社会资本至今都没有统一公认的概念界定。这些概念是本研究的基本要素，是构成本书的构思和框架的基本构件，基本构件不牢靠，整个研究的构思和框架就无从谈起。因此，在本部分，作者将明确界定本书所使用的这些关键概念的含义及内在关联。

2.1 知识网络的界定

当前关于知识网络的概念各不相同。本书的知识网络是指由多条知识链交错构成，集知识共享与知识创造等功能于一体的网络体系，它是具有一定空间结构的立体网络。

社会网络理论是一种社会学研究范式，然而现今关于社会网络理论的应用已超越社会学领域，成为一种研究不同个体或组织之间关系与互动的新视角。最初的社会网络理论仅关注特定时空范围内相对稳定的个体间相互关系，随后超越人际界限，拓展到组织层面。社会网络理论分析的适用性在于它将不同个体（个人、组织）间复杂多样的关系形态表征为网络构型，通过构型本身的特点及其演化来解释社会网络对于个体行为和社会结构的意义。其分析要素由关系要素和结构要素构成，其中关系要素关注成员之间的关系，结构要素关注成员在网络中的位置。知识网络是社会网络的一种具体形态，知识是嵌入在其中的重要资源，知识流动与主体间关系相互关联。因此，社会网络理论是对知识网络进行研究的必要视角和分析工具。

2.1.1 知识网络的内涵与特性

2.1.1.1 知识网络的内涵

从社会网络的角度出发，结合知识网络本身的特点，可从以下方面理解知识网络的内涵：①

（1）知识网络的形成基于组织之间的知识流动。

知识流动体现了知识网络中共同参与创新活动的组织之间的交互作用，通过知识在不同组织间转移与扩散，实现了组织之间知识优势的互补和融合。通过知识流动将不同组织衔接起来形成知识网络。知识流动的效率、规模、内容等影响知识网络的结构和效率。

（2）知识网络是以知识链为基本单元的立体的复杂的网状结构。

知识网络由许多知识链交错构成，知识链是知识网络的基本单元。知识链是指以企业为创新的核心主体，以实现知识共享和知识创造为目的，通过知识在参与创新活动的不同组织之间流动而形成的链式结构（顾新等，2003）。② 网络中，凡通过知识流动联系起来的两个或多个个体构成的链式结构，都可视为一条知识链。网络中的节点可能同时归属于不同的知识链，众多知识链交错形成的立体的复杂的网状结构就是知识网络。

（3）知识网络是一个将知识共享和知识创造等功能集为一体

---

① 顾新．知识链管理——基于生命周期的组织之间知识链管理框架模型研究［M］．成都：四川大学出版社，2008：62－63.

② 顾新，郭耀煌，李久平．社会资本及其在知识链中的作用［J］．科研管理，2003，24（5）：44－48.

的社会网络。

从新兴古典经济学的专业化分工理论来看，专业化分工能够加速知识积累和实现收益递增。企业组织参与到知识分工源于组织自身的知识有限性。由于知识的多样性、更新速度快及组织自身发展存在的知识缺口，使得具有不同知识优势的组织必须分工合作，以获取互补知识并创造出新知识，从而形成知识网络。知识网络是合作参与者间的一种社会网络，能够实现个人、团体、组织与内部等层次上的知识创造与传递。[①] 网络体系中，由于主体所处位置的差异，不同组织之间形成强弱不同的关系，以此为基础产生组织间的知识流动，实现知识共享和知识创造等功能。

（4）知识网络中不同组织之间形成的是合作伙伴关系。

合作伙伴关系指的是不同组织间，以长期书面合同或彼此之间的相互信任等为基础，拥有共同的期望目标，为共同利益而共同努力的一种长期合作关系。这种关系中，组织间彼此相互依赖又保持独立。知识网络中各成员组织之间就是通过正式或非正式的契约机制协调各成员的合作关系，各组织之间既竞争又合作，在较长时间内共享资源、共担风险、共享收益，形成合作伙伴关系。

2.1.1.2 知识网络的特性

在全球化竞争环境的快速演化、技术能力支持平台不断提高和知识管理实践自身复杂、非线性和多态性等背景下兴起的知识网络具有如下特性：

（1）复杂性。

知识网络的复杂性与竞争环境、自身结构特点以及知识管理本身的复杂性有关。知识网络的宗旨是通过优势知识互补与融

① Seufert A. Towards Knowledge Networking [J]. Journal of Knowledge Management，1999，3（3）：180—190.

合，提高企业创新能力以应对快速变化的竞争环境。竞争环境日益加快的动态演化以及信息网络技术的提高，无疑增加了知识网络构建和演化的复杂性。知识网络是社会网络和知识管理结合的产物，从社会网络视角看，知识网络中的结构洞、强弱连接等现象也增加了知识网络的结构和关系两方面的复杂性。而知识管理本身就是复杂多态、非线性的。因此，知识网络无论从其构建和演变过程还是其自身特点而言都具有复杂性。

（2）价值增值性（目的性）。

知识网络通过知识流动实现知识溢出、扩散、共享和创造，有效弥补了由于组织自身知识有限性带来的知识缺口，创造出新知识。将吸收或创造出的知识应用于生产经营，实现了资产的价值增值，同时也利于知识发展。因此，通过知识流动，知识网络在实现知识存量增长的同时，也实现了知识价值和物质价值的增值，这也正是知识网络构建的目的所在。

（3）动态性。

知识网络的动态性从两个方面理解：其一，知识网络形成和演化的过程是一个动态过程。随着时空和环境变化，知识网络也不断变化。从网络成员、成员组织间关系到网络结构都是动态演化的。网络中成员组织有增减，成员关系有强弱变化趋势，网络结构也随着成员增减和关系强弱变化而变化，整个构建过程都是动态演化的。其二，知识网络中成员组织间的知识流动是动态交互的，只要知识网络存在，组织之间的知识流动就不会停止，知识网络中的知识存量、知识价值以及组织竞争力就会不断发展变化。

（4）开放性。

知识网络不断与外界交换资源、能量和信息，是一个开放性的耗散结构系统。

“世界是平的”，任何一个组织都可能是全球知识网络中的一个节点，不可避免与其他节点进行信息合作与交流。知识流动往往是跨越时空或者组织边界而发生的。世界的开放性和知识的多样性也使得知识网络必须是开放的系统，因为知识创造是为赢得竞争优势，只有在开放条件下，成员组织才能及时从外部获取新信息与新技术，获取促进知识创造的动力及能力。

（5）社会性。

知识网络是社会网络的一种具体形态，是网络中知识资源的一种有效配置方式，成员组织间是基于知识的合作伙伴关系，属于一种组织与组织间的社会关系。从关于知识的概念和内涵的诸多阐释中可发现，知识的产生和发展离不开社会活动，知识本身就具有社会性。社会网络和知识两者的社会性决定了知识网络也具有社会性。

2.1.2 知识网络结构简析

知识网络是个复杂的、立体的、动态变化的、与外界不停进行资源和信息交换的网络体系。从进化论角度而言，任何事务都会经历产生到消亡的过程，知识网络也不例外。知识网络的形成与演化是个复杂的过程，鉴于精力与分析问题的有效性与适用性，本研究在研究知识网络结构及其中的知识活动、知识网络组织之间相互信任问题时，均选择知识网络正常运行时期作为研究切入界面。除特别注明外，以下对知识网络及其中组织之间相互信任问题的分析背景均已预设为知识网络处于正常运行时期。

2.1.2.1 知识网络的构成要素

Hakansson 等（1993）的观点认为，网络包括三个基本的构成要素：行为主体、资源和网络联系（或活动的发生）。① 行为

① Hakansson，Johanson. A Model of Industrial Networks，Industrial Networks：A New View of Reality [M]. London：Routledge Press，1993：35－52.

主体是网络中的节点，可以是人、团队或者组织，从性质而言，则可以是政府、企业、中介机构或教育机构等；资源是指行为主体借以实施活动或展开行动的媒介或载体，可以是物质资源、人力资源和金融资源，还可能是嵌入在网络中的规范、信任等社会资本类的资源等；网络联系（或活动的发生）则是指网络行为主体间的交互活动或关系，它将行为主体与资源联系起来，决定着主体获取资源的目的和数量。

本研究在 Hakansson 的三要素观点基础上，结合知识网络的特点对知识网络的构成要素进行界定和阐释，知识网络的构成要素有以下几个方面：

（1）网络节点。

网络节点是指知识网络中的行为主体，网络中活动的行动者即参与其中的各类组织，是知识共享和知识创造的主体。节点包括知识网络中的所有参与组织：企业、大学、科研机构、政府以及中介机构等。企业节点在网络中连接的其他节点除大学、科研机构、中介机构和政府外，还有可能是其竞争对手、供应商和客户。网络节点所拥有的资源和能力决定其在网络中的位置。

（2）网络资源。

网络资源是指知识网络中知识流动得以发生的载体或媒介资源，包括知识、社会资本、人力资源、技术网络平台等。知识是指组织之间共享和创造的所有显性知识和隐性知识，是知识网络中的主要资源。人力资源是知识流动发生的前提。技术网络平台则是知识流动发生的基础保障。社会资本与知识流动互为促进，是随着组织之间的交互联系而产生的功能性资源，同时对知识网络有效运行产生积极影响。

（3）网络活动（网络联系）。

网络活动是指知识网络中以知识流动为主的节点间的活动与联系。通过知识资源在不同组织间流动将各个节点联系起来，将节点与知识资源连接起来，同时还将知识资源联系起来。可见，以知识共享和知识创造为主导活动而形成的知识网络既是网络中各成员组织之间的网络体系，也是各组织所拥有知识之间的网络体系。网络活动在知识网络中主要是指知识活动，包括知识转移、知识共享和知识创造，它们之间呈循环螺旋状发展，不断促进知识资源的整合、互补与优化。

（4）支撑环境。

知识网络是个开放的网络系统，知识网络也是嵌入在社会环境中的社会网络。知识网络的运行需要健全的经济、技术和社会环境进行支撑。支撑环境主要是指知识网络嵌入在其中的支持与治理环境，包括地区经济发展水平、技术经济实力、法律法规体系、政策规范条例和社会文化氛围。支撑环境的完备能加快知识网络的形成，促进知识网络的发展，提高知识网络的运行效率。

2.1.2.2 知识网络的结构示意图

知识网络是个复杂的立体网络结构，根据上文对知识网络构成要素的界定和阐释，作者经过抽象简化，构建出知识网络结构

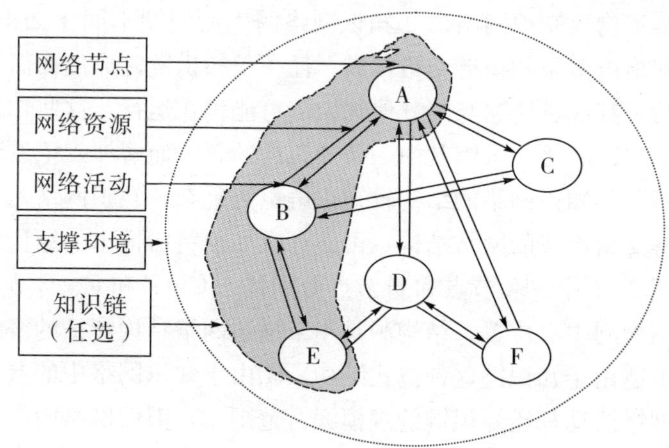

图 2—1 知识网络结构示意图

示意图（见图 2-1）。图中，A、B、C 等圆圈代表网络节点，即知识网络中的参与组织；“⟷”代表网络资源，以知识为主，双箭头意味着资源的流动是双向的；“○ ”代表网络活动，即网络中组织之间交互活动或相互联系；外围圆圈代表支撑环境，虚线体现了网络开放性；图中阴影标示的不规则图形为选取的知识网络中的一条知识链，是知识网络的基本单元，知识网络中存在许多条知识链。

从图 2-1 中可看出，知识网络中各节点间存在错综复杂的关系，以知识为主的网络资源在网络内不同节点组织之间流动，这种流动是双向的，通过网络活动将不同组织、不同资源联系起来而得以实现，因而网络资源与网络活动互相依存。整个知识网络存在于大的支撑环境中，受到支撑环境的影响，同时也存在反作用于支撑环境、促进支撑环境发展的可能性。知识网络中任意两个或两个以上节点间通过网络活动形成的链式结构就是知识链，知识链是知识网络的基本单元。两者的差别在于：①知识链与知识网络是从属关系，知识网络中必然存在知识链，但单一的知识链不构成知识网络。②知识网络的生命周期不同于知识链，知识网络由多条知识链交错构成，任一条知识链完成使命而解体消失后，其成员所参与的其他知识链可能仍在运行，这些知识链构成的知识网络并未因其中一条知识链的解体而解体，依然会继续运行。③知识网络的结构较知识链更为复杂，知识网络是多条知识链交错形成的网络结构，可能存在如伯特所提出的结构洞现象。图 2-1 中，A 节点和 D 节点分别处于 C、F 和 E、F 节点之间的结构洞中心位置。结构洞是用来描述网络结构特征的概念之一，不适用于知识链这种链式结构。④由于知识网络中的参与组织、网络活动都比知识链的规模大、范围广，因而网络中产生的社会资本较知识链更为丰富。

2.1.3 知识网络中知识活动简析

知识网络通过知识活动将网络中的不同组织联系起来，同时将各组织所拥有的不同知识联系起来。知识活动是网络中的主要活动，也是知识网络价值增值的途径。明晰知识网络中的知识活动利于分析相互信任如何影响知识网络的运行。本研究将知识网络中的知识活动分为知识转移、知识共享和知识创造三个环节。知识网络中的知识活动都是通过两两节点间而逐步扩散开来，因而两点之间的知识流动是知识网络中知识活动的基本分析单位。

知识转移是指知识资源从一个节点传播到另一个节点的过程，其运作形式包括知识的获取、传递与反馈。知识的获取是指网络中某一节点在公共知识库或者知识网络中合作组织间搜寻、选择和获得目标知识的过程；知识的传递是指网络中某一节点将自身的知识传递给需要的网络合作成员；知识的反馈则指的是知识活动过程中产生的新知识转移回到知识源，对原知识的优化过程。知识网络是为实现知识共享与知识创造而形成的，知识共享意味着组织之间需要产生跨越边界的知识流动，各成员通过知识流动分享互补知识或核心优势知识，因此，只有组织之间产生了实质性的知识转移，知识共享才能实现。知识转移是知识共享的前提。知识共享程度可以通过知识共享的广度和深度两个维度来衡量：知识共享广度用以评估知识共享过程中的知识多样性，知识共享深度则用以评估知识共享过程中的专业化程度。知识共享范围广则不同组织间异质知识相互整合创新的概率高，知识共享深入则利于专业知识的形成和生产效率的提高。知识共享通过知识资源的整合促进了知识网络中的知识创造。知识创造就是网络中新知识的产生过程，产生新知识的途径包括：知识网络中某一节点在吸收外部知识的过程中，将吸收知识与现有知识融合而产生的新知识；将知识应用于实践的过程中产生的新经验、新规律等新知识；组织间合作进行的专门知识生产和创造活动（如研发工作）所产生的新知识。知识创造产生的新知识再通过组织间的知识流动反馈到知识共享环节，进而参与到下一轮的知识转移过程。

知识的专业化分工导致知识网络的形成，从进化博弈论观点来看，只要知识共享的收益大于成本，知识网络中的各组织就会参与网络中的知识共享，知识网络会继续运行。知识共享是知识活动的中间环节，知识转移和知识创造通过知识共享相连接。知识转移通过知识共享完成单次的知识传播，知识创造是知识共享的目标和结果，三个环节通过反馈机制形成螺旋向上的循环发展模式。每一次循环都是在上一次循环活动基础上的进化，促进网络中知识存量的增长和新的知识价值的实现。因此，知识活动螺旋向上的循环发展过程也推动了知识网络的发展和演变。知识网络中知识活动的模式如图 2—2 所示。

从组织视角出发，知识网络中的知识活动通过知识在不同组织之间的流动来实现。虽然知识网络结构复杂，但知识活动始终以两点之间的知识流动为常态，通过节点间错综复杂的关系交错形成网络及网络上的知识流。两点之间的知识流动是其最基本的分析单位。知识分为显性知识和隐性知识（Michael Polanyi，1966）。其中，显性知识可以系统表达，易于编码与传递；隐性知识是高度个体化的主观知识，难以形式化，只能通过知识主体间的直接接触与交流才能共享。假设知识网络中 A、B 两个节点之间存在知识流动，知识从 A 流动到 B，A 先对自我知识体系中的知识进行识别，区分可以编码的显性知识和难以编码的隐性知识。A 将显性知识以语言、文字、图形和符号等编码化后，依托网络中的信息网络平台等资源，将显性知识存储在公共知识库中，B 在需要时到公共知识库中搜寻选择目标知识，此过程逆推同样成立。这种知识流动方式时空分离，快速高效。而针对以

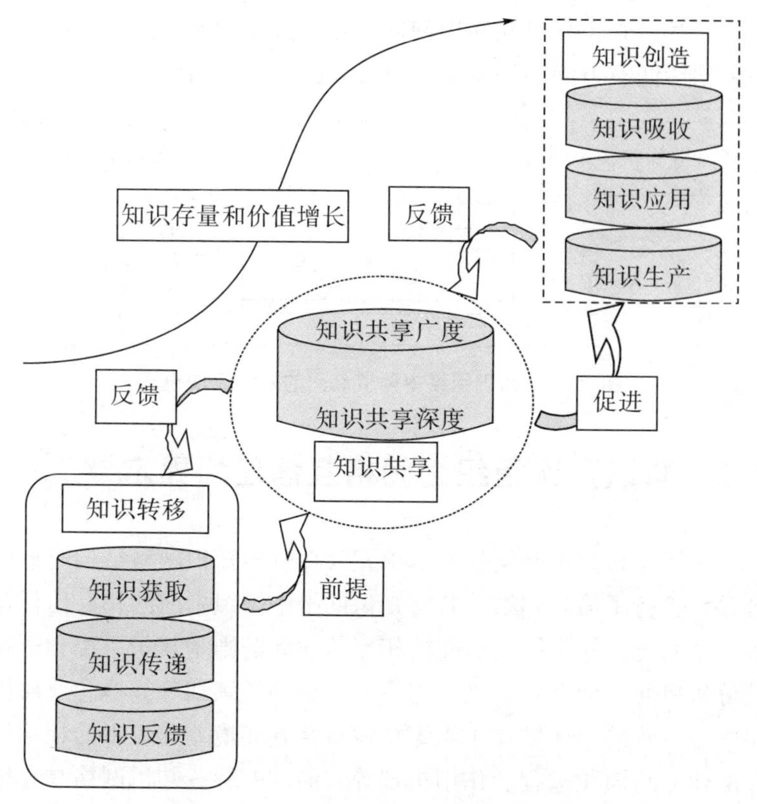

图 2－2 知识网络中知识活动的模式图

经验、文化、诀窍等形式存在的隐性知识，A 必须要与 B 进行多次往复“交互”，才能实现隐性知识的共享。由于多数知识都是显性知识与隐性知识的统一体①，因此，交互过程中，难免会涉及显性知识的流动，此过程逆推同样成立。A、B 两点在知识流动过程通过资源整合、交互学习而实现了不同知识的转移、共享以及新知识的创造，构成知识活动循环。可见，知识网络中的

① 顾新. 知识链管理——基于生命周期的组织之间知识链管理框架模型研究[M]. 成都：四川大学出版社，2008：49.

知识转移、知识共享和知识创造在知识流动过程中得以实现。知识网络中两节点间的知识流动模式如图 2—3 所示。

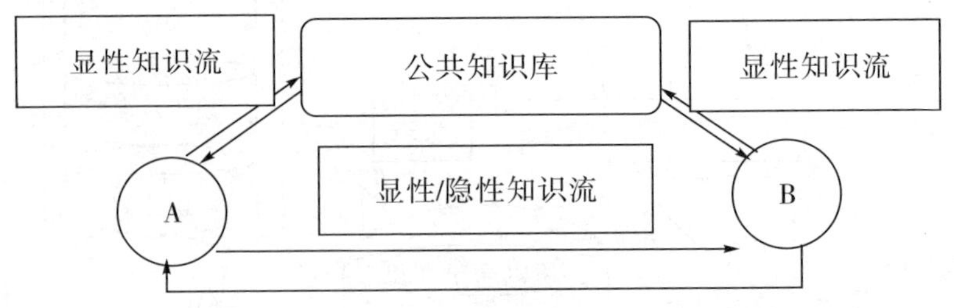

图 2—3　知识网络中两节点间的知识流动模式

2.2　知识网络组织之间相互信任的界定[①]

知识链是知识网络的基本单元，在分析知识网络结构时对两者差异进行了简要归纳。若将知识网络中组织之间的相互信任视为一个系统，知识链成员间的相互信任问题则是其子系统和基本的分析单元。两者在含义、构成、特点和类别划分等概念及属性层面是一致的，区别在于组织结构及背景环境差异带来的相互信任的建立与演化过程、作用机理等方面的差异。知识网络是立体网络结构，组织之间的相互信任嵌入在网络中。由于知识网络结构更复杂，组织间关系更多元，社会资本更丰富，因此嵌入其中的组织之间的相互信任的发展变化和作用机理必然会与嵌入在单一链式结构中不同。

作者前期已对知识网络组织之间相互信任的基本分析单元——知识链成员间的信任问题进行了较为系统的研究，为本研究奠定了框架基础。本研究以知识链成员间相互信任问题的研究成果为基础，将其纳入知识网络环境中，一致与共通之处采用前

① 本章部分内容来源于作者硕士学位论文相关研究成果。

期研究成果，差异与变化之处则重点分析，探寻科学合理的结论，构建出外延范围更广、体系更完善的知识网络组织之间相互信任机制的系统框架。

2.2.1 知识网络组织之间相互信任的含义

知识的特殊性，信息不对称和不完备使得在知识网络中对成员实施监督与控制具有难度。知识网络中存在“败德行为”和“逆向选择”等信任风险和不确定性。知识网络组织间的相互信任同知识链中的一样，是合作各方在面对未来不确定性时对其他各方不采取机会主义行为的信心，是彼此间的一种承诺和相互信赖。相互信任意味着“对对方的信心”与“承担脆弱性的意愿”。因此，信任除了对对方可靠性预期之外，还应包括互相替对方着想的因素。[①] 知识网络组织之间相互信任包括如下几层含义：

（1）组织间相互信任是合作各方对他方行为可靠性和可预期性的信心，是在面向不确定的未来时所表现出的彼此信赖是相互的。

（2）相互信任是主观态度与行为意愿，“逆向选择”和“败德行为”存在的可能性使得信任各方均面临他方失信的风险。相互信任则意味着合作各方均具有“承担脆弱性的意愿”。

（3）组织间相互信任基于持续互惠、共同目标和利益的实现以及网络规范与文化基础，意味着合作各方愿意克制机会主义行为，采取网络成员期望的行为，从而提高合作效益。

2.2.2 知识网络组织之间相互信任的构成

曾忠禄（1998）将信任的构成分为结构成分和社会成分两方面进行分析。其中，结构成分是指信任双方的投入，社会成分是

① 曾忠禄. 公司联盟中的信任问题［J］. 经济问题探索，1998（8）：37－39.

指双方的关系质量。知识网络中各节点组织呈辐射状和其他节点通过网络活动相联系，合作内容、合作经历和合作形式导致组织间关系疏密不等。借鉴社会网络理论的观点，从结构和关系两个角度来分析嵌入在网络中的相互信任更切合实际。作者在前人研究基础上作了适当发展，从结构纬度和社会纬度两方面分析知识网络组织之间相互信任的构成。

结构纬度关注结构因素对信任的影响，指的是网络中制度、规范等社会资本与声誉传递机制，成员组织在网络中所处位置以及合作方为建立相互信任关系的投入数量及方式，投入包括时间、财力与精力。格兰诺维特认为，信任来源于社会网络，信任嵌入于社会网络之中。知识网络同时也是一种资源配置方式，组织成员在网络中所处的位置影响其获取和占有网络资源的数量和质量，进而影响合作过程中的信任程度。投入（包括时间、财力和精力的投入），尤其不可撤回性投入（如专用资产的投资）能抑制机会主义行为，提高合作成功概率。网络中的制度、规范和声誉传递机制同样对机会主义行为构成威慑，能够强化成员之间的相互信任。知识网络中健全的制度和规范，通畅的声誉传播渠道能增强合作信心，促进资源投入，提高知识网络的创新效率和经济效益。

社会纬度关注信任关系本身，指的是相互信任双方关系的强弱和关系的质量。格兰诺维特（1973）提出联结（关系）强度的概念，将联结（关系）强度分为强联结（关系）和弱联结（关系）。网络活动将知识网络中的组织节点联系起来，由于互动频率、亲密程度、情感强度和互惠交换不同，组织之间产生疏密不同的强弱关系。强关系中组织之间相互信任度相对较高，弱关系中信任程度相对较低。福山（Fukuyama）认为，社会道德是经济成功和经济效率的重要的但通常是隐形的贡献者。乌齐（Ouchi，1980）认为，高质量的关系来自对关系中长期公平性的认识。相互信任关系受道德因素影响，还与成员间对公平（包括程序公平和分配公平）的感知有关。完善知识网络支撑环境，促成程序公平和分配公平，引导网络中社会资本发挥正面作用可降低未来不确定性和交易成本，促成高质量信任关系的产生，从而诱导更多有利于合作关系的行为。因此，关系质量是合作关系的黏合剂，高质量关系使得合作各方互相替对方着想，协调彼此的行动。

信任来源于“植根”在社会网络中有关道德和个人拥有资源的共同规范。① 相互信任的结构纬度和社会纬度并非互相替代的关系，两者互相补充和互相强化。网络中有利于合作关系的制度、规范、声誉传递机制与机会主义行为负相关，从而对相互信任关系的质量带来正向影响。资源投入尤其专门性资产和不可撤回性投入与合作关系强弱正相关，从而影响相互信任程度。组织在网络中所处的位置决定其占有资源的质量与数量，对合作关系中信任程度和信任关系质量产生影响：占有大量资源的组织节点其在网络中的合作关系必然多，可以通过声誉传递机制威胁机会主义行为，其资源优势也增加了合作者对合作关系的信心。同时，由于不确定性和机会主义行为的风险始终存在，信任关系的强弱和质量是合作关系存续与否的关键因素之一，信任度高，关系质量好，则合作各方共担风险、共享收益意愿强，愿意投入更多资源维护信任关系，并且提高了网络中制度、规范和声誉传递机制的效率，增强了组织节点在网络中获取资源的位置优势。两者关系如图 2-4 所示。

---

① 陈劲，张方华. 社会资本与技术创新［M］. 杭州：浙江大学出版社，2002：181.

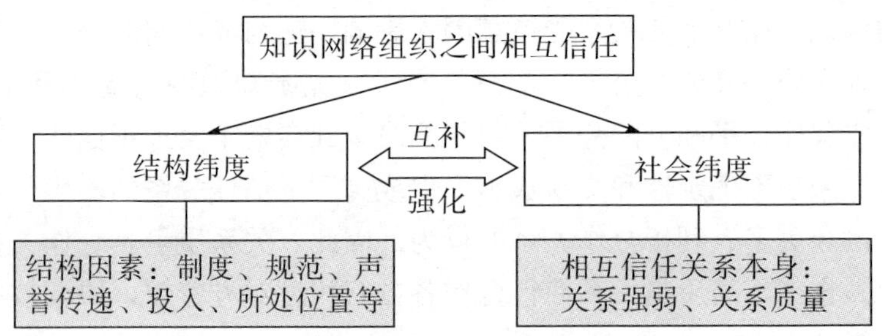

图 2—4　知识网络组织之间相互信任的构成

2.2.3　知识网络组织之间相互信任的特点

从社会资本和网络视角出发，知识网络组织之间的相互信任有如下特点。

2.2.3.1　经验性

社会资本具有长期累积性和路径依赖性，是历史演进的结果。信任是重要的社会资本之一，信任的产生受以往合作经验的影响，信任的演变是在总结现有合作经验基础上的对应变化。组织选择合作伙伴，以往的合作经验是衡量指标之一。

2.2.3.2　脆弱性

相互信任的脆弱性体现在：第一，建立与消失速度上的不对称，信任的形成需要时间与精力，甚至是资产的投入，会产生建立成本，而一旦出现背叛行为，相互信任迅速瓦解；第二，信息不对称和信息不完备导致网络中存在风险与不确定性。因此，机会主义行为的可能性与防范预期导致相互信任本身的脆弱性。外部约束、提高合作收益以及合作行为预期会降低这种脆弱性。

2.2.3.3　感染性

信任嵌入在社会网络中，当一方信任另一方时，另一方可能会由于对方的信任做出值得信赖的行为；反之，不信任也可以通过网络感染给对方，若一方出现不可信行为，另一方将通过规范、制度或网络声誉传递机制对其进行制裁或报复，并取消对对方的信任。这样，信任与不信任就在合作组织之间“感染”。

2.2.3.4 延续性

相互信任的延续性是指合作各方信誉在时间和空间上的延续。时间延续是指：如果A和B两节员组织有过一次合作经历，那么A和B在合作中建立的相互信任关系（质量高或低）会延续至以后的合作中。空间延续是指：合作信息通过网络声誉传递机制传播，将相互信任关系延续到其他节点组织。空间延续也叫做相互信任的传递性。传递载体既可以是合作直接参与者，也可以是网络中提供信息咨询等辅助支撑的中介组织。

2.2.3.5 可控性

相互信任的可控性是指在合作关系中相互信任的产生和发展可以通过激励和控制措施进行引导与调控。通过网络支撑环境打击机会主义行为，鼓励合作；通过网络中合作共赢文化的建设、制度规范的完善提倡合作行为。这些控制措施都可以引导相互信任的产生，并对其演变产生控制效果。

2.2.4 知识网络组织之间相互信任的划分

通过分析现有关于信任的实证研究结论发现：在交换关系发展历程中，信任关系随着双方了解程度的改变而发生变化。这种变化可以描述为：关系建立之初，信任主要基于制度、基于计算、基于认知；随着关系的深入，双方了解程度加深，逐渐向基于了解、基于情感、基于认同等更高程度的信任发展。可见，知识网络中的信任关系也会随着知识网络中各个组织间交互活动的进行发生变化，对相互信任的类别划分可将其变化过程中不同阶段的特性作为切入点。Barney和Hansen（1994）指出，存在低度信任、中度信任和高度信任三种程度的信任。① 在知识链信任问题的研究中，作者已将知识链成员间相互信任关系置于知识网络结构中进行分析，依知识链生命周期的时间纬度将其划分为尝试性信任、维持性信任和延续性信任。知识网络的生命周期不同于知识链，本研究选取正常运行期间的知识网络作为研究对象，与相互信任的建立与演化密切相关的则是网络中合作伙伴关系的变化，即知识网络中的知识活动过程。以知识链中相互信任划分为基础，本研究从相互信任建立与演化过程出发，依照知识网络中知识活动的进程这一时间纬度将知识网络中相互信任划分为尝试性信任、维持性信任、延续性信任和敏捷信任，如图 2－5 所示。

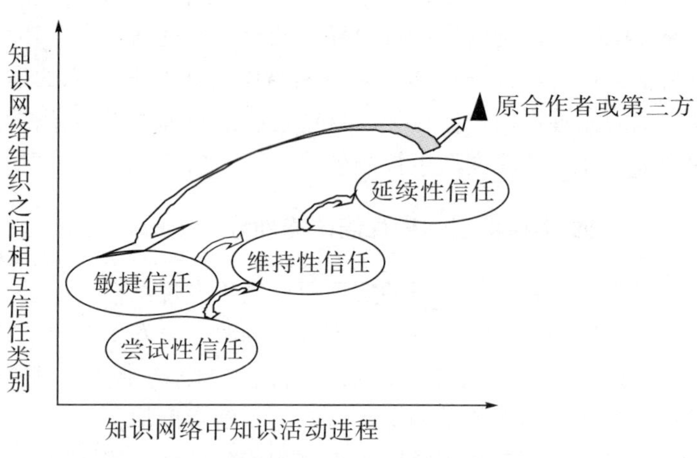

图 2－5　知识网络组织之间相互信任的类别

2.2.4.1　尝试性信任

通常发生在各方首次合作的知识活动最初阶段，由于合作收

① Barney J, Hansen M. Trustworthiness as a Source of Competitive Advantage [J]. Strategic Management Journal, 1994, 15 (1): 175－190.

益大于成本，且网络中存在有效的制度规范和声誉传递机制，各方决定采取试探性合作态度，属于尝试性的信任意愿和行为。

2.2.4.2 维持性信任

随着知识活动的进行，各方逐步了解，形成共同的思维模式和共享的价值观，对合作目标更容易达成一致，他方行为的可预测性增强，为实现共同目标，共同获益，各方积极维持合作关系，相互信任程度增强。

2.2.4.3 延续性信任

一次合作尾声或合作结束时，合作开展的知识活动过程中各方的信用信誉相关信息通过网络传播。这种延续体现在时间和空间上，即合作的各组织间的相互信任可延续到彼此下次合作开始，或传递给第三方，体现了相互信任的延续性。由于网络声誉传递机制，第三方既可以是与合作中的某一方有直接联系者，也可以是与合作各方均无直接联系但共享网络中声誉传递机制的成员。

2.2.4.4 敏捷信任

敏捷信任来源于延续性信任，是指在网络中没有直接联系的节点间进行首次合作或新组织成员参与知识网络中的知识活动时，若能寻求到网络中可提供有效信誉信息的第三方，则合作初期可以通过第三方的信任传递（空间延续）建立敏捷信任。网络中结构洞的存在和网络组织成员的更迭是敏捷信任产生的前提。敏捷信任的程度较尝试性信任高，因为合作各方已通过信任传递性获得一定的信任基础。

知识网络中的知识活动是螺旋向上的循环发展模式，在此过程中，合作各方关系逐渐加强，伴随着这一过程的相互信任关系的强度和质量也随之提升，信任度经历由低到高的过程。但是当组织间信任关系来源于延续性信任（时间或空间延续），则合作开始时的信任程度会比完全陌生的双方初次合作时高，合作成本降低，合作效率提高。从图 2－5 也可以看出，知识网络组织之间的相互信任演化过程是相互信任关系随着知识活动的循环而变化的动态过程。

2.3 信任与社会资本

2.3.1 社会资本界定及理论简析

社会资本必然与资源、关系、网络、信任、制度与规范等概念密切相连。国内学者针对社会资本的观点可概括为三种：一是将社会资本等同于社会关系网络；二是将社会资本看作行动主体与社会（社群、圈子等）的联系以及通过这些联系摄取稀缺资源的能力；三是认为社会资本是个人成长时期的社会、社区和家庭等周围的环境因素。在文献综述中提到，社会资本的概念至今未统一，但诸多概念解释中存在如下获得公认的共性：①社会资本与网络（社会网络和人际关系网络）直接相关；②社会资本和社会资源（不少学者指的是稀缺资源）密切相关；③社会资本具有生产性（社会资本与摄取能力相关）；④社会资本的表现形式与信任、规范、合作、信息等相关。综上，本研究将社会资本理解为组织或个体通过其成员资格在嵌入其中的社会关系网络获得资源的能力，其要素包括信任、规范与网络等，具有生产性、使用强化性、可传递性等特性。

本书使用社会资本作为分析解释工具之一，在知识网络中，社会资本通过交互学习、相互信任、规范和网络结构特征发挥功能。关于社会资本的研究理论中，本研究将借鉴结构洞理论和强弱关系理论。

2.3.1.1 结构洞理论

罗纳德·伯特（Ronald Burt，1992）定义社会资本为“网络结构给网络中的各个节点提供资源和控制资源的程度”[①]，并首次提出结构洞的概念。社会网络通常有两种形态：一种是处于网络中的个体两两直接联系，属于闭合性结构；另一种是网络中的个体仅与部分个体存在直接联系，与其他个体不存在直接联系，这种网络结构更为常见。在第二种网络形态中，就出现某些个体之间联系断裂的现象，好像网络出现了洞穴。伯特提出了这种非闭合性的网络结构，而占据未联系节点之间结构位置的即为“结构洞（structural holes）”。结构洞是社会关系网络中普遍存在的现象。在闭合结构中，信息重复度较高，而创新更多来自非重复性信息。如果网络节点占据了结构洞位置，即与两个相互之间没有直接联系的节点保持联系，成为中间节点，则将会获得更多信息、机会和控制资源的能力。结构洞为占据该位置的个体赋予了信息优势和控制优势：占据结构洞位置的个体能够获得更多来自不同方面的非重复性信息，获得更多有利的信息资源，并且由于其占据了结构洞这样的关键路径，所以可以控制与其他个体之间的资源流动，使其处于更有权力的位置。结构洞的这些优势，使其更有利于工具性行为的成功。（工具性行为：行动者为了某个或某些功利性目的而采取的行动。）

结构洞理论分析网络位置对节点竞争能力的影响。现实的知识网络中必然存在结构洞现象，占据结构洞位置的节点在知识共享和知识转移方面具有信息优势和控制优势，网络节点企业为获取竞争优势，必然会向结构洞靠近或占据结构洞位置，引起网络结构变化。系统研究知识网络组织之间相互信任机制，必然需要考虑结构洞这一网络结构特征。

---

① Ronald Burt. Structural Holes [M]. Cambridge: Harvard University Press, 1992.

2.3.1.2 强弱关系理论

格兰诺维特（1973）为研究社会资本的测量问题，提出关系强度概念，对关系强弱的测度进行了深入探讨。他选择了四个纬度定义关系强弱，即互动频率、情感强度、亲密程度和互惠交换。互动次数多，互动频率高，情感较深，关系亲密并且互惠交换多就可定义为强关系，否则四个维度都较低时为弱关系。格兰诺维特通过对“通过熟人获得工作机会”的观察发现，弱关系更利于新信息的获得，而稠密关系网中频繁互动会造成信息冗余重复。

在强关系中，由于彼此间经常性交流沟通容易增进了解，形成情感共鸣和价值观趋同，主体之间关系亲密，易于产生信任感，形成长期、稳定、互惠的合作关系。强关系通常具有较高的信任度，有助于克服不确定性带来的风险和危机，因此利于隐性知识的转移与共享。但强关系往往形成同质群体，造成信息循环和冗余，不利于主体获取外部新知识。格兰诺维特因而提出弱关系的重要性，认为在获取和传递信息方面，弱关系更具力量。弱关系相当于信息桥，将两个不相关或关系不紧密的群体联系起来，传递新鲜的、异质性的信息与知识，增加知识积累和知识类别。

强弱关系理论分析了成员之间彼此关系强弱对信息和知识传递产生的不同作用。从知识网络来看，强关系中信任程度较高，利于隐性知识的传递和知识共享；弱关系中信任度低，利于新信息的获得，促进知识创造。

此外，波茨（1995）提出嵌入的观点，他将社会资本定义为“个体通过其成员资格在网络中或者更宽泛的社会结构中获取短缺资源的能力，获取的能力不是个人固有，而是个人与他人关系中包含的一种资产”[①]，认为社会资本是嵌入的结果。他区分了理性嵌入和结构性嵌入：理性嵌入是双方互惠的预期，以双方关系取得强迫对方承认的预期能力为基础；结构性嵌入则是行为主体双方成为更大网络的一部分时的结果，此时信任会随着相互期待而增加，更大的社区会强制推行各种约束因素，这被波茨称作“可强制推行的信任”。从嵌入观点可知，社会资本与关系网络不可分离，在知识网络中，由于成员间复杂的关系网络，也必然出现结构性嵌入的社会资本，成员间相互信任也会随着成员间彼此的期待的增加而增加，网络结构会强制推行信任。

2.3.2 信任与社会资本关联厘定

从布尔迪厄对社会资本进行系统描述以来，在社会资本的研究中似乎总是存在信任的影子。普特南等学者直接将信任定义为社会资本的一种。在关于社会资本和信任的研究成果中，信任是社会资本的关键要素，两者之间有着紧密联系已是共识。信任关系的形成以双方的了解、认知和认同等为基础，是制度规范约束和理性思考综合作用的结果。在信任的形成和演化过程中，网络和规范发挥了重要的保障作用。规范、网络和信任都是社会资本的要素，社会资本通过网络和规范对信任关系会起到强化和保障作用。社会资本的关键特性就在于信任的传递：A 信任 C 是由于 A 信任 B 而 B 信任 C，这样更大的网络关系就可以通过总体的信任水平来表现，而不需要每个成员之间的亲密接触。[②] 信任

① Alejandro Ports. The Economic Sociology of Immigration：A Conceptual Overview [A] //Ports. The Economic Sociology for Immigration：Essays on networks，Ethnicity and Entrepreneurship [M]. New York：Russell Sage Foundation，1995：12.

② 顾新，郭耀煌，李久平. 社会资本及其在知识链中的作用 [J]. 科研管理，2003 (5)：44-48.

的可传递性增加成员间相互信任关系或通过新成员加入扩大网络规模，从质和量方面都提升了社会资本。针对知识网络组织间的合作关系，相互信任不仅有利于降低交易成本，提高合作效率，还可以通过制度规范和声誉传递机制作为约束因素，降低未来的不确定性和交易风险，促进网络组织之间的合作广度和合作深度，增加网络中的社会资本。简言之，信任和社会资本相互作用，互为促进，信任能够产生社会资本，而社会资本通常又可以强化信任关系。① 本研究认为，信任是社会资本的关键要素之一，但信任不能完全代替社会资本。从管理学和社会学角度来看，信任研究是社会资本研究的一个子集，社会资本的其他构成要素如规范、网络等与信任也存在相关关系。因此，本研究将使用社会资本理论作为解释和分析工具之一，对知识网络中的信任问题加以阐释与分析。

2.4 小结

本章对研究课题的关键概念进行了界定，构建出知识网络的结构模型图、知识活动模式图，对知识网络的结构和其中的知识活动进行说明。本研究从社会资本视角研究知识网络中的相互信任，因此对知识网络组织之间的相互信任进行了基本概念和内涵的界定。知识网络组织之间相互信任包括结构纬度和社会纬度，具有经验性、脆弱性、感染性、延续性、可控性。知识网络中的相互信任可分为尝试性信任、维持性信任、延续性信任和敏捷信任。最后，简要阐释研究过程中将使用借鉴的关于社会资本的理论观点，并厘清本研究中社会资本和信任之间的关系。

① 徐淑芳．信任、社会资本与经济绩效［J］．学习与探索，2005（5）：210—213.

3 知识网络组织之间相互信任的建立机制

企业网络理论认为一切经济活动都嵌入在社会关系网络中，经济交换发生的前提是双方建立一定程度的相互信任。对于跨组织层次，信任被认为是合作伙伴关系成功的关键因素（Ring 和 Van de Ven）。① 可见，信任是知识网络中知识活动发生的前提。知识活动以两两节点之间的知识流动为基本单位，知识网络中信任的产生也以两两节点间知识流动关系为载体。因此，本章以两个节点之间的信任关系为基本分析单位，将其置于知识网络环境中，结合网络的特点来进行知识网络组织之间相互信任的建立问题分析。

3.1 知识网络组织之间相互信任的建立条件

知识网络组织间合作伙伴关系的形成以成员间相互信任的建立为基础。知识网络的开放性表明它嵌入在一个更大的社会网络中，相互信任的建立既需要内部条件，也需要外部环境支撑。根据知识网络内涵及结构特征，构建网络组织间的相互信任关系需

① Ring P S, Van de Ven A H. Developmental Processes of Cooperative Inter Organizational Relationships [J]. Academy of Management Review, 1994 (19): 90－118.

要满足如下内外条件。

3.1.1 互惠合作与共赢的网络文化营造

借鉴波茨关于结构嵌入的观点，在网络中信任会随着相互期待的增加而增加。网络中倡导互惠共赢的文化，成员彼此之间对合作共赢有更多期望，利于消除隔阂，解决冲突，抑制机会主义行为的发生。文化实际上是“一群人共同的价值和规范系统的总称，共同构成了生活方式”（Hill，1997）。高“合作”期望和高“欺骗”成本通过网络文化强制推行，信任成为互惠共赢文化“强制推行”的结果。

3.1.2 内部制度规则和激励约束机制的健全

网络中的知识流动需要成员关系协调机制（文化、目标、利益等）作为保障。知识网络构建过程中，应制定健全的制度、规则和规范（如沟通机制、工作程序与规范等）对网络中知识活动参与主体的行为做出指导和规范。从经济学角度来看，网络组织间关系的实质为收益成本比，当合作收益大于成本时，出于理性选择，网络组织倾向参与合作，获取合作收益。确认合作产出效益分配规则前，需要健全内部激励约束机制（奖惩机制、机会主义防范机制等）对成员的收益与成本进行干预，使组织成员相信在制度、规范与奖惩机制的约束下，彼此行为可预测性高，合作伙伴值得信赖，从而将成员行为导入合理的预期轨道。

3.1.3 内部评审体系的建立

选择合适的合作伙伴是合作关系开始的前提。Lewis（1990）指出，选择合作伙伴、缔结联盟以及在联盟以后的运作过程中，必须通过一套经常性的、持续的内部评估审核分析体系，对每一合作伙伴和所创建的联盟的市场结构属性、联盟的性质、行为机制、选择者的风险偏好等具有充分的了解和认识。[①]知识网络存续期间，应该建立一套内部评审体系，对网络成员、网络自身以及内外环境进行评审。这样利于组织成员选择可靠的合作伙伴，及时把握环境和知识网络自身变化，降低不确定性，规避风险，促成相互信任关系的建立和发展。

3.1.4 信用评估体系的建立

信用评估体系是指网络内部的信用评估体系和社会信用评估体系。知识网络内的信用评估体系能够加快信任建立与传递，提高合作效率。网络中的中介机构（金融机构、咨询服务机构等）大多处于结构洞位置，掌握更多网络节点成员的信用信息，企业组织在网络中寻求合作伙伴时，可以通过结构洞节点的信用评估体系获得延续性信任，加快信任建立，同时信用评估体系也构成对网络成员行为的监督与管理。但知识网络影响范围毕竟有限，社会信用体系的建立和完善是很好的补充。社会信用体系一方面可以扩大成员选择范围，另一方面将失信成本扩大至更大的社会网络范围。

3.1.5 法律制度环境的保障

知识网络嵌入社会环境，法制体系在相互信任建立的全过程中都发挥着重要影响，既是组织间信任产生的重要保障，也是组织冲突解决机制。法制环境（知识产权法等）的好坏决定知识网络构建成功与否。法制体系的公允性和有效性是成员防范机会主义行为决策的重要影响因素，是建立相互信任关系的外部威慑性保障。评估法制体系对相互信任的影响程度须考虑两个重要因

① 王蔷. 论战略联盟中的相互信任的问题（下）[J]. 外国经济与管理，2000，22（5）：21—24.

素：一是执法的成本；二是法制收益的处置。法制成本过大，意味着纠正失信成本过大，从而导致守信收益变小。法制收益处置不当或不公会导致纠正失信的积极性下降。但法律依赖不能过度，因为过度依赖法律会导致对信任的需求降低，丧失相互信任带来的灵敏性。

3.2 知识网络组织之间相互信任的影响因素

关于相互信任的影响因素研究，结论甚多，五花八门。Nielsen（Bo Bernhand Nielsen，2001）进行国际战略联盟实证研究时，将合作经历、合作者的声誉、透明度、保障性措施等8个因素视为信任产生的决定性影响因素。[①] 罗亚东（2002）认为战略联盟中联盟寿命、文化差距、市场不确定性、相关风险以及互惠承诺5个因素是信任建立的决定性要素。陈剑和冯蔚东（2002）认为虚拟企业成员间信任关系的建立受到合作经历、相互沟通、组织背景3个因素的影响。[②] 廖成林和乔宪木（2004）依照合作关系的时间维度，将虚拟企业信任关系划分为初始信任和持续信任，认为初始信任受成员企业的合作经历、声誉、承诺的影响，虚拟企业生命周期、机会主义行为、相互依赖性、文化与地缘差异决定了持续信任的建立与发展。[③] Ali 和 Birley

① 廖成林，乔宪木．虚拟企业信任关系：决定因素与机理［J］．重庆大学学报，2004（5）：139－143.

② 陈剑，冯蔚东．虚拟企业构建与管理［M］．北京：清华大学出版社，2002：103－108.

③ 廖成林，乔宪木．虚拟企业信任关系：决定因素与机理［J］．重庆大学学报，2004（5）：139－143.

(1998) 指出信任机制的研究大致可分为前因性研究和后果性研究。[①] 这些都是对信任关系形成机制的探讨：前因性研究探寻影响信任的变量；后果性研究重在分析信任关系形成后对主体意向和行为的影响，对信任的发展起着反馈互动作用，也可视为组织间信任的影响因素。

知识网络组织之间的相互信任关系嵌入在网络结构中，随着知识活动的循环发展而变化，行为与结果互为影响。因此，本研究将采用前因变量和后果变量两个维度分析知识网络组织之间相互信任的影响因素。

3.2.1 前因变量

金玉芳和董大海（2004）从特征角度将 1993 年以来的信任前因研究文献归纳后，提出信任前因包括三个方面：受信方特征（含内在特征和外在特征）、施信方特征（含态度、对他人一般性信任程度）和双方互动特征（含沟通、交往频次、共同价值观等）。[②]从这三个方面出发，参考现有文献中学者们对战略联盟、虚拟企业等组织形态中信任影响因素的研究成果，结合知识网络特点，作者将影响知识网络组织之间相互信任的前因变量分为声誉、力量对比、组织背景、相互沟通、合作经历、网络制度规范和文化。

3.2.1.1 声誉

声誉代表过去行为的累积记录[③]，体现了行为主体的行为一

① Ali H A, Birley S. The Role of Trust in The Marketing Activities of Entrepreneurs Establishing New Ventures [J]. Journal of Marketing Management, 1998, 14 (7): 749-763.

② 金玉芳，董大海. 消费者信任影响因素实证研究——基于过程的观点 [J]. 管理世界，2004 (7)：93-100.

③ 喻红阳，袁付礼，李海婴. 合作关系中初始信任的建立研究 [J]. 武汉理工大学学报（信息与管理工程版），2005 (4)：306-309.

致性程度。企业声誉可看作其他主体对其品质和信誉的主观判断，是其可信赖性的一个关键指标。知识网络某个节点的信誉直接影响其他合作节点对该节点的期望和对其行为的预测，从而影响其他节点对该节点的信任程度。Kollock（1994）的实证研究表明，良好的声誉与信任成正相关。一个企业拥有诚实、可信赖的好声誉，则意味着其行为一致性高，值得信赖。可见，良好声誉能够促进网络中各节点间的相互信任。此外，知识网络中的声誉传递机制能控制道德风险和机会主义行为，增强各方相互信任。

3.2.1.2　力量对比

力量对比体现在两方面：一是合作双方的实力对比，二是双方的相互依赖程度。合作双方实力悬殊，则实力强大的一方可以单方面决定弱小一方的命运，弱者的高风险感知导致对强者的消极期望和信任度。强者的高控制权也可能引发弱者机会主义行为和低合作绩效。双方的力量对比也决定彼此依赖程度。Powell（1996）强调，信任形成于相互依赖，随着时间推移，最优的信任水平就是信任与相互依赖性适当地匹配。[①]相互依赖使双方“互相替对方着想”，减少机会主义行为可能性。但如果一方 A 过度依赖另一方 B，则 B 对 A 产生控制，相互信任失去灵活性与自主性。因此，知识网络合作中，合作伙伴之间应是实力均衡或至少相互独立，不存在因力量悬殊或依赖过度而造成一方对另一方的控制，这样才有利于相互信任的建立。

3.2.1.3　组织背景

组织背景意味着双方沟通和理解难易程度以及双方价值观的差异程度。相似的组织背景使得组织成员更易沟通和相互理解，

① 廖成林，乔宪木. 虚拟企业信任关系：决定因素与机理［J］. 重庆大学学报，2004（5）：139－143.

更易形成共享的价值观；差异大的组织背景更易导致误解、冲突和争议，阻碍合作进展（组织背景差异包括文化与地缘差异）。价值观是指合作各方就目标、行为和决策正确与否、重要与否和合适与否的判断与选择倾向。价值观趋同的组织，在行为选择、互相理解和沟通方面更易于达成一致，彼此更容易产生相互信任。相似的组织背景，共享的价值观易于在不同组织之间形成有效沟通与互惠预期，促进成员间相互信任的建立。

3.2.1.4 相互沟通

合作过程中，如果能始终在伙伴间保持资源共享和信息有效沟通，那么双方对对方的信任度评价也会提高。[①] 张桐（2007）在分析商业伙伴间信任对知识转移影响机理时，通过实证验证了沟通与信任正相关。[②] 沟通指的是合作过程中合作各方之间正式或非正式地交流合作相关信息。及时有效沟通利于解决争端，消除误解与分歧。保持有效沟通并遵守公平和互惠准则，将使合作各方产生乐观预期和信心，彼此信赖。知识网络中的知识流动和共享本身就需要成员间有畅通的沟通学习渠道。通过知识活动过程中的有效沟通，可以交流看法和意见，消除误会和争端，增进成员间的理解和对互惠合作行为的乐观预期，提升相互信任的程度。

3.2.1.5 合作经历

知识网络中发达的传播渠道使得成员间的合作经历、信用评价等信息在网络中传播。成员之间以前的合作经历在网络组织之间传播，并在新合作开始时被自己“继承”或被他人模仿。愉快

① 倪庆萍. 虚拟企业伙伴信任关系的建立 [J]. 企业经济，2004 (7)：30－31.

② 张桐. 商业伙伴信任与知识转移：若干因素的中介作用 [D]. 大连：大连理工大学，2007. 来源于：http://www.cnki.net.

的合作经历能够促进相互信任，不愉快的合作经历则导致信任丧失。① 合作经历的作用途径体现了相互信任经验性，以往的合作经历影响现在的行为预期和信任程度的判断。互信互惠的合作经历通过相互信任的延续性促进组织间相互信任的建立与发展。

3.2.1.6 网络制度规范和文化

制度和规范为一个共同体所共有，可以使行为主体的行为选择在约束下可以预见，并对违规行为施加惩罚，从而将行为引导入预期轨道上。制度和规范对信任的促进作用需要两个保障：一是程序公平；二是分配公平。成员对程序公平和分配公平的感知决定成员对制度和规范约束作用的信心，从而影响成员风险感知和对合作者的行为预期。知识网络中的制度与规范，如果能够保障程序公平与分配公平，并对失信行为施加有力惩罚，则可以抑制机会主义行为，促进各方相互信任。制度和规范在网络中充当正式控制机制，而文化则充当非正式控制机制，互惠共赢的网络文化通过价值观等柔性因素影响成员的行为选择，促进成员间的相互信任。

3.2.2 后果变量

信任关系形成后，对行为主体的意向和行为产生影响，从而影响网络中组织间关系的质量、存续性、合作绩效等方面。信任对组织的影响通过反馈互动对成员间信任产生反馈影响，因而本研究将其视为影响信任关系的后果变量。李永锋和司春林（2008）认为合作创新的战略联盟中信任的后果变量是绩效、承诺和长期关系。② 肖冬平（2010）在其对知识网络结构与成员关

① 廖成林，乔宪木．虚拟企业信任关系：决定因素与机理［J］．重庆大学学报，2004（5）：139－143．

② 李永锋，司春林．合作创新战略联盟中企业间相互信任问题的分析［J］．技术经济与管理研究，2008（2）：33－35．

系进行研究的博士学位论文中指出，基于互信关系的知识网络成员间形成的是合作伙伴关系。[①] 万君（2010）通过合作博弈模型验证了组织间的信任机制是知识网络合作效率的重要影响因素。[②] 为此，根据知识网络的特点，本书将知识网络组织之间相互信任的后果变量划分为承诺（专用性投资）、合作绩效和合作伙伴关系。

3.2.2.1 承诺（专用性投资）

承诺可以看作一种沉淀成本，它使得企业相互信任而不机会主义行事；为合作者提供了一种激励，以相互利益而不是自我利益为目标采取行动。[③] 承诺体现了合作各方为维持合作关系而努力的意愿，意味着认同合作关系并保持持续关系的期望。知识网络合作过程中，参与主体对知识活动进行的专用性投资，本研究将其理解成体现为行动的承诺。信任可视为承诺前因，承诺可信的前提是组织之间相互信任。组织之间的相互信任程度越高，承诺越强越可信。反之，从相互信任结构维度来看，承诺可看作做出承诺一方对双方关系的投入，专用性投资更相当于抵押，提高了退出壁垒，这种投入减少了机会主义行为和不确定性，提高了可信度。

3.2.2.2 合作绩效

合作绩效由组织之间合作效率和合作成本决定。组织之间相互信任程度较高时，成员之间有趋同的价值观和行为选择预期，交流沟通有效及时，合作交易过程中的认同障碍和负面预期减少，合作效率提高。较高程度的相互信任充当软性治理机制，减

① 肖冬平．知识网络的结构与合作伙伴关系及其对知识创新的影响研究［D］．成都：四川大学，2010.

② 万君，顾新．知识网络合作效率影响因素探析［J］．科技进步与对策，2009，26（22）：164－167.

③ 廖成林，乔宪木．虚拟企业信任关系：决定因素与机理［J］．重庆大学学报，2004（5）：139－143.

少机会主义行为的风险，降低了控制和监督成本，从而减少了交易成本。可见，组织之间相互信任程度较高时，合作效率提高，交易成本降低，合作绩效获得提升。合作绩效的提高，为合作参与者带来合作收益甚至额外的效率收益，坚定了合作参与者对合作获益的信心以及持续合作的意愿，从而强化了各方对合作持续的信心。合作各方相信在合作收益高于机会主义收益的情形下，合作对象将做出所期望的合作行为，成员间相互信任关系在乐观预期作用下得到强化。

3.2.2.3 合作伙伴关系

Michael 证明，合作关系的时间长度与机会主义负相关。[①]相互信任对合作关系的影响体现在：相互信任降低了合作各方对风险的感知，降低了交易成本，提高了合作参与者对合作关系的信心和持续合作的愿望。交易成本包括事前寻找交易伙伴、协商契约、契约执行监督和机会主义行为防范成本等。由于信息不完备和不对称，契约只能是不完全约束，逆向选择和败德行为的风险始终存在。如果合作各方相互信任，则各方可能用长期关系降低契约不完全带来的机会主义行为危害或杜绝机会主义行为，这意味着信任降低了成员间的风险感知和交易成本，彼此更愿意以相互有利的方式追求共同效益。这就形成知识网络组织之间的合作伙伴关系——为共同利益而共同努力的长期合作关系。合作伙伴关系的形成，提高了未来共同获益的信心，进一步促进了成员间的相互信任关系。

3.2.3 知识网络组织之间相互信任影响因素示意图

通过前因—后果变量分析思路，对影响知识网络组织之间相

① 廖成林，乔宪木．虚拟企业信任关系：决定因素与机理［J］．重庆大学学报，2004（5）：139－143.

互信任关系的建立和发展的特征因素进行了分类概括。前文提到，知识网络组织之间相互信任的维度包括结构维度和社会维度，各影响因素正是通过这两个维度影响组织之间的相互信任关系。从上文阐释中可发现：基于受信方特征、施信方特征和双方互动特征归纳出的前因变量直接影响网络中组织之间相互信任的建立和发展；信任关系建立和发展的结果是使得网络成员间承诺可信（或投入专用性投资）、合作绩效提高并形成合作伙伴关系，即信任后果变量可归纳为承诺（专用性投资）、合作绩效和合作伙伴关系；后果变量又通过成员间知识活动等反馈作用于相互信任关系，影响相互信任的演化过程。本研究对影响因素的界定选取中性名词，各因素取值范围存在有利于信任建立和不利于信任建立的不同区间，因而各影响因素对信任关系的建立既可能是正面影响也可能是负面影响。知识网络组织之间相互信任影响因素如图 3−1 所示。

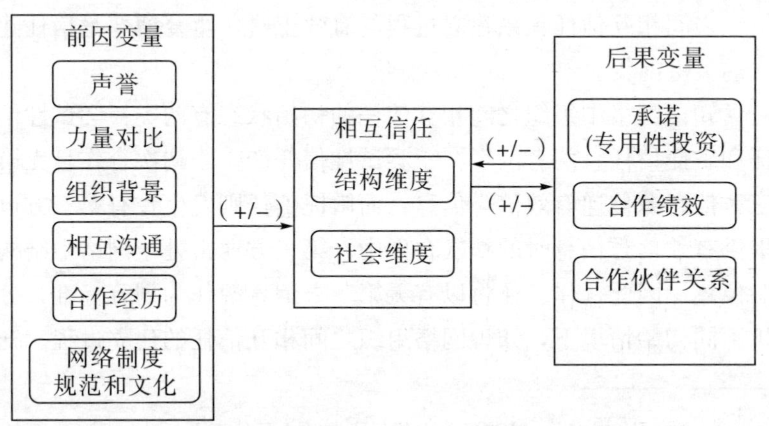

图 3−1　知识网络组织之间相互信任影响因素示意图

说明：（＋/－）表示正面影响或负面影响

3.3 知识网络组织之间相互信任建立过程分析

胡立君和徐冬林（2002）利用博弈论分析虚拟经营信任关系，指出“根据市场歧视穷人的规则，证明重复博弈是建立信任关系的关键前提”。[①]肖伟和魏庆琦（2006）利用博弈论原理分析完全信息条件下和不完全信息条件下虚拟团队信任的构建，得出虚拟团队中信任构建的动力机制主要表现为设法将一次性博弈转化为重复博弈，并且为这种博弈带来不确定性信息。[②]刘友金、徐尚昆和田银华（2007）引入行为生态学方法构建了一个种群互相回报式合作行为博弈模型，系统分析结论为：集群内信任产生的重要内在动因是无限不确定次数长期交易（种群互相回报式重复博弈），而“社会实施”限制了道德风险与机会主义行为，成为信任产生和维系的外部约束条件。[③] 可见，博弈论方法是分析组织之间相互信任关系建立过程的有效工具，重复博弈是信任建立的关键前提。

知识网络中组织之间相互信任的初始状态有两类：尝试性信任和敏捷信任。两者区别在于尝试性信任产生于初次合作且无第三方信息源传递有效信誉信息，而敏捷信任则发生在有第三方可提供有效信誉信息时的初次合作中，第三方通常处于网络中结构洞位置。因此，作者还将以有无第三方信息源作为划分标准，分析不同初始情境下，知识网络组织之间相互信任的建立过程。知

① 胡立君，徐冬林. 虚拟经营中信任机制建立的博弈分析［J］. 财政研究，2002（12）：11－13.

② 肖伟，魏庆琦. 虚拟团队中信任构建的博弈分析［J］. 科技与管理，2006（4）：33－35，40.

③ 刘友金，徐尚昆，田银华. 集群中的企业信任机制研究——基于种群互相回报式合作行为博弈模型的分析［J］. 中国工业经济，2007（11）：56－63.

识网络中信任关系的建立与发展伴随知识活动的循环过程，这一过程的基本分析单位是两点之间的知识流动。为便于建模分析，选择基本分析单位即知识网络任意两节点间的信任关系作为研究对象，引入博弈论原理进行分析。

3.3.1 知识网络组织之间相互信任建立过程的博弈分析

两节点合作之初，是否互相合作，是否彼此信任是组织之间的一种博弈行为。博弈论研究在彼此行为发生直接相互作用时，参与者的理性行为以及所有参与者都采取理性行为的假设下博弈的最终结果即均衡问题。纳什均衡是指所有参与者的最优策略组成的策略组合，达到纳什均衡时，没有任何单个参与者有积极性选择其他策略来打破这种均衡状态，纳什均衡具有稳定性。任何模型的构建与使用均有一定的假设前提和适用范围，在构建博弈模型前，先确定如下假设前提：

（1）完全信息及经济人假设：假设知识网络中的节点组织能掌握完全信息，且是具有完全理性的“经济人”，节点组织可以精确计算未来策略选择的成本与收益，以追求自身利益最大化为目标。

（2）参与策略空间假设：根据参与者行为是否具有合作性质，可将博弈分为合作博弈和非合作博弈。知识网络节点间在参与知识活动过程中，有两种策略选择：一是合作/信任策略，即相信合作伙伴，参与知识网络中的知识活动，利用自身知识优势为知识网络做贡献，提升网络整体知识存量与知识价值；二是不合作/失信策略，即失信于合作伙伴，在知识网络知识活动中采取机会主义行为（逆向选择或败德行为），利用合作之机窃取合作对象优势知识，损害对方利益，谋求自身利益最大化。

（3）惩罚策略假设：当一方采取机会主义行为时，另一方会“以牙还牙”，在下一阶段乃至以后都将选择不合作/失信策略进行惩罚，这被称为触发策略：①所有成员首先选择信任；②如果没有一方选择机会主义，则双方一直选择信任；③如果某阶段博弈中，一方一旦选择机会主义，则另一方将永远选择机会主义。

假定知识网络中两个节点 A 和 B，其信任建立过程中的博弈收益矩阵见表 3－1。

表 3－1　知识网络组织之间相互信任建立过程博弈收益矩阵

		节点 B	
		合作/信任	不合作/失信
节点 A	合作/信任	P_{1A}，P_{1B}	P_{2A}，P_{3B}
	不合作/失信	P_{3A}，P_{2B}	P_{4A}，P_{4B}

其中：

$$P_1=R_1+R_1\delta+R_1\delta^2+\cdots+R_1\delta^{s-1}=\frac{R_1(1-\delta^s)}{1-\delta} \qquad (3-1)$$

$$P_2=R_2+R_4+R_4\delta+\cdots+R_4\delta^{s-2}=R_2-R_4+\frac{R_4(1-\delta^s)}{1-\delta} \qquad (3-2)$$

$$P_3=R_3+R_4+R_4\delta+\cdots+R_4\delta^{s-2}=R_3-R_4+\frac{R_4(1-\delta^s)}{1-\delta} \qquad (3-3)$$

$$P_4=R_4+R_4\delta+\cdots+R_4\delta^{s-1}=\frac{R_4(1-\delta^s)}{1-\delta} \qquad (3-4)$$

式中，δ 为博弈再次进行的先验概率；s 为博弈次数；R 为一次博弈时的收益；P 为 s 次博弈时的收益。模型中，合作过程中节点之间的博弈次数 s 取值有三种可能：一次、有限次 N 或无限次 ∞，分别代表一次博弈、有限次重复博弈和无限次重复博弈三种情况。

3.3.1.1　一次博弈

此时，s 等于 1，博弈收益矩阵见表 3－2。

表 3－2　知识网络组织之间相互信任建立过程一次博弈收益矩阵

		节点 B	
		合作/信任	不合作/失信
节点 A	合作/信任	R_{1A}，R_{1B}	R_{2A}，R_{3B}
	不合作/失信	R_{3A}，R_{2B}	R_{4A}，R_{4B}

其中，各区间值为对应行为组合时各方收益。表 3－2 中，$R_3>R_1>R_4>R_2$，该博弈为典型的囚徒困境博弈。对节点 A 而言，无论 B 选择何种行为，根据经济人假设，他选择不合作/失信都将是最优选择；根据对称性，节点 B 也会做出同样的选择。一次博弈的结果为双方均采取不合作/失信策略的纳什均衡，收益为（R_{4A}，R_{4B}）。此时，单个节点既无法实现自身利益最大化（R_3），也无法实现合作共同获益最大化（R_1）。要实现利益最大化，集体理性的最优选择应为双方都采取合作/信任策略，即（合作/信任，合作/信任）的纳什均衡，收益为（R_{1A}，R_{1B}）。一次博弈的囚徒困境，反映了个人理性与集体理性的矛盾。

一次博弈情况下，当不合作/失信收益大于合作/信任收益时，网络节点在短期利益驱动下会选择机会主义行为而满足自身利益最大化目标，出现不合作/失信的纳什均衡。可见，一次博弈条件下，是否相互信任完全取决于相互信任带来的收益与失信带来的收益之间的大小关系。如果相互信任收益小于失信收益，则失信成为在既定经济条件下，网络节点依据自身效益最大化原则做出理性的选择，但这种选择对团体来说却是非理性的。因此，一次博弈过程中需要利用制度规范如抵押、合同以及声誉机制、伦理道德等形式，建立对相互信任的保障，提高机会主义行为成本，使相互信任收益高于失信收益，则可改变博弈策略选择结果，促进相互信任。

3.3.1.2　重复博弈

一次博弈导致“囚徒困境”，相互信任需要借助社会实施等外部约束才得以建立。如果预期合作伙伴关系能够持续下去，则合作组织就有可能会计算违约（失信）的现期收益是否比未来持续合作的收益更大（Tesler，1980）。[①]合作伙伴关系的持续，则体现为节点间重复博弈。“重复博弈”是指同样结构的博弈重复多次的动态博弈，每一次博弈被称为一个“阶段博弈”。其收益矩阵见表3-1。

（1）有限次重复。此时 s 取值为有限次 N，N 是一个确切的自然数值。按照有限次重复博弈定理：如果阶段博弈只有一个纳什均衡，那么有限次重复博弈也只有一个精炼纳什均衡，它只是阶段博弈均衡的重复。当 N 确定时，各方都精确知道双方合作中的博弈次数，根据逆向归纳法，最后一次博弈的纳什均衡一定是（不合作/失信，不合作/失信），倒数第二次实际上逆推成为最后一次，其均衡结果一定也是（不合作/失信，不合作/失信），依此类推。可见，有限次重复博弈与一次博弈相同，其结果均是（不合作/失信，不合作/失信）的纳什均衡，收益为（P_{4A}，P_{4B}），仍然是集体非理性的帕累托低效均衡点。

（2）无限次重复。此时 s 取值为无限大 ∞。无限次重复则可走出囚徒困境，因为在无限次重复博弈过程，各方在依次进行的无限次阶段博弈中将可以通过惩罚策略使其面临失去未来长期合作收益的威胁。

假设第一次博弈中A选择合作/信任策略，B也选择合作/信任策略，此时A的收益为 R_{1A}，B的收益为 R_{1B}，随后 $s-1$ 次阶段博弈中双方均选择合作/信任策略，每一阶段收益均为 R_1，则A和B两节点的收益均为 s 次阶段博弈收益之和 P_1，计算公式见式（3-1）。

---

① Tesler L G. A Theory of Self－enforcing Agreements ［J］. Journal of Business，1980（53）：27-41.

假设第一次博弈中A选择合作/信任策略，而B选择不合作/失信策略，采取机会主义行为，此时A的收益为R_{2A}，B的收益为R_{3B}。由于合作双方面临机会主义都将采用“触发策略”，因此随后的$s-1$次阶段博弈中，节点A和B都将选择机会主义即不合作/失信行为，每一阶段收益均为R_4。则A的收益为第一次博弈收益R_{2A}与随后的$s-1$次阶段博弈预期收益之和P_{2A}，同理推出B的收益为P_{3B}。根据博弈关系的对称性，首次合作中一方守信，一方失信的无限次重复博弈中：选择合作/信任策略的节点组织收益为P_2，计算公式见式（3－2）；选择不合作/失信策略的节点组织收益为P_3，计算公式见式（3－3）。

同理，假设A和B在合作开始都选择不合作/失信策略，即都采取机会主义行为，此时收益为（R_{4A}，R_{4B}），随后的$s-1$次阶段博弈中A和B两节点均将选择不合作/失信策略，每一阶段收益均为R_4，则两节点收益均为s次阶段博弈预期收益之和P_4，计算公式见式（3－4）。

理论阐释为：无限次重复博弈中，如果两节点在第一次博弈中都选择合作/信任策略，且该策略在随后阶段博弈中一直被沿用，则博弈收益为P_1；如果两节点第一次博弈均选择不合作/失信策略，则随后的博弈中该策略一直继续，博弈收益为P_4；如果第一次博弈中，一方选择合作/信任，另一方选择不合作/失信，由于触发策略对博弈行为选择的作用，随后博弈中双方均将采取不合作/失信策略，采取合作/信任策略一方博弈收益为P_2，采取不合作/失信策略一方博弈收益为P_3。合作过程中，不论采用何种参与策略，均会产生合作成本，假设合作/信任策略行为和不合作/失信的机会主义行为成本分别为C_t和C_0。由于$R_3 > R_1 > R_4 > R_2$，根据计算公式（3－1）～（3－4）可推断出$P_1 > P_4 > P_2$和$P_3 > P_4 > P_2$。根据经济人假设，节点目标为实现自身收益最大化，则促使成员均采取合作/信任策略，建立节

点组织间的相互信任关系需要满足条件 $P_1-C_t>P_3-C_0$，即

$$\frac{R_1(1-\delta^s)}{1-\delta}-C_t>R_3-R_4+\frac{R_4(1-\delta^s)}{1-\delta}-C_0 \tag{3-5}$$

满足该条件时，说明无限次重复博弈中双方均选择合作/信任策略的收益将大于选择机会主义行为的收益，合作各方都将选择合作/信任策略，参与知识活动，合作成员间相互信任成为双方交易的占优战略，相互信任得以建立。

满足式（3—5）有两种解决方案：一是通过提高机会主义行为成本使得不等式成立；二是通过增加未来持续合作收益，保持长期合作关系，降低合作成本使得不等式成立。

相互信任关系嵌入知识网络中，网络节点间通过知识流动形成复杂的关系网络，节点间交往是频繁和重复的。网络中的声誉传递机制及声誉的潜在价值会为具有良好声誉的成员带来无限次合作机会，带动成员建立“好声誉”以换取长远利益的积极性。因此，网络结构和声誉传递机制将固定成员间长期合作关系扩展为成员关系网络中的长期合作，即假设网络节点 A、B、C、D，原长期合作可能仅理解为 A 和 B 之间长期合作关系，但通过网络和声誉传递机制，拓展为 A 与 C、A 与 D 等一次或多次合作，具有好声誉的 A 将面临无限次合作机会。因此，对于知识网络中的节点组织重复博弈，如果存在将会是无限次重复博弈。

3.3.2 知识网络组织之间相互信任建立过程的情境分析

知识网络组织之间相互信任建立的初始情境分为无第三方信息源和有第三方信息源两种状况。

3.3.2.1 无第三方信息源条件下相互信任的建立

在无第三方信息源的情况下，知识网络中初次合作两节点相互不了解，无从掌握合作对象更多信誉信息，合作进行知识活动存在一次和无限次两种情况。一次合作产生于双方互不了解前提

下，为获取违约现期收益，一方或双方冒险采取了机会主义行为，信任关系没有建立，合作难以为继。多次合作则发生在双方均采取合作/信任策略，并在网络制度和声誉传递机制等约束下，为获取长期合作收益而一直合作下去，因为真实次数难以预计，故将其视为无限次合作，此时双方易于建立相互信任关系。

从博弈论分析结论可知，为能够在一次合作过程中建立信任，需要通过外在约束提高机会主义行为成本，增加合作收益，促使节点之间选择合作/信任策略，建立其初级阶段的尝试性相互信任关系；另一种途径则是将一次合作转化为无限次合作，将一次博弈转化为无限次重复博弈，为信任的建立提供内在动因。一次合作转化为无限次合作可通过网络内自然存在的长期合作机会可能性，对逆向选择和败德行为的外在约束机制和保障体系的完善等途径，增加成员对未来持续合作关系和长期合作收益的乐观预期，改变其违约现期收益和持续合作收益的大小关系，促使节点组织采取相互信任的合作策略，建立初期尝试性信任关系。

3.3.2.2　有第三方信息源条件下相互信任的建立

在有第三方信息源的情况下，第三方通常处于结构洞位置，与合作节点之间均有联系。假设知识网络中有节点 A、B、C，结构如图 3－2 所示。

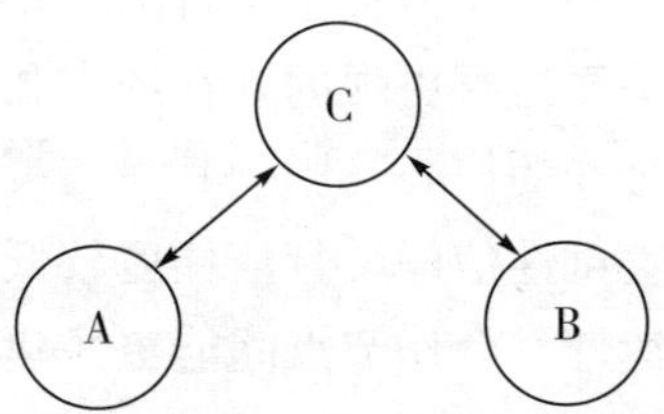

图 3－2　知识网络第三方信息源（结构洞）示例

图 3－2 中，C 为 A 和 B 初次合作时可以寻求信息的第三方信息源。C 与 A 和 B 均建立直接联系，C 对 A 和 B 的信用信誉

情况已经建立一套评估体系，形成评估结果。当A希望与B进行合作时，会首先选择从C处获得B的声誉、组织背景、实力大小等信息，从而评估对B的信任情况。如果C已经与B之间建立相互信任关系，则由于信任延续性，A将从C处直接获得对B的延续性信任；反之，对B也同样适用。因此，在有第三方信息源时，由于第三方的信息传递无形中成为控制机制，A和B采取机会主义行为的可能性极小。只要满足合作收益大于机会主义收益，A和B之间就会建立起延续自第三方信息源的相互信任关系，即敏捷信任。由于信任的时间与空间延续性，在有第三方信息源条件下，节点间始终存在长期合作的可能性，属于无限次重复博弈。此时，只要通过网络文化、评审体系、信用评估体系以及激励约束和保障机制的完善，使得博弈收益满足条件 $P_1-C_t>P_3-C_0$，节点间就会建立起相互信任关系。

知识网络结构中，不同节点组织之间存在交错复杂的联系，隐性知识在网络中的转移需要多次往复交互才能完成，网络声誉传递机制自发发挥作用，因而网络节点间多为长期、持续合作关系，获得长期合作收益才是节点组织利益最大化的实现方式。因此，不论是否有第三方信息源，网络节点合作博弈过程都是无限次重复博弈。无限次重复博弈条件下，建立成员间相互信任关系需要满足持续合作收益大于机会主义行为收益。无第三方信息源时，建立相互信任关系需要更强的外在约束和激励机制增强合作节点间对未来持续合作的信心，影响其参与策略选择，节点之间建立的初始信任为尝试性信任，且信任度较低。有第三方信息源时，由于信任的延续性，合作节点间能更快建立初始信任，即敏捷信任，且初始信任度较无第三方信息源时建立的初始信任度高，激励约束机制意义在于保证节点成员对未来持续合作的信心维持或增强。

3.4 知识网络组织之间相互信任的建立机制模型

通过博弈模型分析可知，在知识网络组织之间建立起相互信任关系的前提条件是使得各合作节点选择合作/信任策略收益大于选择不合作/失信策略收益。满足条件可以从两方面考虑：一为提高持续合作收益，二为提高机会主义行为成本。知识网络组织之间相互信任受到前因变量和后果变量的影响，因此，从其影响因素着手，可探讨促成信任建立的前提条件获得满足的途径，即组织间相互信任的建立机制。

喻红阳、李海婴和袁付礼（2005）提出组织之间初始信任的建立机制有抵押机制、中介机构、社会网络、合约机制和跨边界者机制。① 早期，Zucker（1986）曾提出相互信任的三种产生机制：过程型、特征型和规范型。①过程型机制。行为的连续性决定了过去的行为对现在及将来的行为选择有着不可磨灭的影响。网络结构中，长期持续合作关系往往进一步强化为相互信任和相互依赖，相互信任关系将随着网络发展而强化。过程型机制表明相互信任关系随着网络的发展过程而不断演化。②特征型机制。不同背景特征的组织构成不同特性的联盟网络，影响组织特征的主要因素有母国的社会文化和组织文化（Parkhe，1998）。组织背景越接近，思维和行为模式一致性越高，不同组织之间越容易彼此认同，达成共识，减少矛盾和冲突，从而保障相互信任关系受到最小的干扰和破坏。③规范型机制。任何网络成员如果确信其他成员会信守诺言，那么它自己将必然且必要地表现出很强的可信度。使成员确信其他成员会遵守诺言，促进成员行为理性化

① 喻红阳，李海婴，袁付礼. 合作关系中的组织学习——一个动态的学习观[J]. 科技管理研究，2005（8）：76−79.

需要建立规避机会主义行为的制度规范机制。规范型机制的重点是提高机会主义行为的成本和增加合作的收益。参考 Zucker 对相互信任产生机制归纳总结的思路，知识网络中，通过前因变量和后果变量的影响促成组织之间相互信任建立前提条件获得满足的相互信任建立机制有以下几种。

3.4.1 过程型机制

过程型机制利用过去行为选择对现在及未来行为选择的影响促进知识网络节点组织间相互信任的建立，通过声誉、合作经历和相互沟通等前因变量发挥作用。声誉是历史行为的积累，代表外界对组织综合实力的评价，是在过去行为基础上发展信任的媒介。组织之间通过相互竞争赢来的良好声誉，是获得利益相关者和其他信任的基础，同时也是组织的竞争优势。[①] 合作伙伴间原有合作关系是组织间建立信任的基础。[②] 成功的合作经历可促成再次合作及组织间相互信任的建立。相互沟通则是通过合作过程推进的润滑剂，合作过程中正式和非正式的交流将影响合作对象彼此判断和下一步行为选择。Macneil（1972）认为提升合作组织间信任度的源泉是沟通。[③] 及时有效的相互沟通可以减少误解与分歧，增进认同并可收集合作伙伴的信誉信息，增加彼此信赖。好声誉、成功的合作经历和及时有效的沟通以及对过去经历的经验总结和对现在过程的干预影响，提高了成员对持续合作的信心与收益评估，促进彼此信赖。

① 李民牛．组织声誉及其管理刍议［J］．经济研究导刊，2008，27（8）：45-46.

② 李新春．战略联盟、网络与信任［M］．北京：经济科学出版社，2006：161-162.

③ Macneil I R．The Many Futures of Contracts［J］．Southern California Law Review，1974（47）：753-769.

3.4.2 特征型机制

特征型机制利用背景特征对组织间相互理解、认同和达成一致性能力的影响促进知识网络节点组织间相互信任的建立，通过组织背景、力量对比等前因变量发挥作用。具有相似背景的组织在成员沟通、目标设定、决策选择方面更易于协调，组织之间磨合沟通、达成共识的效率较高，面对风险共同承担的意愿也更强。相似的组织在合作过程中更易于形成共同的价值观和标准，合作各方愿意为共同目标而彼此信赖，共同努力。金玉玲和陈耀(2007)运用重复博弈理论就力量对比对信任建立的影响分析得出：在竞争性联盟中，非均衡力量对比关系不利于成员间信任，而均衡力量对比则有利于成员间信任。① 力量对比均衡，即意味着成员间既相互依赖又彼此独立，不存在一方因实力差距对另一方形成控制，节点间对合作关系形成正面预期而不存在消极抵触情绪和过度风险感知，节点组织间容易建立相互信任关系。

3.4.3 规范型机制

规范型机制利用法规、制度和规范等外在约束和文化软约束，构成对机会主义的威慑，促进知识网络节点组织间相互信任的建立，通过网络制度规范和文化发挥作用。知识网络中制度规范的制定和执行，在保证程序公平和分配公平的基础上，对机会主义行为起到防范和威慑的作用，一旦机会主义行为发生，还将对其实施有形及无形的惩罚，提高了机会主义行为的成本。文化作为软约束，影响网络成员的价值取向和行为标准。互惠共赢的网络文化使得成员一旦选择机会主义行为将面临被驱逐出网络，

① 金玉玲，陈耀．论战略联盟相互信任的前置因素之一：双方力量的对比[J]．扬州大学学报(人文社会科学版)，2007，11(1)：89－92.

不被认同和失去未来合作机会的心理成本和经济成本。公平的制度规范和共赢互惠的网络文化降低了未来不确定性，利于成员间相互信任的建立。

3.4.4 反馈型机制

反馈型机制通过信任关系建立后对组织带来的正面影响反馈于节点组织强化知识网络节点组织间的相互信任关系，通过承诺（专用性投资）、合作绩效和合作伙伴关系等后果变量发挥作用。相互信任关系的初步建立增加了成员间承诺的可信度（或提升了专用性投资的意愿和投入力度），降低了交易成本，从而提高合作绩效，并催化形成网络节点之间的合作伙伴关系。可靠的承诺（专用性投资）、优良的合作绩效和长期竞争合作的合作伙伴关系带来的持续合作收益，通过循环进行的知识活动反馈于合作关系，强化了成员对长期合作获益的信心，合作意愿更强，投入更多，进而机会主义行为成本提高，成员间相互信任度提升。

根据对相互信任建立过程的博弈分析，推断出知识网络组织之间相互信任的建立机制，结合知识网络中相互信任建立的两种初始情境，构建其模型如图 3—3 所示。

3.5 小结

本章对知识网络组织之间相互信任的建立机制进行了探讨，是本书的核心内容之一。首先，分析了知识网络组织之间相互信任建立所需的内外部条件，基于前因—后果变量逻辑分析思路，对知识网络组织之间相互信任的影响因素进行分析，认为影响知识网络组织之间相互信任关系的前因变量为声誉、力量对比、组织背景、相互沟通、合作经历以及网络制度规范和文化，后果变量为承诺（专用性投资）、合作绩效和合作伙伴关系，通过示意

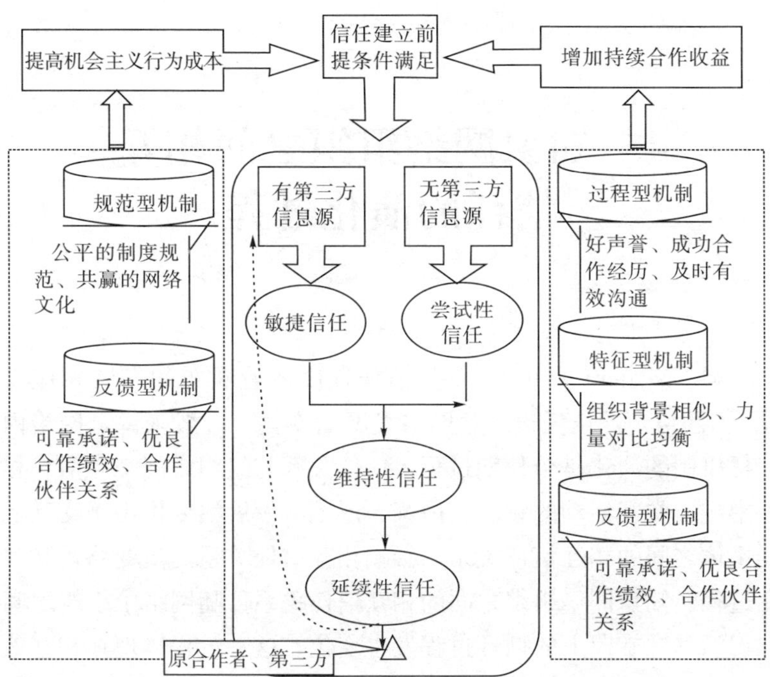

图 3－3　知识网络组织之间相互信任建立机制模型图

图阐释了影响因素与相互信任之间的关系。然后，利用博弈论方法模拟分析了知识网络组织之间相互信任的建立过程和需要满足的前提条件，并对有/无第三方信息源两种初始情境下相互信任的建立过程进行了分析。最后，在上述分析的基础上，以满足相互信任建立的前提条件为目的，从影响因素着手，提出知识网络组织之间相互信任建立的过程型、特征型、规范型和反馈型机制，构建出知识网络组织之间相互信任建立机制的模型图。

4 知识网络组织之间相互信任的演化过程

M. Magent (1994) 认为信任程度随着联盟的发展相应变化。[①] 网络中的信任也随着网络发展而变化。一般来说，网络内信任机制的演化是个长期过程，信任关系与组织之间交互活动相互影响，交互活动的频次、内容、形式、发展演变作用于交互活动主体之间的相互信任关系，影响相互信任关系的演变路径和演变过程。知识网络组织之间的相互信任关系伴随网络中组织之间知识活动螺旋向上的循环过程发生变化，这一过程体现在相互信任程度、类别、范围等方面的变化。

4.1 相互信任演化过程中的建立途径

动机、期望、心理因素和环境等内外合力推动信任的动态演化，每一类信任的建立，通过不同途径发生。关于相互信任的演化过程和建立途径，国内外已有许多研究成果。刘仁军 (2007) 对企业网络中的信任创造进行了研究，他认为信任是社会资本的重要内容，是企业网络形成的前提，提出企业网络运作过程中，不同类型信任可以通过计算途径、推测途径、动机途径、能力途

① Magent M. The New Golden Rule of Business [J]. Fortune, 1994 (21): 60−64.

径和传递途径等创造，计算途径最重要，其他途径为补充与发展，并运用日本分包网络的实践分析提出制度性的制裁条款和激励性的契约安排有益于企业网络的信任创造。[①] 作者认为，Doney、Cannon 和 Mullen（1998）归纳的建立信任的 5 个途径[②]较为全面。

4.1.1 计算途径（calculative process）

一方是否相信另一方以理性计算对方欺骗或诚信的成本和收益（包括财务上的和名誉上的）为基础。逆向选择和败德行为的收益低于成本时，即使出于自身利益也不会出现欺骗行为。根据理性经济人假设，合作之初，各方要考虑相互信任得失、风险和防范措施，成员间的信任大多通过这种途径建立。计算途径建立信任的前提是可以有效评估守信和失信的收益和成本。

4.1.2 预测途径（prediction process）

由于信息不完备与不对称，计算途径并不能完全确定对方是否可信，还要依据对方过去的一贯行为风格做出预测。行为一致性和过去信用状况（声誉）是行为预测和判断的依据。通过预测途径建立信任，要求充分了解合作伙伴过去的合作经历和信用状况，只要合作方行为是可以预测的，那么就有可能建立信任关系。合作方行为一致性高，社会制度规范增强时（如限制和谴责不当行为时），这种可预测性会大大增加。

---

① 刘仁军．企业网络中的信任创造研究［J］．经济社会体制比较，2007（5）：87－90.

② Doney P M，Cannon J P，Mullen M R. Understanding the Influence of National Culture on the Development of Trust ［J］. Academy of Management Review，1998（23）：601－620.

4.1.3 动机途径（intentionality process）

动机途径建立相互信任是指理解合作方言行，并努力按合作方意图行事。动机途径的关键是要确立合作各方的意图是否是善意的，是否有利于互惠合作关系的实现。对合作对象动机的估计与判断，会影响自身行为选择，让合作对象感知或认同的利他动机和善心有利于相互信任关系的建立。一般而言，当双方存在共同的价值观、思维模式和行为规范时，友好善意的意图能被较好地理解和判断，相互信任关系就容易建立。

4.1.4 能力途径（capability process）

此处的能力指的是“在某些特定领域使一方能产生影响的技术、能力、品质等的集合”（Mayer et al，1995）[①]。合作中的一方认为另一方具有履行义务的能力时，往往会相信对方会采取自身期望的行为。信任产生的关键前提是确定对方是否具有做出合意行为的能力。通常，合作对象技术上的实力被认为是信任产生的先兆。

4.1.5 转移途径（transference process）

施信者将对被信任者的信任转移给第三方，帮助第三方与被信任者之间建立相互信任关系即为转移途径。转移途径体现了信任的传递性，即空间延续性。知识网络中，相互信任关系可以通过转移途径，从第三方转移到以前很少或从未接触的两个合作者之间。知识网络连接渠道的四通八达，有助于通过转移途径建立

① Mayer R C，Davis J H，Schoorman F D. An Integration Model of Organizational Trust [J]. Academy of Management Review，1995，20（3）：709－734.

组织之间的相互信任。转移途径建立信任的关键是信任者需要有可提供转移的渠道，并能够识别转移渠道的可靠性与可信度。

以上5条途径，涵盖不同背景、不同信心驱动来源情况下的信任建立途径，适用于探讨不同阶段信任的建立问题。本研究也将采用以上途径，分析知识网络组织之间相互信任关系演化过程中各类信任的建立。实践中，知识网络组织之间相互信任关系的建立往往混合并用以上途径，而非仅仅使用单一途径。在信任关系演化的不同阶段，这些途径主次关系发生变化，分别发挥不同作用。

4.2 知识网络组织之间相互信任的演化路径

Lewicki 和 Bunker（1996）通过构建交往双方信任发展模型提出：随着交往频度和强度的增加，人际信任演化路径经历三个阶段，即从以计算为基础的信任过渡到以了解为基础的信任，再演变成以认同为基础的信任。[①]陈剑和冯蔚东（2002）将虚拟企业伙伴间的信任划分为四个等级：基于威慑的信任、基于认知的信任、基于共识的信任和敏捷信任，提出“虚拟企业伙伴间的信任将遵循上述四种信任等级，并随着合作进程呈现出一个不断上升的过程”。[②] 王春晓和和丕禅（2003）通过实证研究得出：集群内企业间信任机制呈现从基于个人身份的信任向基于制度的信

① Lewicki R J, Bunker B B. Developing and Maintaining Trust in Work Relationships [A] //Kramer R M, Tyler T R. Trust in Organizations: Frontiers of Theory and Research [C]. CA: Sage Pubilications, Thousand Oaks, 1996: 114－139.

② 陈剑，冯蔚东. 虚拟企业构建与管理 [M]. 北京：清华大学出版社，2002: 103－108.

任的动态变迁，两者相互促进。[①]牛飞亮（2003）运用西方网络理论社会关系学派的方法分析指出“信任的程度会由于网络内部成员长期互信和外部竞争的加剧而由低到高发展”。[②] 郭舒、高闯和曹宁（2008）通过分析交易成本和社会嵌入对信任机制变迁的影响，得出网络化和集群演变过程中，信任机制变迁的一般轨迹为：集群发育期与关系型信任相适应，而集群演进则需要计算型信任机制和制度型信任机制发挥主导的作用。[③] 可见，无论人际信任还是虚拟企业、集群、战略联盟或网络中的信任，随着交互频度与强度、合作进程发展、组织形态演变以及外界竞争环境的变化，都会从一类信任演变为另一类信任，良性合作循环中，信任度经历由低到高的发展。知识网络组织之间相互信任的演化是长期动态的过程，为更好地分析说明变化路径与趋势，本研究从相互信任类别、程度和范围的变化三个方面展开。

4.2.1 相互信任的类别和程度演化路径

界定知识网络组织之间相互信任时，作者以知识网络中知识活动的进程为时间维度，将网络中组织之间相互信任划分为了四类：尝试性信任、维持性信任、延续性信任和敏捷信任。同时根据现有诸多实证和推理结论，提出知识网络中相互信任的类别演化路径。信任类别与信任程度直接联系，本部分进一步从四类信任内涵、强度和质量、建立耗时长短等来综合分析相互信任类别和信任程度演化的路径。

① 王春晓，和丕禅．信任、契约与规制：集群内企业间信任机制动态变迁研究［J］．中国农业大学学报（社会科学版），2003（2）：31－36．

② 牛飞亮．网络理论与企业战略联盟存在的信任基础分析［J］．西北农林科技大学学报（社会科学版），2003，3（1）：31－36．

③ 郭舒，高闯，曹宁．集群企业成长中的阶段性与信任机制变迁假说［J］．辽宁大学学报（哲学与社会科学版），2008，36（3）：112－116．

尝试性信任通常建立在合作初期，是基于理性计算和外在约束机制威慑作用下的信任。在知识网络制度规范和奖惩措施有效公平的前提下，为获取合作带来的知识增长和价值增值，网络成员选择试探合作，不需要太长时间成员间即可建立尝试性信任，但成员间存在较强的戒备和防范心理，信任关系非常脆弱，质量不高，信任程度不高。

维持性信任伴随着成员间知识活动循环向上的过程发展而来。随着合作的深入，交往频次的提高（尤其是涉及隐性知识的转移和共享的合作中，成员之间需要高频次、面对面的沟通与交流），合作各方联系密切，了解程度日渐加深，行为可预测性增强，误解和分歧在相互沟通中消除并化解，彼此理解和认同加深，更易于共享价值观和合作目标。合作各方有意愿维持并发展合作关系，网络节点间的相互信任关系得到强化，强度和质量增强，信任度逐步提升。但是，由于维持性信任是以一定时间内有效持续的互动沟通为前提，在双方互相理解和认同基础下形成的，因而其需要较长时间建立。

延续性信任则是合作后期信任关系的发展，合作各方信任关系并没有随着一次成功合作的结束而结束。合作经历为合作参与者对合作对象进行信用评估提供直接数据。成功合作经历参与者对合作对象的信誉评估留在组织信用评估数据库中，通过网络传播延续到彼此再次合作或第三方信息需求者。延续性信任是维持性信任随着合作过程的结束演变而来的。合作尾声或结束时期，合作各方已类似统一实体，认同感与一致性较高，信任关系的强度、质量和信任程度在本次合作过程中发展到最高阶段。同时由于延续性信任是合作尾声信任演化的状态，因而伴随合作完结而自然演化，是快速建立的。

敏捷信任是在新的合作过程中，通过掌握合作各方信誉信息的第三方作为媒介而在初次合作组织之间快速建立起来的信任。

合作各方相信第三方，则第三方对于合作参与对象的信任程度传递给其他合作对象。合作伊始，双方之间已经存在一定程度的信任，因此，敏捷信任比尝试性信任程度高。但对于合作参与主体而言，由于仍是初次合作，彼此之间的信任关系初步建立，信任关系的强度、质量和程度会随着合作进程的开展向更高层级的维持性信任和延续性信任演化。

知识网络组织之间相互信任不同类别之间的比较见表 4－1。

表 4－1　知识网络组织之间相互信任类别的比较

信任类别	信任程度	关系强度和质量	建立时段
尝试性信任	低	差	合作初期（无第三方）
维持性信任	高	好	合作过程中
延续性信任	最高	优	合作尾声/合作结束
敏捷信任	较高	较好	合作初期（有第三方）

通过以上分析可知，知识网络组织之间相互信任随着合作过程中知识活动的进程从尝试性信任演变为维持性信任，在合作尾声转变为延续性信任，信任度经历由低到高的变化，信任关系强度和质量也随着交往的深度而加强。当知识网络组织首次合作前，如果有处于结构洞位置的组织成员与合作各方直接连接，则结构洞成员的延续性信任能快速衍变出合作成员间的敏捷信任，敏捷信任建立后，成员之间的信任关系同样随着合作进程，经历维持性信任到延续性信任的演变，信任度和信任关系质量与强度同步提升。在图 2－5 的基础上加以补充和修订，可以描绘出知识网络组织之间相互信任的类别和程度演化路径，如图 4－1 所示。

4.2.2　相互信任的范围演化路径

信任范围的变化体现了知识网络中的整体信任水平的发展。

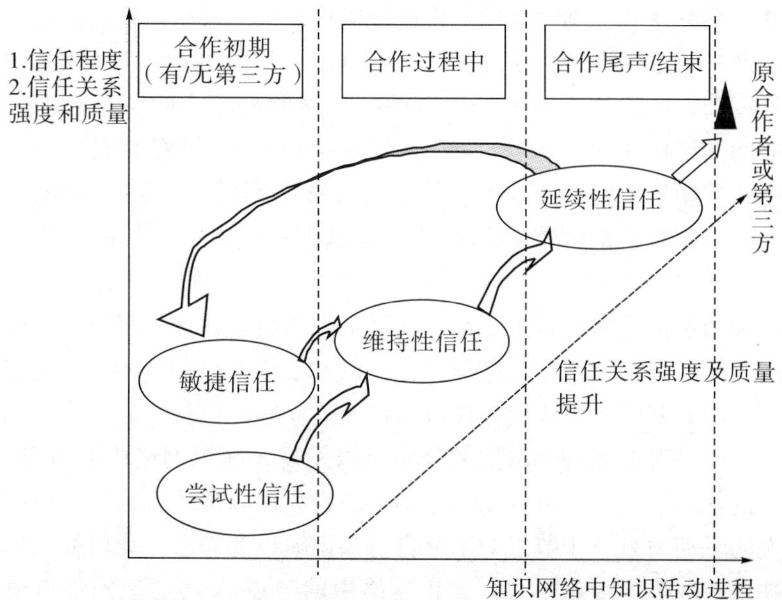

图 4—1　知识网络组织之间相互信任类别和程度演化路径

福山提出过信任半径（radius of trust）这一概念，描述人们乐意把自己的信任扩展到的范围大小。知识网络的网状结构与人际网络复杂的网状结构有共同之处。知识网络中的节点组织随着对知识网络中知识共享和知识创造的参与程度不断加深，其合作对象会增加或变化，组织节点信任的对象不断增多。因此，将信任半径概念引入知识网络之中，以描述知识网络中组织间相互信任的范围变化。

知识网络中的组织节点可能同时是多个知识链的成员。追溯最初状态，任一节点组织最初参与知识网络的常见状态通常是参与一条知识链的知识活动而参与到知识网络中。为弥补自身知识缺口和资源有限性，逐渐以其所处知识链其他节点为线索参与到更多知识链中，成为交错复杂的网状结构中的一员。对于网络中的任意节点（称之为 A）来说，其所处群体至少有三个层次：与其联系紧密和互动频繁的知识链交错构成第一层次，将其称为核心网，核心网中的成员与 A 有直接联系，关系强度高，彼此信任度高；A 的核心网成员各自的核心网融汇而成的一个范围更广的网络构成第二层次，将其称为中间网，中间网的成员与 A 有间接联系，联系频次低，信任度较核心网低；与 A 无联系或稀疏间接联系的网络中其他节点构成第三层次，将其称为外层网，外层网中节点与 A 几乎没有联系，但是它们之间存在或多或少的连接线索，且由于都存在于知识网络中，加上声誉传递机制、结构洞组织或中介组织的存在以及信任的空间延续，它们与 A 之间有基础的低程度信任或能快速建立敏捷信任。

通过对上述三个层次的分析可以发现，知识网络中的节点，其信任范围的变化可以用信任半径的增大加以描述。信任半径增大的驱动力来自于节点对填补自身知识缺口的需求。为填补知识缺口获取更多知识信息，知识网络中的节点 A 将通过网络渠道寻找更多合作者进行知识共享，信任对象逐渐增多，信任范围扩大，核心网范围扩大。由于处于网络结构，每个节点都与网络中其他或多或少的节点保持联系。合作对象的增多，核心网扩大意味着中间网同步扩大，与节点 A 产生间接联系的节点增多，信任延续扩散，信任的范围进一步扩大。同时，由于网络结构成员联系的交错纷繁，通过声誉传递机制和信任的空间延续，信任可以扩散到网络中的没有联系的其他节点。可见，伴随知识活动的螺旋向上循环发展，信任的半径逐渐增大。利用信任半径的变化解释知识网络组织之间相互信任范围的演化路径如图 4—2 所示。

4.3 知识网络组织之间相互信任的演化过程模型

张子刚和程海芳（2001）认为虚拟团队“在建立和保持信任

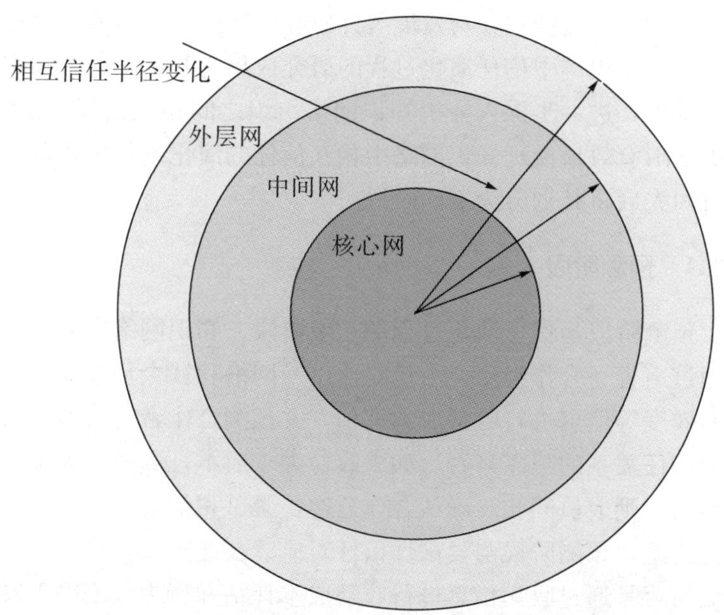

图 4－2　知识网络组织之间相互信任范围演化路径

说明：颜色深浅代表网内信任度总体水平的高低，颜色越深，信任度越高。

过程中存在一个先后顺序”，提出虚拟团队建立和保持信任的五阶段过程：简单过程、规划过程、预期过程、胜任过程和协作过程，指出“信任是相互情感、反应和认识理解的结果，随着时间而发展的过程”。① 通过类别、程度和范围的演化路径分析可知，知识网络中组织间相互信任的演化同样有先后顺序，是伴随着知识活动发展而演变的动态过程。知识活动以知识链为载体实施，从过程研究视角来看，知识链是研究基本切入点。作者曾借鉴张喜征博士对虚拟企业中伙伴信任关系建立的阶段划分，对知识链

① 张子刚，程海芳．信任在虚拟团队中的作用［J］．科技进步与对策，2001(7)：77－78.

成员间相互信任的建立与发展展开研究。因此，本研究将以作者前期关于知识链中信任演化过程的研究成果为基础，纳入知识网络背景中，进一步深入分析知识网络组织之间相互信任的演化。为更清晰有效地梳理知识网络中相互信任的演化过程，作者仍依照时间先后将其划分为不同阶段。

4.3.1 预测阶段

预测阶段是信任演化过程的初级阶段。知识网络中的节点组织通过声誉、合作经历、力量对比以及网络和社会环境的制度规范有效度等信息进行收益成本评估，并预测合作者的行为，从而决策信任关系的建立与否。如果收益大于成本，成员行为预测准确性高，则成员间初步确认合作意愿，尝试相信对方，并参与合作。因此，预测阶段与尝试性信任对应。在此阶段，信任关系的建立与否是通过收集信息进行收益成本评估和行为预测等手段进行决策，计算途径和预测途径是这一阶段建立相互信任关系的手段。

4.3.2 确定能力阶段

预测阶段确定合作对象是否值得信赖及其可能的行为选择，确定能力阶段则是紧随其后的过程。在此阶段，节点组织确定合作成员是否具有行使所选择行为的能力，尤其是做出合意行为，履行诺言的能力。如果通过初步接触、相互沟通以及信息收集判断，确定合作成员具有实现诺言的能力和技术实力，基于预测基础上建立起来的信任关系会加强。同时，尝试性信任随着合作进程中彼此能力和实力的了解，逐渐向维持性信任转化，相互信任程度提高。由于是基于对能力和实力的了解而建立的信心，能力途径是建立相互信任关系的手段。

4.3.3　信任保障阶段

随着合作深入，成员间沟通交流增多，了解加深，行为意图和目标也更容易达成一致。合作参与者之间不断学习、总结和调整彼此交互行为，逐渐形成共享的价值观、合作目标以及标准规范，像一个虚拟的统一体，相互信任关系大大加强并形成保障体系，这就是信任保障阶段。在此阶段，合作关系良性发展，维持性信任程度逐渐提升。合作成员将愿意理解合作伙伴的言行并按照合作伙伴的意图行事，相互信任关系通过动机途径强化。

4.3.4　转移提升阶段

当一次成功的合作进入尾声，成员间形成高度的相互信任关系和合作经验总结，这些信息在成员信用评估数据库中存档，通过适当时机将网络关系渠道向其他合作者转移、扩散。这一阶段的相互信任属于延续性信任。通过声誉传递机制和第三方延续性信任，能使初次合作成员间迅速建立一定程度的信任（敏捷信任）。如果是再次合作，之前合作建立的相互信任关系将延续下来，在原有相互信任基础上迅速建立更高质量的相互信任关系。由于通过信任的传递和转移而帮助新的合作过程建立相互信任关系，转移途径是这一阶段建立相互信任关系的手段。

通过对相互信任演化过程中的建立途径、演化路径和演化阶段的分析可知：单次合作过程中，网络组织之间相互信任通过不同建立途径经历四个演变阶段，从尝试性信任经过维持性信任演化成延续性信任，信任度由低到高变化；如果合作前有第三方提供可靠信息，则初始信任为敏捷信任，合作过程同样经历四个阶段，由敏捷信任到维持性信任再到延续性信任。每次合作都伴随着信任演化过程，组织之间合作循环往复，从而使得网络中信任范围不断扩大，即信任半径不断增大。因此，从单次合作过程而言，信任经历四个阶段三种类别的演化过程，信任度由低到高；从知识网络整体而言，信任半径不断增大，即信任范围不断扩大。伴随着合作进程的发展，知识网络组织之间的相互信任演化过程可用如下模型图演示，如图 4-3 所示。

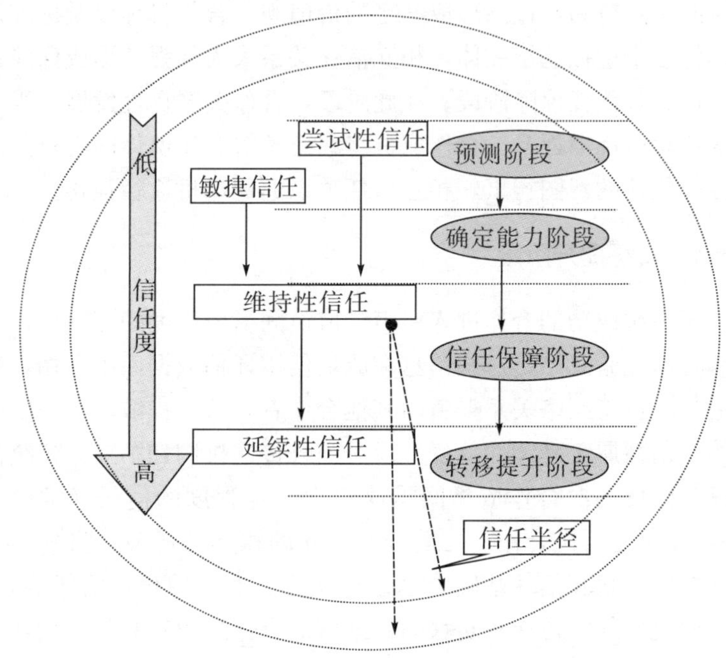

图 4-3　知识网络组织之间相互信任的演化过程

4.4　知识网络组织之间相互信任的培育措施

开放动态的知识网络存在着大量不确定性和冲突。Jarvenpaa、Knoll 和 Leidner（1998）通过研究，提出“信任有助于虚拟团队内冲突的解决、目标定向、共同价值观的形成”。[①] 温承革和于凤霞（2003）认为，信任是提高企业间合作效率的一个有效方式。[②] 知识网络中组织之间的相互信任机制同样是其成功运作的润滑剂和动力。通过对相互信任的影响因素、建立机制和演化过程的分析可发现，相互信任可以通过一些途径进行培育。

Korczynski（2000）提出企业间合作关系中产生信任的基础有：公平，个人关系，对其他企业的了解，协会。[③] 何苏华（2003）提出建立企业网络信任危机防范机制和信任生成机制的五个方面：①评估甄选网络合作伙伴；②建立机会主义行为防范机制；③合理公平的分配网络利益；④加强信息沟通与交流；⑤倡导基于信任与竞合关系的网络文化。[④] 曾璨和陈宏军（2007）提出建立成员间学习的正式和非正式机制、组建广泛商业关系网络、设计联盟内部信任评审规范和培育共同价值观等途径来培育高科技企业战略联盟中的信任关系。[⑤] 参考现有研究结论，根据知识网络自身及其相互信任机制的特点，本书认为可通过如下途径培育知识网络中的相互信任：

(1) 倡导合作共赢的知识网络文化。

胡伯特·施密茨（Hubert Schmitz，1999）指出，信任起初

---

① Jarvenpaa S L，Knoll K，Leidner D E. Is Anybody out There? Antecedents of Trust in Global Virtual Teams [J]. Journal of Management Information Systems，1998，14（4）：29－64.

② 温承革，于凤霞. 供应链企业信任关系的培育途径 [J]. 中国软科学，2003（10）：76，84－86.

③ Marek Korczynski. The Political Economy of Trust [J]. Journal of Management Studies，2000（1）：37.

④ 何苏华. 企业合作网络的成因及其运行机制 [J]. 佛山科学技术学院学报（社会科学版），2003（7）：1－3.

⑤ 曾璨，陈宏军. 高科技企业战略联盟间信任关系的建立 [J]. 经济与管理，2007，21（8）：60－63.

建立在网络战略联盟之间的社会文化联系上，后来建立在合作关系的理性且有意识的投资上。文化体现了网络成员共同的价值观，影响网络节点的行为方式，减少矛盾和冲突。波茨结构嵌入的观点也说明文化对于信任的“强制推行”作用。知识网络中特征型的相互信任建立机制即是借助文化影响力促进信任建立：以相似的组织文化融合为基础，促进成员间思维和行为模式逐渐达成一致。在知识快速更新的时代，企业间难以依靠一己之力获取长久的竞争优势，更多时候，不是企业与企业间的竞争，而是知识网络与知识网络间的竞争。因此，网络中交互学习共同合作的组织应具有共荣共生意识，自发结成共生体。共生体意识的形成则需要网络中核心组织与企业进行引导，倡导合作共赢、共生共荣的网络文化，重视文化差异，加强跨文化管理并引导合作行为向预期方向进行，鼓励正式和非正式的沟通，加强各组织节点的交互学习，使不同文化相互渗透、交融，促成合作共赢的知识网络文化形成，构建相互信任的文化基础。

（2）建立网络制度规范和激励约束机制。

制度规范和激励约束机制在网络中起着控制作用。制度规范增强网络节点组织信心的前提是确保合作的程序公平与分配公平。程序公平是指合作各方在合作过程中问题处理和决策制定等做到平等对待，分配公平则强调合作收益分配的公平。库玛指出，在实力不对等的企业联盟中，强大一方对弱小一方在程序上的公平，对双方关系所产生的影响要比经济利益强烈得多。[①] 程序公平要求合作过程中没有歧视性的政策或处事方式。公平是制度规范产生公信及权威的前提。知识网络中的核心企业通常掌握决策制定权，如果产生不公，处于不利地位的企业缺乏安全感，

① 高映红，何沙，苏燕平. 虚拟企业运作中的信任机制研究 [J]. 价值工程，2002 (5)：9-11.

将采取机会主义行为或退出合作，信任难以建立。激励约束机制则是对合作行为的奖励和机会主义的惩罚。防范机会主义包括两个方面：一是提高欺骗成本；二是增加合作收益。[①] 设置退出壁垒，增加专用性投资，制定合同或契约对机会主义行为加以惩罚，对合作行为予以奖励等措施都可以消除或威胁机会主义行为。制度规范和激励约束从内因与外因两个方面鼓励相互信任机制的产生。

（3）建立信用评估体系。

信用评估体系不仅能够帮助网络成员选择可靠的合作伙伴，快速建立信任关系，还能够借助声誉传递机制而产生对机会主义行为的规避。这是因为，信用评估体系的信息将通过网络渠道进行传播，成员一旦做出败德行为或逆向选择等机会主义行为，其低信用度也将在网络中传播。在合作博弈中，合作组织通常会选择触发策略，因而一旦失信，失信者将面临永远失去知识网络中合作机会的可能，意味着失去长期合作的收益。这种损失将使节点组织在选择“失信”前做出慎重考虑。信用评估体系的建立是一个庞大工程，需要多方配合，首先是法律法规对失信行为惩罚的保障；其次需要金融机构、行业协会、中介机构等在信息采集方面的支撑；最后，网络中各节点组织需要充分的信用信息共享，建立互联互通的数据库网络，最大可能实现信用信息的共享和及时更新。

（4）宏观政策和法制提供保障。

法制机制是信任建立的外部条件和冲突解决的仲裁机制。有政策和法制的保障，制度和规范的效力才具可实施性，对机会主义的惩罚才将产生更大的成本威胁。社会环境是知识网络生存的

① 王蔷．论战略联盟中的相互信任的问题（下）[J]．外国经济与管理，2000，22（5）：21－24．

环境，健全有保障的社会法制环境，一方面，以具有公信力和威慑力的第三方媒介增强各类组织参与知识网络的信心；另一方面，在知识网络中，法规条款和宏观政策与网络制度规范共同作用，引导节点组织行为驶入预期轨道。外部的法规政策和内部的制度规范能降低网络中的不确定性与机会主义风险，加快网络中组织间相互信任的建立。

（5）完善沟通机制，加强网络成员交互作用。

沟通是组织内部以及组织之间信息的交流与共享，沟通过程中能增强节点组织成员的情感联系。促进共同目标的达成、减少合作冲突与误解、加深合作各方理解与合作深度都需要通过沟通途径来实现。沟通发挥效用，需要畅通的信息沟通交流机制和渠道。沟通包括正式沟通和非正式沟通。其中，正式沟通有助于目标按期达成和组织信任的建立，非正式沟通有利于情感联络和人际信任的建立。正式沟通需要机制保障，非正式沟通需要渠道和机会提供。沟通直接促进合作进程的开展和合作深化，尤其对于知识网络这类以知识共享和知识创造为目的的联盟，知识转移是网络中的主要活动。而隐性知识的转移则需要各节点多次往复交互学习才可完成，而交互学习是以沟通为实现方式的。良好的沟通与交流是建立相互信任的先决条件。由于知识网络的复杂、开放与动态，许多网络呈现松散状态，基于经济人假设，网络中的节点组织在合作过程中很容易产生防卫心理和机会主义倾向。建立信息网络，保持沟通渠道的通畅，以多方式、多层面促进和加强网络节点间的沟通与交流，使其及时高效共享和传递知识与信息，可增进知识网络组织之间的了解和相互信任。而一旦沟通不及时或不通畅，误解和冲突极易产生，并最终导致合作关系的失败。

4.5 小结

本章对知识网络组织之间相互信任的演化过程进行分析，是本书框架体系中的核心内容之一。首先，借鉴前人研究成果分析了信任演化过程中可能使用的建立途径；在此基础上，从类别、程度和范围的变化方面对知识网络中相互信任的演化路径进行分析阐释，并建立了一个相互信任演化过程的综合模型。本章提出，从过程视角而言，随着单次合作的进程，知识网络组织之间的相互信任经历尝试性信任到维持性信任再到延续性信任的类别演变，如果有第三方信息源存在，则初始信任为敏捷信任而非尝试性信任，其后类别演变相同。演变过程可以划分为预测阶段、确定能力阶段、信任保障阶段和转移提升阶段。在这个过程中，信任度经历由低到高的发展。而从知识网络整体来看，随着知识网络中知识活动的螺旋向上的循环开展，信任范围不断扩大。

5 知识网络组织之间相互信任的作用机理：假设与模型设计

相互信任是知识网络组织间合作的基础，发挥着协调冲突、降低交易成本等作用。慕继丰等（2003）认为“在知识型企业网络组织中信任是企业和企业行动者之间合作的基础和前提，是一种非常重要的不可或缺的治理机制”。①相互信任在知识网络中通过影响组织之间的交互活动发挥其协调、治理等作用。

5.1 知识网络组织之间相互信任的作用：基于社会资本

知识网络运行过程中，成员之间形成复杂的关系网络，每一条网络连接线上都流动着资源，网络节点通过嵌入在网络中的成员资格来获得其中的资源，这就形成知识网络中的社会资本。对社会资本参考文献分析可知，社会资本的研究主要集中在企业层面，研究企业的社会资本与技术创新之间的关系，重点在组织间和组织内的信任与知识的传递。② 可见，信任问题是社会资本研究的一个重要子课题。若需更全面的分析信任与知识转移、知识

① 慕继丰，冯宗宪，徐和平，等. 信任在知识型企业网络组织中的作用 [J]. 预测，2003，22（1）：15－19.

② 尉建文. 社会资本与技术创新的研究综述 [J]. 长春理工大学学报（社会科学版），2008，21（2）：12－15.

共享之间的关系，也需借助社会资本这一分析视角。

5.1.1 社会资本的纬度与相互信任

Nahapiet 和 Ghoshal 评述了 Granovetter、Bourdieu、Coleman、Putnam、Burt 等人的研究后，将社会资本分为结构维度（structural dimension）、关系维度（relational dimension）和认知维度（cognitive dimension）三个维度。[①] 结构维度又称结构性嵌入，是指行动者之间联系的整体模式，强调社会关系网络的非人格化一面，分析重心在于网络联系和网络结构等，如成员之间的联结强度、网络密度；关系维度又称关系性嵌入，强调社会关系网络的人格化一面，分析重心在于网络中的关系以及通过关系获得的资产，包括信任、规范与惩罚、义务与期望以及可辨识的身份等；所谓认知维度，是指提供不同主体间共同理解表达、解释与意义系统的那些资源，如语言、符号以及文化习惯等，在组织内也包括隐性知识[②]，分析重心则是提供主体间互相理解和沟通的资源，如语言、共同知识等。Nahapiet 和 Ghoshal 的纬度划分建立了清晰的研究框架，为后续实证研究奠定了基础。许多学者分析社会资本对于创新网络作用机理时，都采用结构、关系和认知三维度划分法。

社会资本对于技术创新的积极影响已获得许多学者的研究证实与认可（Dyer and Singly，1998；Lane and Lubatkin，1998；Tsai and Ghoshal，1998；H. Yli－Renko，E. Autio and H. J. Sapienza，2001；Landry，2002）。韦影（2007）通过多元线性回归分析得出，企业社会资本的结构、关系和认知三个维

① Nahapiet J，Ghoshal S. Social Capital，Intellectual Capital and the Organizational Advantage [J]. Academy of Management Review，1998，23 (2)：242－266.

② 陈柳钦．资本研究的新视野——社会资本研究的综述 [J]. 云南财经大学学报，2007，23 (4)：12－20.

度对企业技术创新绩效的提升均有积极显著作用。[①] 王三义等（2007）也通过实证研究证实了结构、关系和认知三个维度与知识转移效果正相关。[②③④] 社会资本往往通过学习机制、合作分工机制、信任机制、规范机制等来影响技术创新或知识共享。信任是社会资本的一个关键因素，是关系维度社会资本的主要构成部分。知识网络中组织之间相互信任的作用可看作社会资本关系维度对知识活动的影响，采用社会资本三维度建立分析框架，能够结合网络结构的特征进行更全面的分析。

从社会资本结构维度来看，关系强度和网络密度是两个关键变量。依照格兰诺维特强弱关系理论，成员间的关系可以根据互动频率、情感强度、亲密程度以及互惠交换次数分为强关系和弱关系。网络密度是表征整体网络形态的变量，反映主体间的互动广度，即通过第三方连接的程度。[⑤] 可用伯特提出的结构洞多寡来概括。强关系给组织带来的优势体现在：一是有利于高质量信息和隐性知识的转移；二是可以作为社会控制机制的一部分，规范成员行为。[⑥] 两种优势的产生源于强关系中成员间的联系密切，相互依赖而更容易建立信任，信任导致长期合作关系，从而依靠网络中声誉传递机制规范成员行为。格兰诺维特提出弱关系

---

① 韦影．企业社会资本与技术创新：基于吸收能力的实证研究［J］．中国工业经济，2007（9）：119－127．

② 王三义，刘新梅，万威武．社会资本结构维度对企业间知识转移影响的实证研究［J］．科技进步与对策，2007，24（4）：105－107．

③ 王三义，刘新梅，万威武．社会资本关系维度对知识转移的影响路径研究［J］．科技进步与对策，2007，24（9）：84－87．

④ 王三义，何风林．社会资本的认知维度对知识转移的影响路径研究［J］．统计与决策，2007（3）：122－123．

⑤ 柯江林，石金涛．知识型团队有效知识转移的社会资本结构优化研究［J］．研究与发展管理，2007，19（1）：21－27，58．

⑥ 赵晓庆，许庆瑞．知识网络与企业竞争能力［J］．自然辩证法通讯，2002，24（139）：46－50，58，95．

概念，认为弱关系相当于信息桥，将不相关或关系不紧密的群体联系起来，传递新鲜异质的知识与信息，这与伯特提出的结构洞内涵相似。在知识网络中，本书用结构洞进行此类结构特征的分析。结构洞给占据该位置的组织带来信息优势和控制优势，对于结构洞组织而言，它本身能获取更多非重复性信息，它往往也是其他组织的信息中介，控制信息的流动，许多组织依靠它接收和发送信息。然而，结构洞组织利用这两大优势的前提是占据结构洞位置的组织和其直接联系组织之间一定程度的信任关系。如果没有信任关系，交易难以发生，结构洞组织无法获得其所需信息资源，控制优势也自然丧失。可见，相互信任在结构维度两个关键变量发挥效应过程中起着媒介作用，通过相互信任可促进知识网络充分发挥其结构特征的作用。

认知维度的社会资本是组织之间进行沟通与解读的系统资源。Nonaka 和 Takeuchi（1995）的观点认为知识要先外化才能转移到其他成员，而其他成员是否了解表达内容，将影响他进一步内化外显知识的程度。[①] Davenport 和 Prusak（1998）则提出若彼此具备某种共同知识，将会提高知识的吸收能力，减少此过程中的阻力。[②] 在知识网络中，认知维度的社会资本则可看作是减少知识转移与吸收过程中阻力的一种共同知识。知识网络中相互信任的合作组织之间，通过通用的理解表达、解释和含义系统的资源减少了成员间沟通交流的障碍，促进知识的转移和共享。作为彼此沟通与解读的共同知识，认知维度的社会资本对于信任机制的效应发挥起着中介变量的作用。韦影（2007）通过实证研究对社会资本认知维度在关系维度发挥效应中承担中介变量的作

① Nonaka I，Takeuchi H. The Knowledge－creating Company [M]. London UK：Oxford University Press，1995.

② Davenport T H，Prusak I. Working Knowledge：How Organizations Manage What They Know [M]. Boston：Harvard Business School Press，1998.

用进行了证实。[①]

在知识网络中，以社会资本的三个维度为分析视角，可发现：知识网络本身的强弱关系和结构洞等结构特征通过相互信任关系影响知识共享与转移，相互信任在其中不可缺少；相互信任的作用发挥需要成员之间具有一定程度的认知维度社会资本，即通用的理解表达、解释和含义系统的资源以促进知识的获取与吸收。其关系如图 5－1 所示。

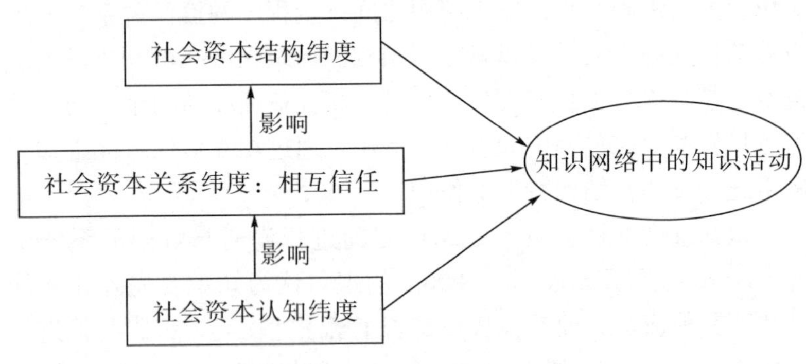

图 5－1　社会资本三维度关系图

5.1.2　相互信任的作用

相互信任是知识网络成功运行的保障，是组织间合作的润滑剂。张喜征（2003）将信任的功能划分为三大部分：①社会功能，包括简化功能、约束功能和协调功能；②经济功能，包括降低交易费用和监督成本；③管理功能，包括控制功能和治理功能。[②] 顾新和李久平（2005）认为知识链成员间相互信任的作用

① 韦影. 企业社会资本与技术创新：基于吸收能力的实证研究［J］. 中国工业经济，2007（9）：119－127.

② 张喜征. 虚拟企业信任机制研究［D］. 长沙：中南大学，2003. 来源于：http://www.cnki.net.

包括：①减少不确定性；②降低成员间交易费用；③化解成员间冲突；④促成成员间交互学习。[①] 潘旭明（2006）提出了战略联盟中的信任：①有助于成员间合作；②有利于联盟冲突的管理；③有利于成员间知识共享和相互学习；④有利于联盟成员的创新。[②]

以现有研究成果为参考，结合上节的分析结论，本书认为，在知识网络中存在成员间通用的理解表达、解释和含义系统的资源前提下，知识网络组织之间的相互信任具有如下作用。

5.1.2.1 降低组织间的交易成本

合作过程中的交易成本包括搜寻成本、合约成本、监督成本以及合约执行成本。在知识网络中，声誉传递机制和占据结构洞位置的中介性组织的存在意味着在寻找新的合作伙伴时，网络组织会与已经有直接或间接联系的组织、声誉好的组织合作，或者通过占据结构洞位置的组织推荐来寻找新合作伙伴，而不必再通过市场搜寻与比较来决定交易，从而减少搜寻成本。合约成本是指合作各方就合约达成一致的过程中讨价还价、协商谈判的成本。相互信任关系使得合作各方彼此了解并认同，信息不对称大大减少，目标容易达成一致，合约形成过程的成本大大减少。由于相互信任有赖于自我监督机制而非外部或第三方监督[③]，相互信任关系比契约更有效地抑制了机会主义行为，增加了成员间相互理解与认同，合作各方愿意为合作目标的实现共同努力，监督成本和执行成本都大大降低。

---

① 顾新，李久平. 知识链成员之间的相互信任［J］. 经济问题探索，2005(2)：37—40.

② 潘旭明. 战略联盟的信任机制：基于社会网络的视角［J］. 财经科学，2006(5)：50—56.

③ 张维迎. 博弈论与信息经济学［M］. 上海：上海三联出版社，2004.

5.1.2.2 作为知识网络的治理机制

许多研究文献都提出网络组织的治理机制是信任。网络组织是由信任所支撑的自组织结构，信任被视为解释网络组织产生和发展的重要变量。① Morgan 和 Hunt（1994）认为，信任是网络型组织运行的基础。② 波茨（1995）提出结构嵌入的观点，指出当嵌入更大网络中时，相互信任会增加，更大的网络会强制推行约束因素。Jones 等认为，结构嵌入对网络治理中交易的协调与维护这一目标的理解具有关键作用，因为它通过扩展行为的价值和模式来增强参与主体间的协调，扩散参与者的行为战略与信息强化对定制交易的维护。③ 这种结构嵌入利用社会机制增大了机会主义行为的成本，并增强合作组织间的信任，从而交互地降低存在于网络运行中的机会主义风险。④ 可见，知识网络开放性使其总是嵌入在更大的社会网络中，相互信任借助结构嵌入发挥对知识网络中交易行为的治理作用。郝雅风、张鹏程和张利斌（2007）结合威廉姆森的交易模式和科尔曼的社会行为理论，提出信任是治理知识传递过程中双方关系的动力机制。⑤ 相互信任能增加合作组织对未来合作收益的信心和持续合作的意愿，协调成员间的冲突并引导成员自觉规范其行为，增加合作过程中超越合同的灵活性，这些都是对知识网络运行的治理功能。

---

① 任志安. 企业知识共享网络的治理机制——信任中心网 [J]. 兰州商学院学报，2007，2（3）：60－73.

② Morgan R，Hunt S D. The Commitment Trust Theory of Relationship Marketing [J]. Journal of Marketing，1994（58）：20－38.

③ Jones C，Hesterly W S，Borgatti S P. A General Theory of Network Governance：Exchange Conditions and Social Mechanisms [J]. Academy of Management Review，1997，22（4）：911－945.

④ Nohria G R，Zaheer A. Strategic Networks [J]. Strategic Management Journal，2000（21）：37－51.

⑤ 郝雅风，张鹏程，张利斌. 基于三因素信任模型的知识传递研究 [J]. 工业工程与管理，2007（1）：79－82，93.

5.1.2.3 降低知识网络中的风险

知识网络中的风险来自于不确定性。不确定性体现在两个方面：一是环境变化的不确定性；二是网络成员对环境变化做出反应的不确定性。环境变化不确定意味着新机遇与新威胁的出现无法预测且难以控制。网络成员对环境变化做出反应的不确定则意味着机会主义行为的风险。相互信任可以有效降低不确定性带来的风险。杨惠馨和冯文娜（2008）使用博弈方法及博弈模型验证了企业间的信任关系能有效促进合作关系的建立与维持，支持了信任是中间性组织网络内成员企业合作的基础这一论断。① 具有相互信任关系的成员之间愿意并且能够彼此及时有效沟通，获取更多有关未来环境的信息与知识，提高应对环境变化的能力，降低环境变化带来的风险。相互信任意味着成员对彼此的合作关系都较满意，彼此相互理解，愿意做出有利于维系合作关系的行为。环境变化时，由于成员间互相了解对方决策与行为风格，并能推断环境变化给合作对象带来的影响，因此能预测合作对象应对环境变化的行为，降低机会主义行为的风险。在知识网络中，成员与结构洞组织之间存在相互信任关系时，结构洞组织的信息优势和控制优势才能发挥，而这种信任关系也能帮助成员在选择新的合作伙伴时，以更低的成本选择更可靠的合作伙伴，降低合作过程中的风险。

5.1.2.4 促进隐性知识的转移与共享

隐性知识具有战略价值和竞争优势，Leonard－Barlon 和 Spender 等认为，知识尤其是隐性知识是最独特的、唯一有意义

① 杨惠馨，冯文娜. 中间性组织网络中企业间信任关系对企业合作的作用研究［J］. 山东经济，2008（2）：5－10.

的资源，因具有路径依赖性和因果模糊性而不易被模仿。[①②]研究者和实验者一直认为信任是隐性（默会）知识共享的先决条件。[③] 信任在知识共享中的重要性甚至超过了正式的合作程序，因为如果没有信任的存在，知识共享就不可能发生。[④] 分析社会资本维度与相互信任之间关系时已指出，强关系有利于隐性知识的转移，其根源在于强关系中网络成员间具有较高程度的相互信任。例如，丰田、克莱斯勒汽车公司与供应商的信任程度比较高，它们和供应商共享隐含知识的程度也相对较高；而通用和福特汽车公司与供应商的信任程度比较低，它们和供应商共享隐含知识的程度也相对较低。[⑤] 在知识网络中，易于编码储存的显性知识通常可以通过由发达的信息技术建立的外部知识库进行传递，信任关系对于显性知识的传递起到保障作用。而隐性知识除了其本身特性带来的转移难度需要双方建立密切联系之外，还由于各组织的核心竞争优势通常隐藏于隐性知识中，只有高度互信的关系和互惠互利的合作，才会促使组织产生隐性知识共享的意愿。因此，相互信任促进并保障了隐性知识在知识网络中的转移与共享。

---

① Leonard－Barton D. Core Capabilities and Core Rigidities：A Paradox Inmanaging New Product Development ［J］. Strategic Management Journal，1992 (13)：111－125.

② Spender J C. Making Knowledge：The Basis of a Dynamic Theory of the Firm［J］. Strategic Management Journal，1996，17 (S2)：45－62.

③ 任志安. 企业知识共享网络的治理机制——信任中心网［J］. 兰州商学院学报，2007，2 (3)：60－73.

④ Andrews K M，Delahay B L. Influences on Knowledge Processes in Organizational Learning：The Psychosocial Filter ［J］. Journal of Management Studies，2000 (37)：797－810.

⑤ 林健，李焕荣. 基于核心能力的企业战略网络［J］. 中国软科学，2003 (12)：68－72，91.

5.2　知识网络组织之间相互信任作用机理的分析与假设

5.2.1　相互信任作用机理分析：相互信任与知识转移

知识网络的形成是内外因素共同作用的结果，在知识分工专业化、技术创新复杂化、知识快速更新、信息技术的发展以及合作带来的规模效益和范围经济等内因外力的共同驱动下产生了知识网络这种新型结盟合作的组织形态。构建知识网络的目的是实现知识价值和物质价值的增值，即知识网络的价值增值性。价值增值则通过网络中的知识活动来实现。本书在 Hakansson 网络三要素的观点基础上，提出知识网络的构成要素包括网络节点、网络资源、网络活动与支撑环境。支撑环境是知识网络嵌入其中的更大的社会网络，对知识网络的运行产生影响，属于外部影响因素。从知识网络内部来看，网络节点和网络资源通过网络活动相联系，网络资源与网络节点间相互产生影响需要通过知识活动才能实现，而网络节点和网络资源的动态变化最终体现为知识网络的演化。可见，网络资源通过网络活动对知识网络产生影响。相互信任是知识网络中的一种具有战略意义的社会资本，是网络资源的一种。知识活动是知识网络中的主要活动。因此，本书认为，相互信任通过影响网络中的知识活动对知识网络发挥作用。

本研究将知识网络中的知识活动划分为三个环节：知识转移、知识共享和知识创造。知识转移是前提，知识共享是衔接环节，知识创造是目的。Moran 和 Ghoshal（1996）指出，具体的知识创造过程，就像其他任何资源的创造一样须经历交换与整合两个一般环节。[①]这里交换与整合的过程相当于本研究中的知识转移与知识共享。知识转移与知识共享常常被混合使用，谢荷锋在其博士论文中对知识转移与知识分享（knowledge sharing，即知识共享）进行了对比，认为知识转移与知识分享（共享）在大多数方面是一致的，主要区别在于应用层次方面：知识分享（共享）一般用来描述知识在个体间的流动情况，分析单位为个体；而知识转移常用于团队和组织层次的知识流动。[②] 本研究中，知识转移是知识从知识源向知识接收方的传播过程，知识共享意味着知识被知识源和知识接收方共同占有。知识共享需要经过一次或多次知识转移才能实现。可见，知识共享是知识转移的结果。知识创造则是通过知识的转移，组织将获得的外部知识内化吸收并扩散的过程中发生的知识活动，常常发生在组织内部（即使是专门进行知识生产的研发活动，新知识的生产也往往是在研发团队内部）。Krogh（1998）认为，经由知识创造的价值创造至少经历五个阶段，第一个阶段就是团队成员间的知识、经验与实践的分享。[③] 知识分享的先决条件是不同个体间的知识转移。可见，知识转移是知识共享和知识创造能否实现的前提环节，在知识共享和知识创造中具有重要作用。因此，研究知识网络中组织之间的知识活动应以知识转移为主要分析对象。另外，知识转移是知识网络中不同组织之间交互作用的主要形式，是不同个体间的共同行为，组织之间的相互信任也是不同个体之间的一种动态变化的关系。目前，相互信任不同的定义都含有一方对另一方的

① Moran P，Ghoshal S. Theories of Economic Organization：The Case for Realism and Balance [J]. Academy of Management Review，1996，21 (1)：58—72.

② 谢荷锋. 企业员工知识分享中的信任问题实证研究 [D]. 杭州：浙江大学，2007：26—28.

③ Krogh G V. Care in Knowledge Creation [J]. California Management Review，1998，40 (3)：133—153.

信心、期望及替对方着想的因素（Sabel，1992；Mayer，Davis，Schoorman，1995）。相互信任是不同组织之间的关系，知识转移是不同组织之间的主要交互行为，组织间关系将对其交互行为产生重要影响。综合上述分析，本研究拟通过探讨组织之间的相互信任关系对知识网络中知识转移的影响来分析相互信任对知识网络的作用机理。

5.2.2 相互信任作用机理的假设

信任对知识转移的重要性已获得许多学者的认同，如 Davenport 和 Prusak①、Podolny 和 Baron② 等。郝雅风、张鹏程和张利斌（2007）利用科布—道格拉斯效用函数构建的知识效用模型证明了信任程度与知识传递量的正向关系。③ 信任在知识由发送方转移到接收方等方面扮演推动的角色。④ Szulanski（1996）研究表明，知识转移的要素包括知识发送方、知识接收方、转移渠道、被转移对象（知识）和转移所嵌入的情境⑤，这些因素相互作用来影响知识转移的绩效。Hamel（1991）则把知识转移的成功归因于三要素：伙伴的学习意图或动机、知识发送

① Davenport T H，Prusak I. Working Knowledge：How Organizations Manage What They Know [M]. Boston：Harvard Business School Press，1998.

② Podolny J，James B. Resources and Relationships：Social Networks and Mobility in the Workplace [J]. American Sociological Review，1997，62（5）：673-693.

③ 郝雅风，张鹏程，张利斌. 基于三因素信任模型的知识传递研究 [J]. 工业工程与管理，2007（1）：79-82，93.

④ Alston J P. Wa，Guanxi，and Inhwa：Managerial Prineiples in Japan，China，and Korea [J]. Business Horizons，1989，32（2）：26-31.

⑤ Szulanski C. Exploring Internal Stickness：Impediments to the Transfer of Best Practice within the Firm [J]. Strategic Management Journal，1996，17（Winter）：27-43.

方传递知识的能力以及知识接收方接受知识的能力。① Pavel Strach 和 Andre（2006）对日本跨国公司内部母子公司间知识转移进行研究时，提出一个基于知识转移渠道、知识转移动机和知识转移能力的知识转移模型，认为知识转移的渠道、动机和能力是知识转移的三个决定性要素。② 柯江林和石金涛（2007）③、王三义等（2007）④⑤⑥ 研究了社会资本的三个维度对知识转移的影响，其中关系性社会资本主要是指信任，他们采用的知识转移要素模型包含三个要素：知识转移机会、知识转移意愿（动机）和知识转移能力。知识转移双方预期的收益超过成本产生共同意愿时，知识转移才会被诱发。但转移过程中，如果双方没有接触机会就丧失知识转移的可能性，而如果双方没有对应的能力进行知识的传递与吸收，则知识转移也难以成功。可见，知识转移机会、知识转移意愿和知识转移能力三方面能较全面概括知识转移活动。因此，本研究采用知识转移机会、意愿和能力三要素模型来分析相互信任对知识转移的影响。

---

① Hamel G. Competition for Competence and Inter－partner Learning within International Strategic Alliances [J]. Strategic Management Journal，1991（12）：83－104.

② Strach P，Everett A M. Knowledge Transfer Within Japanese Multinationals：Building a Theory [J]. Journal of Knowledge Management，2006，10（1）：55－68.

③ 柯江林，石金涛. 知识型团队有效知识转移的社会资本结构优化研究 [J]. 研究与发展管理，2007，19（1）：21－27，58.

④ 王三义，何风林. 社会资本的认知维度对知识转移的影响路径研究 [J]. 统计与决策，2007（3）：122－123.

⑤ 王三义，刘新梅，万威武. 社会资本结构维度对企业间知识转移影响的实证研究 [J]. 科技进步与对策，2007，24（4）：105－107.

⑥ 王三义，刘新梅，万威武. 社会资本关系维度对知识转移的影响路径研究 [J]. 科技进步与对策，2007，24（9）：84－87.

5.2.2.1　相互信任与知识转移机会

知识转移机会是指知识转移活动参与双方之间存在有相互接触的机会，这种接触既可以是直接的，也可以是间接的。同时，知识转移的主体之间存在有助于知识转移的渠道、机制等。在知识网络中，如果能够了解谁拥有什么知识，能够识别其他成员拥有知识的价值，并有丰富的渠道或促进知识转移的规则和机制，则知识转移机会将大大增加。相互信任会降低合作过程中的执行与监督成本，并加深合作者的相互了解与认同。因此，建立相互信任关系的伙伴之间能够更容易了解合作伙伴拥有的知识，并识别出其知识的价值。信任和互利互惠关系也提高了合作各方对未来合作的收益预期，这种预期促进知识发送者和知识接收者建立更丰富的交流沟通和信息传递的渠道，或者制定鼓励知识转移的规则与机制。在分析知识网络中相互信任的演化过程时，本研究指出随着知识活动的螺旋向上循环开展，网络中的信任范围将不断扩大。网络中结构洞的存在则有利于敏捷信任的建立。当知识网络整体具有一定程度的信任水平，且网络中存在具有中介性质的结构洞组织时，成员间直接联系或通过中介机构间接联系的机会增加，大家有更多机会了解网络成员拥有知识的情况，提高了知识搜寻效率，知识转移机会增加。

由此，提出以下假设：

H1：知识网络组织之间的相互信任与组织之间的知识转移机会正相关。

5.2.2.2　相互信任与知识转移意愿

知识转移意愿（也有学者称为知识转移动机）包括知识发送者和知识接收者的转移意愿。知识转移动机影响人们的行为、计划和利益，并最终推动或阻碍知识转移的进行。① 知识转移意愿是知识转移主体面临不同机会时进行选择的重要因素。Adler 和 Kwon（2002）认为，知识转移是一个自由决定的过程，知识转移和组织学习沿阻力最小的路径进行。② 信任是主体在收益与成本判断基础上做出的主观选择。对合作关系、合作伙伴可信与否的判断直接作用于主体的行为选择。相互信任关系能够降低成员间的恶性竞争性与封闭性，消除了一部分阻碍知识转移意愿的负面因素。此外，相互信任关系能够降低交易成本，增加持续合作收益的预期，并通过社会机制和网络声誉传递渠道对机会主义行为构成威胁，降低机会主义行为的可能性。可见，相互信任关系使得知识转移主体愿意开放和共享知识与信息，因为知识发送方相信转移的知识不会被误用或者滥用，知识接收方则相信发送方转移的知识是可靠且有帮助的，且合作双方都对建立在互信与互惠基础上的合作关系继续维持抱有期望和信心。因此，相互信任关系降低了知识网络中的风险和合作成本，促进了知识转移意愿的达成。

由此，提出以下假设：

H2：知识网络组织之间的相互信任与组织之间的知识转移意愿正相关。

5.2.2.3　相互信任与知识转移能力

知识转移能力包括两方面：一是知识发送者有效进行知识转移的能力，即知识发送者要扮演一个熟练的发送者角色，以合适的方式、恰当的知识组合、准确的时间向合适的接收者转移知识

① Martin X，Salomon R. Knowledge Transfer Capacity and its Implications for the Theory of The Multinational Corporation [J]. Journal of International Businesses Studies，2003，34（4）：356—373.

② Adler P S，Kwon S W. Social Capital：Prospects for a New Concept [J]. Academy of Management Review，2002，27（1）：17—40.

和基础信息[①]；二是知识接收者吸收和保存知识的能力[②]。认知理论认为，主体在接受知识过程中，知识共享主体之间认知结构吻合度越高，两者之间越容易沟通，共享客体越容易被主体选择接受。[③] 相互信任关系体现了网络成员之间合作或者互动的历史，也体现出成员间相互了解的程度。前文分析指出，影响相互信任关系的前因变量中包括声誉、合作经历和相互沟通。声誉及合作经历在信任建立阶段既发挥了评估标准的作用，也有助于对合作伙伴核心能力（或者知识优势）以及行为风格的了解。相互信任关系的建立与发展表明合作伙伴间的了解和认同不断加深，成员间的沟通及时、有效且通畅。以信任为基础的互动交往，促进合作伙伴间逐渐形成共享的沟通方式、编码和解码体系以及语言系统，即所谓的认知维度社会资本，合作伙伴间的知识转移能力也相应提高。相互信任关系鼓励知识发送方更好地扮演发送角色，主动帮助接收方理解其传递的知识，主动在传递知识过程中为可信的接收方提供帮助。而接收者因获得帮助，吸收能力被提高。信任由于其自身治理功能，正影响国际合资企业知识交换的

① Menon T, Pfeffer J. Valuing Internal vs. External Knowledge: Explaining the Preference for Outsiders [J]. Management Science, 2003, 49 (4): 497-514.

② Cohen W M, Levinthal D A. Absorptive Capacity: A New Perspective on Learning and Innovation [J]. Administrative Science Quarterly, 1990, 35 (1): 128-152.

③ 任志安. 企业知识共享网络的治理机制——信任中心网 [J]. 兰州商学院学报, 2007, 2 (3): 60-73.

程度[①]，理解新知识的能力[②]以及交换效率[③]。

由此，提出如下假设：

H3：知识网络组织之间的相互信任与组织之间的知识转移能力正相关。

5.2.2.4 知识转移机会、意愿、能力与知识转移行为

知识转移行为的发生首先需要知识的发送方和接收方之间存在接触的机会，有适合知识转移的渠道或者鼓励知识转移的机制和规则等存在才有发生的可能性。知识转移活动付诸实施的动力则来自转移主体间传递知识的主观意愿。但知识转移的完成效果、成功与否则受到知识转移主体能力的影响。正如 Szulanski 所言，知识转移行为的发生是知识发送方、知识接收方、转移渠道、被转移对象以及情境等因素的综合作用。从知识转移行为本身来看，这些因素都可归结为行为的前提条件，即本研究采用的知识转移机会、意愿与能力三要素模型。可见，知识转移行为是知识转移机会、意愿与能力综合作用产生的结果。

由此，得出如下假设：

H4：知识网络组织之间的知识转移机会与组织之间的知识转移行为正相关。

H5：知识网络组织之间的知识转移意愿与组织之间的知识转移行为正相关。

H6：知识网络组织之间的知识转移能力与组织之间的知识

① Johnson. Seting the Srage for Trust and Strategic Integration in Japanese－U. S. Cooperative Alliances [J]. Journal of International Business Studies，1996，27 (5)：981－1004.

② Lane. Absorptive Capacity，Learning and Performance in International Joint Ventures [J]. Strategic Management Journal，2001，22 (12)：1139－1162.

③ Kogut，Bruce. Joint Ventures：Theoretical and Empirical Per－Spectives [J]. Strategic Management Journal，1988，9 (4)：319－332.

转移行为正相关。

5.3　模型构建、研究方法与变量设计

5.3.1　实证研究模型构建

通过对相互信任、知识网络和知识活动内在关系的分析，本研究认为知识网络组织之间的相互信任通过影响网络中的知识活动发挥其作用。其中，相互信任对知识转移的影响是相互信任关系作用于知识网络的主要途径。因此，研究相互信任作用机理应着眼于相互信任如何影响网络中不同组织间的知识转移这一问题。知识网络中知识转移的要素包括知识转移机会、知识转移意愿和知识转移能力。通过前文分析可知，相互信任与知识转移机会、意愿和能力三个要素之间是相关的，而知识转移行为是知识转移的机会、意愿和能力三要素综合作用的结果。因此，本研究以知识转移的三要素为中介变量，构建了相互信任影响知识转移的概念模型（见图5－2），以此揭示知识网络中组织之间的相互信任对知识网络发挥作用的内在机理。

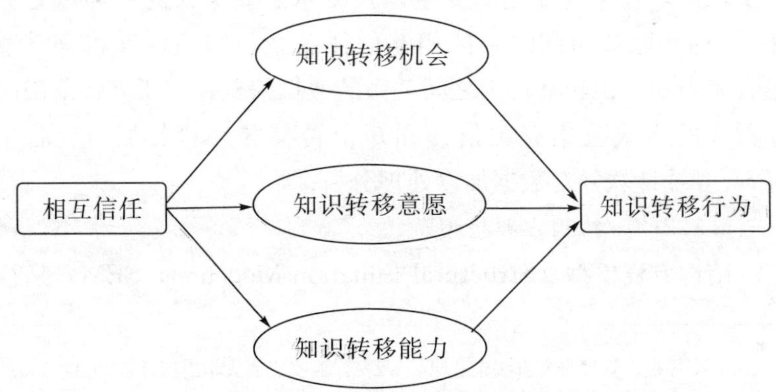

图5－2　知识网络组织之间相互信任的作用机理概念模型

5.3.2 实证研究方法与工具

为验证假设的合理性，需要采用恰当、科学的研究方法和工具进行实证检验。上文提出的假设存在多个变量，这些变量具有较强的主观性，不易直接观测，变量间关系比较复杂。本研究先构建概念模型，再通过数据收集与分析，对模型进行验证。根据变量特性，采用统计调查研究方法和结构方程模型进行模型检验。

5.3.2.1 统计调查研究

统计调查研究（survey research）是以研究样本（被调查者）回答问题的数据为基础辨析总体状况的研究方法。① 统计调查研究广泛应用于政治学、社会学、管理学、经济学等领域，是能提供直接、有价值信息的有效方法，很适合于难以直接观察的大总体的研究。统计调查研究的资料收集方法包括问卷法和访谈法两种，通过这两种方式达到了解事实、发现规律的目的。统计调查研究所获得的数据信息经过处理可以用来辨析或描述总体状况，调查数据也可以用作解释性目的。调查研究往往是用来发现复杂现象中起关键作用的变量以及变量之间关系的一种重要方法。② 为获取知识网络中的相互信任关系与知识转移机会、意愿、能力和知识转移行为之间关系的数据信息，本研究将采用问卷调查的方式收集有关信任和知识转移的经验数据，然后用SPSS等统计软件对数据加以处理分析。

5.3.2.2 结构方程模型

结构方程模型（Structural Equation Modeling，SEM）是社

---

① 李怀祖. 管理研究方法论［M］. 西安：西安交通大学出版社，2004：143.

② 李永锋. 合作创新战略联盟中企业间相互信任问题的实证研究［D］. 上海：复旦大学，2006.

会科学研究中的一个常用方法，是一种建立、估计和检验变量关系模型的方法，模型中既包含有可观测的显变量，也可能包含无法直接观测的潜变量。SEM 是通过变量的协方差矩阵来分析变量之间关系用于研究分析因果关系模式的统计方法。[①] 结构方程模型有效整合了统计学的两大主流技术“因素分析”和“路径分析”，综合了计量经济学、计量社会学和计量心理学等领域的统计分析方法。结构方程分析可以用来解释一个或多个自变量与一个或多个因变量之间的关系，并能比较和评价不同的理论模型。假设检验是结构方程的第一个内涵，通过结构方程分析实证资料对研究者提出的研究对象间关系的描述或暂时性解答加以检验。结构化验证是指将研究变量的性质与内容弄清，清楚描述变量间的假设性关系，提出结构性的假设命题，通过统计分析加以检验。利用结构方程模型，可获得严谨的统计数据进行结构化验证，证明抽象命题的存在。而利用假设检验和结构化验证功能，结构方程模型可以将一系列的研究假设构成一个有意义的假设模型，通过统计程序对模型进行验证。结构方程模型没有严格的假定限制条件，同时允许自变量和因变量存在测量误差，研究人员在分析中既可处理测量误差，又可分析潜在变量结构关系。由于本研究中的变量均是难以直接测量的，必然存在测量误差，这些变量间的结构性关系又是研究的目的所在，因此，选择结构方程模型进行统计调查数据的处理与分析，验证概念模型合理性是比较合适的。

① 侯杰泰，温忠麟，成子娟. 结构方程模型及其应用［M］. 北京：教育科学出版社，2004：13－16.

应用结构方程模型通常有六个主要步骤[①②]：①概念模型（假设模型），提出研究假设，构建待检验的SEM模型；②模式界定，将初始模型转换为适合分析软件的模型，以便分析；③执行SEM分析，进行参数估计与模型检验；④结果分析，研究分析结果，检验数据正确性；⑤模型修饰，对模型进行修订和再次设定；⑥完成SEM分析，找出重要参数数据，挑选正确的技术指标，作为最后分析结论的证据，形成分析报告。通过SEM处理软件拟合指定模型的数据，如果假设模型拟合度较好，则潜在变量间因果关系成立（假设成立）；反之，因果关系不成立。目前处理SEM的软件有LISREL、AMOS、EQS和Mplus等，在本研究中采用AMOS软件进行SEM的数据处理与分析。

5.3.3 变量设计

根据提出的概念模型，问卷调查涉及的变量包括知识网络组织之间的相互信任、知识转移机会、知识转移意愿、知识转移能力和组织间的知识转移行为。这些变量难以直接测量，需要通过设计对应的观测变量，采用主观感知的模糊评价方法进行测量。为便于被调查者对各题项做出倾向于同意或不同意的不同判断，本研究采用李克特（Likert）7级量表打分法进行变量测量。根据李克特量表测量的原则，调查问卷评价栏中的数字1~7被分别界定为：非常不同意、比较不同意、有些不同意、一般、有些同意、比较同意、完全同意。

---

① 李永锋. 合作创新战略联盟中企业间相互信任问题的实证研究［D］. 上海：复旦大学，2006.

② 邱皓政，林碧芳. 结构方程模型的原理与应用［M］. 北京：中国轻工业出版社，2009.

5.3.3.1 相互信任

相互信任的测量与判断，借鉴了 Baker 等（1999）① 关于群体间信任的量表，以及 Sabel（1992）②、Mayer 等（1995）③、Wendy 等（2002）④ 等关于相互信任的内涵和构成的观点，从"对对方的信心"和"承担脆弱性的意愿"两个方面来衡量，对应在问卷中设计了 3 个问题项（见表 5-1）。

5.3.3.2 知识转移机会

知识转移机会既包含知识发送方和接收方之间现实或潜在的联系，也包括有助于知识转移的渠道、规则等。知识转移机会的测量与判断，借鉴了 Nohria 等（1992）⑤、Wasko 等（2005）⑥ 的研究成果，从知识转移主体间联系存在与否、获取知识难易程度和交流渠道丰富性三个方面来衡量，对应在问卷中设计了 3 个问题项（见表 5-1）。

① Baker T L，Simpson P M，Siguaw J A. The Impact of Suppliers' Perceptions of Reseller Market Orientation on Key Relationship Construets [J]. Journal of the Aeademy of Marketing Seienee，1999，27 (1)：50-57.

② Sabel C. Studied Trust：Building New Forms of Co-operation in a Volatile Economy [A] //Sengenberger W. Industrial Districts and Local Economic Regeneration [C]. Geneva：International Institute for Labor Studies，1992：215-250.

③ Mayer R C，Davis J H，Schoorman F D. An Integration Model of Organizational Trust [J]. Academy of Management Review，1995，20 (3)：709-734.

④ Wendy A，Smith K. Organizational Trust：The Influence of Contextual Variables [D]. Ann Arbor：Doctoral Dissertation Seattle University，2002.

⑤ Nohria N，Eccles R G. "Face-to-Face：Making Network Organizations Work"，in Net-works and Organizations：Structure，Form and Action [M]. Boston：Harvard Business School Press，1992：288-308.

⑥ Wasko M M，Faraj S. Why Should I Share? Examining Social Capital and Knowledge Contribution in Electronic Networks of Practice [J]. MIS Quarterly，2005，29 (1)：35-57.

5.3.3.3 知识转移意愿

知识转移意愿是成员通过成本与收益的评估之后产生的倾向性决策，影响知识转移主体的行为选择。知识转移意愿的测量与判断借鉴了 O'Reilly 等（1979）①、Gupta 等（2000）②、王三义等（2007）③ 的研究成果，从合作声誉利益、知识转移主体的共享意愿以及合作激励机制等三个方面来衡量，对应在问卷中设计了 3 个问题项（见表 5－1）。

5.3.3.4 知识转移能力

知识转移能力既包括发送者的编码能力、接收者的解码能力，还包括知识转移主体解决知识转移过程中所出现的问题的能力。知识转移能力的测量与判断借鉴了 Martin 等（2003）④、王三义等（2007）⑤ 的研究成果以及前文引述的 Cohen（1990）和 Menon（2003）等的观点，从知识转移主体的编码能力、解码能力两个方面来衡量，对应在问卷中设计了 3 个问题项（见表 5－1）。

5.3.3.5 知识转移行为

知识转移行为既是知识转移的外在表现，也是机会、意愿和能力三因素综合作用的直接结果。通过观察网络中是否存在知识转移行为来判断网络中的知识转移是否发生。知识转移行为的测

① O'Reilly C，Pondy L. Organizational Communication In S. Kerr（Ed.）Organizational Behavior [M]. Columbus：Grid，1979：119－150.

② Gupta G. Knowledge Flows Within Multinational Corporations [J]. Strategic Management Journal，2000，21（4）：473－496.

③ 王三义，刘新梅，万威武. 社会资本关系维度对知识转移的影响路径研究 [J]. 科技进步与对策，2007，24（9）：84－87.

④ Martin X，Salomon R. Knowledge Transfer Capacity and its Implications for the Theory of The Multinational Corporation [J]. Journal of International Businesses Studies，2003，34（4）：356－373.

⑤ 王三义，刘新梅，万威武. 社会资本关系维度对知识转移的影响路径研究 [J]. 科技进步与对策，2007，24（9）：84－87.

量与判断借鉴了 Hamel（1991）[①]、Cummings 等（2003）[②] 以及张桐（2007）[③] 的研究成果，从知识转移方式、知识转移积极性和知识转移有效性三个方面来衡量，对应在问卷中设计了 4 个问题项（见表 5－1）。

综上所述，作者在借鉴和自行开发的基础上，设计出各问题项，得出概念模型变量的测量量表，见表 5－1。

5.4 数据收集及有效性控制

5.4.1 问卷设计

本研究变量的测量数据通过问卷调查进行收集，问卷设计的恰当与否直接影响研究结果。问卷设计最关键的是要确定测量变项，测量变项体系的建构包括三个步骤：构造测量项、测量项的修正和检验测量变项体系。[④] 本研究进行问卷设计，是为了通过问卷调查获取相互信任如何影响组织之间的知识转移的相关数据，从而探明知识网络中相互信任的作用机理。遵从构建测量变量的三步骤，本研究问卷设计过程如下：

① Hamel G. Competition for Competence and Inter－partner Learning within International Strategic Alliances [J]. Strategic Management Journal, 1991 (12): 83－104.

② Cummings J L, Teng B. Transferring R&D Knowledge: The Key Factors Affecting Knowledge Transfer Success [J]. Journal of Engineering and Technology Management, 2003 (20): 39－68.

③ 张桐. 商业伙伴信任与知识转移：若干因素的中介作用 [D]. 大连：大连理工大学，2007.

④ 李永锋. 合作创新战略联盟中企业间相互信任问题的实证研究 [D]. 上海：复旦大学，2006.

表 5—1　相互信任作用机理概念模型变量的测量量表

潜变量	观测变量及其对应题项		判定标准
相互信任 T	从对对方的信心、承担脆弱性的意愿两个方面来衡量	合作过程中，合作伙伴能完成合作协议或合作约定中所应承担的任务（T1）	李克特 7 级量表打分法（从“非常不同意”1 分到“非常同意”7 分）
		合作过程中，我们相信合作伙伴的实力及其员工的能力（T2）	
		合作过程中，合作伙伴能够公平公正地对待我们（T3）	
知识转移机会 O	从联系存在与否、获取知识难易程度、交流渠道丰富性三个方面来衡量	合作开始前，我们与合作伙伴间已经存在直接或间接的联系（此处间接联系是指合作各方之间存在可“牵线搭桥”的中间组织）（O1）	
		合作开始前，我们能够很容易地从合作组织中发现我们所需要的知识资源（O2）	
		合作过程中，我们与合作伙伴之间存在丰富的沟通交流渠道（O3）	
知识转移意愿 M	从合作声誉利益、转移主体的共享意愿和合作激励机制三个方面来衡量	如果合作伙伴与我们合作形成了好声誉，将给它创造更多机会，有利于它今后的发展（M1）	
		合作过程中，我们与合作伙伴都愿意彼此分享技术、经验、新知识等信息（M2）	
		合作过程中，积极的合作行为是被鼓励的（这种鼓励既可能来自于合作协议中的奖励制度，也可能是其他规章、制度或者文化的激励作用）（M3）	
知识转移能力 C	从知识转移主体的编码能力、解码能力两个方面来衡量	知识移动时，发送知识的一方能够根据接收方的能力大小来合理安排需要传递的知识内容（C1）	
		知识移动时，发送知识的一方有能力清楚表述并使接收方理解其传递的知识内容（C2）	
		知识移动时，接收知识的一方能够消化吸收所学到的内容并将其应用于工作中（C3）	
知识转移行为 B	从知识转移方式、知识转移积极性和知识转移有效性三个方面来衡量	合作过程中，合作各方能自由交流讨论彼此与合作相关的业务（B1）	
		合作过程中，我们能够很容易观察到合作伙伴的经营活动（B2）	
		合作过程中，合作各方都积极地分享彼此的技术、经验、新知识等信息（B3）	
		合作过程中，合作各方通常就各自掌握的有差异且互补的知识进行交流（B4）	

（1）相关文献分析与提炼。为将SEM假设模型中的结构变量转化为可测量的观测变量，本书检索和查阅了有关相互信任、知识转移的参考文献，将这些文献进行分析梳理。根据研究方法、研究内容对本研究的适用性提炼出适用可借鉴的观测变量和对应题项。

（2）设计初始问卷。根据调查内容和调查目的将文献中析出的观测变量及其对应题项加以改编，并自行设计出尚无借鉴参考可用的观测变量及对应题项。根据调研思路，设计出初始问卷。

（3）修订初始问卷。初始问卷形成后，通过专家咨询、交流讨论等方式征求研究团队、学术专家的意见，并根据反馈意见逐项检查每个观测变量及其对应题项，表达不当、模棱两可或者难以确定的测量变量与题项都被修改或者删除，形成第二阶段调查问卷。

（4）预测试及形成最终问卷。根据专家意见修订后的第二阶段问卷形成后，选择了小范围的样本（如熟识的科研院所员工、企业研发人员、研发部门中层管理者）进行了预测试，根据调研对象的反馈和建议以及回收问卷后发现的问题，对问卷进行了相应修订与调整，形成最终调查问卷。预测试阶段对回收的预测问卷进行探索性因子分析，并就分析结果与同行及专家探讨后，删除了相互信任中对信心的一个测量题项，并删除了知识转移能力中关联性不明显的一个题项，最终题项在表5-1中已经说明。

通过上述步骤形成的最终问卷包括三个部分：①问卷前言及填写说明。这一部分阐明本调查的目的、填写规则，并对问卷中的学术概念做出解释。②被调查者的基本信息。这一部分有助于筛选有效问卷，并获取样本描述性特征。③问卷主体部分。这一部分是对各观测变量的测度，各题项的答案设计均采用李克特（Likert）7级量表打分法，通过调查对象的回答获取所需数据，经过数据处理与分析，验证SEM模型。

5.4.2 样本选择

统计调查研究首先需要选择合适的样本。本研究针对知识网络展开，由于知识特性和信息网络技术的发达，知识网络已突破空间和地域限制，因此选择样本时，以知识网络中组织的性质和组织间的活动为依据，凡参与过与其他组织之间的知识转移活动的科研机构、企业、咨询机构、中介机构以及政府部门等都可作为调查对象。本着调研可行性与就近原则，本书选择以四川大学工商管理学院 MBA 学生、部分川内企业和科研机构研发或管理人员为主要调查对象，辅之以全国范围内的随机调查。主要原因在于：第一，四川大学工商管理学院开展了 MBA 专业学位教育，MBA 学员多数为川内企业的中高层管理人员，另有一部分是技术型人才，可以在课程期间对他们进行集中调研，便于面对面交流沟通调研问题，并控制问卷的发放与回收；第二，作者在成都学习工作多年，有同学和朋友在企业及科研机构任职，通过他们的帮助，能降低调研对象的防范与排斥心理，提高问卷的有效性；第三，信息网络平台发达，可借助信息网络平台开展全国范围内的调研，但由于这种方式耗时长且推动力度弱、问卷回收难度大，因此作为辅助手段。

5.4.3 问卷发放及回收

问卷调查主要采用了两种方法进行：一是现场集中发放与回收。选择 MBA 学员集中上课的时期，将问卷集中发放并当场回收，现场集中发放能有效沟通问卷填答相关的信息，准确性高且效率高。二是网络问卷调查。网络问卷调查日渐盛行，目前有专业问卷调研网站，提供问卷设计模板、发放平台及问卷基础数据分析。网络问卷调查既节约了纸张，同时由于其方便的填答模式，也节约了调查对象的填写时间。为此，通过问卷星网站

（www. sojump. com），将设计定稿的调查问卷在互联网上发布，面向全国收集数据。同时将问卷网址链接发布给供职于企业或科研院所的同学、同行等熟人朋友，请他们直接邀请所在单位的目标调研对象参与调研。

本次问卷调查的发放与回收情况见表5－2。

表5－2　问卷发放与回收情况统计

发放方式	现场集中发放	网络问卷调查	总计
发放数量（份）	250	100	350
回收数量（份）	183	65	248
有效问卷数量（份）	131	31	162
有效回收率（％）	71.58％	47.69％	65.32％

5.5　小结

本研究拟通过实证研究的分析方法探讨知识网络中相互信任的作用机理，本章是实证研究的一部分，提出了实证研究的假设，构建出概念模型。首先，从社会资本的视角对知识网络中组织之间相互信任的作用进行了全面梳理；在此基础上，探讨相互信任如何在知识网络中发挥作用。通过分析知识网络构成要素间的相互关系，知识网络中知识活动三个环节间的关系，提出相互信任关系通过影响知识网络组织之间的知识转移来发挥其在知识网络中的作用。然后，采用知识转移动机、意愿和能力三要素模型，提出相互信任影响知识转移的假设关系，构建出实证研究的概念模型。最后，对实证研究过程中的研究方法、研究工具、变量设计以及数据收集和有效性控制等方法论的问题进行了说明。

6 知识网络组织之间相互信任的作用机理：数据处理与分析

6.1 样本描述性统计分析

Ding等（1995）认为100～400之间的样本数量是比较合适的。[①] Breckler对发表于《社会心理与人格杂志》（*Personality and Social Psychology Journal*）上的72篇使用SEM进行研究的论文统计分析后发现，半数以上的论文研究样本数在100～500之间。[②] 本书通过现场集中发放和网络问卷调查方式获得有效问卷162份，符合上述有效样本数的要求。在利用样本验证假设关系之前，对样本进行描述性统计分析，以阐明样本特征。

6.1.1 样本组织基本情况频数分布

6.1.1.1 样本组织类型分布

根据知识网络构成要素中关于网络节点性质的说明，结合知识网络运作实际，在设计问卷时，将组织类型划分为大专院校、科研机构、企业、政府部门、金融机构、咨询机构以及其他组织

① 郑胜华．企业联盟能力理论与实证研究：基于动态能力的观点［D］．杭州：浙江大学，2005：152－162．

② Kline R B．Principles and Practice of Structural Equation Modeling［M］．New York：The Guilford Press，1998．

等7类。在有效样本中，大专院校20份，占12.3%；科研机构23份，占14.2%；企业100份，占61.7%；政府部门5份，占3.1%；金融机构3份，占1.9%；咨询机构8份，占4.9%；其他组织3份，占1.9%。具体内容见表6—1。

表6—1 样本组织类型分布

组织类型	频数	百分比/%	有效百分比/%	累计百分比/%
大专院校	20	12.3	12.3	12.3
科研机构	23	14.2	14.2	26.5
企业	100	61.7	61.7	88.3
政府部门	5	3.1	3.1	91.4
金融机构	3	1.9	1.9	93.2
咨询机构	8	4.9	4.9	98.1
其他组织	3	1.9	1.9	100.0
总计	162	100.0	100.0	

6.1.1.2 样本组织规模分布

因为本书研究的组织形态是知识网络，知识网络的显著特征就是网络中频繁的知识流动，以知识生产作为直接工作使命的研发人员在知识网络中扮演重要角色，所以样本组织规模从两个方面来衡量：一是组织职工人数，二是研发人数。从职工人数来看，300人及以下的有52份，占32.1%；301～500人的有17份，占10.5%；501～1000人的有8份，占4.9%；1000人以上的有85份，占52.5%。具体内容见表6—2。

表6—2 样本组织规模分布一：职工人数

职工人数	频数	百分比/%	有效百分比/%	累计百分比/%
300人及以下	52	32.1	32.1	32.1

续表6—2

职工人数	频数	百分比/%	有效百分比/%	累计百分比/%
301～500 人	17	10.5	10.5	42.6
501～1000 人	8	4.9	4.9	47.5
1000 人以上	85	52.5	52.5	100.0
总计	162	100.0	100.0	

从研发人数来看，10 人及以下的有 32 份，占 19.8%；11～50 人的有 34 份，占 21%；51～100 人的有 28 份，占 17.3%；100 人以上的有 68 份，占 42%。具体内容见表 6—3。

表 6—3　样本组织规模分布二：研发人数

研发人数	频数	百分比/%	有效百分比/%	累计百分比/%
10 人及以下	32	19.8	19.8	19.8
11～50 人	34	21.0	21.0	40.7
51～100 人	28	17.3	17.3	58.0
100 人以上	68	42.0	42.0	100.0
总计	162	100.0	100.0	

6.1.1.3　样本人员构成分布

样本人员构成通过其所在部门进行辨识。从调查对象所在部门来看，在管理部门的有 66 份，占 40.7%；在技术研发部门的有 37 份，占 22.8%；在后勤保障部门的有 4 份，占 2.5%；在职能部门的有 55 份，占 34.0%。具体内容见表 6—4。

表 6—4　样本人员构成分布

人员构成	频数	百分比/%	有效百分比/%	累计百分比/%
管理部门	66	40.7	40.7	40.7
技术研发部门	37	22.8	22.8	63.6

续表6-4

人员构成	频数	百分比/%	有效百分比/%	累计百分比/%
后勤保障部门（人事、财务、后勤）	4	2.5	2.5	66.0
职能部门（采购、生产、销售）	55	34.0	34.0	100.0
总计	162	100.0	100.0	

知识网络以企业为创新的主体，研发人员在网络中扮演重要的生产与传递角色，知识网络运作过程中，各组织的管理者需要参与到合作过程的谈判、执行与监督工作，而职能部门通常直接与供应商、客户、经销商之间产生有意或无意的知识传递与共享活动。因此，有效的调查问卷应能从组织类型、企业规模和人员构成等方面反映出知识网络的上述特征。从样本组织基本情况频数分布的统计结果来看，回收的有效问卷中：企业样本达61.7%，占大多数，但其他辅助性质的组织在问卷中也有涉及，能较好地反映知识网络中企业的主体地位，以及不同类型组织对知识网络的参与；调查对象所在组织中较大规模的占了半数以上，拥有50人以上研发人员的组织达59.3%，拥有10人以上研发人员的组织则达80.2%，说明多数样本组织在开展研发工作，配置有专职研发人员；参与调查的人员中，40.7%身处管理部门，22.8%在技术研发部门工作，另有34%属于职能部门，管理部门、技术研发部门和职能部门均是知识活动参与部门，人员构成基本符合预期。总体而言，有效问卷所代表的样本组织基本情况符合本调查需要。

样本总体的样本描述性统计结果见表6-5。

6.1.2 相关分析

在构建SEM模型之前，本书通过相关分析初步检查变量间是否存在影响。研究人员常常用相关分析进行变量筛选，初步判断假设关系或者模型设置是否合理，也有利于后面的因子分析。皮尔逊积矩相关系数 r（Pearson product－moment correlation）是应用最广泛的度量变量间关联强度的统计量，简称相关系数。① 一般而言，$r>0.7$ 认为相关性强；$0.4<r<0.7$ 认为中等相关；$r<0.4$ 则认为弱相关。

运用 SPSS 13.0 对模型中的所有变量作 Pearson 相关分析的结果见表 6－6。

6.2 样本信度检验与效度检验

在进行 SEM 建模及数据分析之前，需要先对问卷进行信度和效度检验，以便评价调查问卷是否具有可信度、科学性、稳定性及可靠性，从而初步判断搜集的样本数据能否有效反映所涉及的研究问题。信度和效度是评价测量工具的有效指标。信度（reliability）代表测量的可靠程度，反映测量结果的一致性和稳定性。效度（validity）反映测量工具能正确无误地测出潜在特质（或所需测量的变量）的程度，说明测量工具对所需测量的变量测量的准确程度。信度和效度同时具备才能确保测量的质量。②

① 李怀祖．管理研究方法论［M］．西安：西安交通大学出版社，2004：198.

② 邱皓政，林碧芳．结构方程模型的原理与应用［M］．北京：中国轻工业出版社，2009：100－102.

表 6—5 样本总体描述性统计分析

	N	Range	Minimu	Maximu	Mean	Std.	Varianc	Skewness		Kurtosis	
	Statistic	Statistic	Statistic	Statistic	Statistic	Statistic	Statistic	Statistic	Std. Error	Statistic	Std. Error
T1	162	5	2	7	4.77	1.214	1.473	−0.468	0.191	−0.505	0.379
T2	162	6	1	7	5.05	1.346	1.811	−0.772	0.191	0.738	0.379
T3	162	5	2	7	4.62	1.11	1.232	−0.024	0.191	0.148	0.379
O1	162	5	2	7	4.86	1.112	1.236	−0.277	0.191	0.399	0.379
O2	162	4	3	7	5.79	1.144	1.310	−0.888	0.191	0.131	0.379
O3	162	6	1	7	4.79	1.268	1.608	−0.560	0.191	0.048	0.379
M1	162	5	2	7	4.88	1.313	1.724	−0.469	0.191	−0.55	0.379
M2	162	6	1	7	4.81	1.242	1.543	−0.548	0.191	0.081	0.379
M3	162	6	1	7	4.89	1.356	1.839	−0.644	0.191	0.366	0.379
C1	162	5	2	7	5.14	1.112	1.236	−0.876	0.191	0.470	0.379
C2	162	6	1	7	4.83	1.288	1.659	−0.449	0.191	0.082	0.379
C3	162	5	1	6	4.69	1.144	1.308	−0.682	0.191	0.199	0.379
B1	162	6	1	7	4.86	1.268	1.609	−0.333	0.191	−0.111	0.379
B2	162	6	1	7	4.58	1.269	1.612	−0.459	0.191	−0.142	0.379
B3	162	6	1	7	4.67	1.328	1.764	−0.301	0.191	−0.402	0.379
B4	162	6	1	7	4.68	1.417	2.008	−0.999	0.191	0.472	0.379
Valid N (listwise)											

表 6—6 样本各变量的 Pearson 相关系数

Correlations																
	T1	T2	T3	O1	O2	O3	M1	M2	M3	C1	C2	C3	B1	B2	B3	B4
T1	1	0.456	0.431	0.299	0.268	0.436	0.325	0.424	0.407	0.374	0.482	0.377	0.431	0.282	0.337	0.404
T2	0.456	1	0.495	0.378	0.233	0.283	0.172	0.347	0.398	0.319	0.363	0.284	0.317	0.223	0.301	0.412
T3	0.431	0.495	1	0.159	0.024	0.278	0.394	0.381	0.368	0.234	0.327	0.327	0.448	0.229	0.317	0.364
O1	0.299	0.378	0.159	1	0.710	0.526	0.388	0.305	0.649	0.447	0.556	0.309	0.339	0.382	0.533	0.288
O2	0.268	0.233	0.024	0.710	1	0.466	0.313	0.191	0.433	0.286	0.371	0.311	0.143	0.264	0.436	0.242
O3	0.436	0.283	0.278	0.526	0.466	1	0.268	0.409	0.413	0.285	0.327	0.306	0.283	0.354	0.497	0.336
M1	0.325	0.172	0.394	0.388	0.313	0.268	1	0.458	0.578	0.335	0.516	0.454	0.445	0.408	0.589	0.286
M2	0.424	0.347	0.381	0.305	0.191	0.409	0.458	1	0.415	0.396	0.461	0.353	0.307	0.187	0.309	0.220
M3	0.407	0.398	0.368	0.649	0.433	0.413	0.578	0.415	1	0.496	0.501	0.386	0.497	0.283	0.504	0.221
C1	0.374	0.319	0.234	0.447	0.286	0.285	0.335	0.396	0.496	1	0.468	0.434	0.277	0.208	0.443	0.193
C2	0.482	0.363	0.327	0.556	0.371	0.327	0.516	0.461	0.501	0.468	1	0.486	0.427	0.274	0.518	0.276
C3	0.377	0.284	0.327	0.309	0.311	0.306	0.454	0.353	0.386	0.434	0.486	1	0.288	0.235	0.472	0.368
B1	0.431	0.317	0.448	0.339	0.143	0.283	0.445	0.307	0.497	0.277	0.427	0.288	1	0.227	0.511	0.598
B2	0.282	0.223	0.229	0.382	0.264	0.354	0.408	0.187	0.283	0.208	0.274	0.235	0.227	1	0.491	0.346
B3	0.337	0.301	0.317	0.533	0.436	0.497	0.589	0.309	0.504	0.443	0.518	0.472	0.511	0.491	1	0.484
B4	0.404	0.412	0.364	0.288	0.242	0.336	0.286	0.220	0.221	0.193	0.276	0.368	0.598	0.346	0.484	1

6.2.1 信度检验

信度表示对同样的调查对象，运用同样的观测方法得出同样结果的可能性，这一指标反映测量结果的一致性、稳定性与可靠性。在李克特量表法中，一般采用 Cronbach's α 系数作为检验样本数据信度的指标。[①]通常认为，Cronbach's α 的值应该在0～1之间，值越大，信度越高。社会科学研究中，一个通行规则是一个量表的 α 值大于 0.60 则可以接受，最好大于 0.70。[②] 吴明隆（2003）总结认为，先导性研究的信度系数为 0.50～0.60 即可，发展测量工具为目的的信度系数应大于 0.70，基础研究为目的的信度系数最好大于 0.80。[③] 李怀祖（2004）的观点则是：探索研究信度指标 α 值应大于 0.70，应用研究则以大于 0.90 为宜。[④]

利用 SPSS 13.0 对样本数据进行信度检验的结果见表 6－7。

表 6－7 样本数据信度检验（Reliability Statistics）

Cronbach's α	Cronbach's α Based on Standardized Items	*N* of Items
0.903	0.903	16

从表 6－7 可以看出，16 项变量的 Cronbach's α 系数达到 0.903，信度非常高，表明样本数据具有很高的内部一致性，测量结果稳定可靠。

---

① 肖冬平．知识网络的结构与合作伙伴关系及其对知识创新的影响研究［D］．成都：四川大学，2010.

② Bagozzi R P，Yi Y．On the Evaluation of Structural Equation Models［J］．Journal of the Academy of Marketing Science，1988，16（1）：74－79.

③ 吴明隆．SPSS 统计应用实务——问卷分析与应用统计［M］．北京：科学出版社，2003：13－19.

④ 李怀祖．管理研究方法论［M］．西安：西安交通大学出版社，2004：263.

6.2.2 效度检验

效度检验通常有三种：内容效度、效标关联效度和构建效度。基于测量难度问题，研究者通常只能选择其中一种或几种来说明变量数据的效度。① 本研究选择内容效度和构建效度作为指标，检验样本数据。

内容效度（content validity）又被称为表面效度，是指量表涵盖研究主题所需测量的变量的程度。一般而言，由研究者自己对内容效度进行判断，判断方法为“测量工具是否可以真正测量到研究者所要测量的变量”“测量工具是否涵盖了研究所需的变量”。本书调查问卷的设计与生成是经过前期大量文献分析与总结提炼、借鉴前人的理论与实证研究成果编制为初期问卷，并通过专家指导和预测试排除干扰题项而最终形成，可推断本问卷内容效度可以通过检验。

构建效度（construct validity）是测量工具能测量理论的抽象概念或特质的程度。② 构建效度从理论着手，再验证结果是否与理论相符，一般采用因子分析进行检验。如果能够有效提取共同因子，且此共同因子与理论结构特质比较接近，则可判断测量工具具有构建效度。构建效度包括收敛效度（convergent）和区别效度（discriminant），前者考虑周延性，而后者考虑排他性。

依照经验判断法，进行因子分析前，需要首先进行 KMO 检验和 Bartlett 检验。判断数据是否适合做因子分析，标准如下：KMO≥0.9，非常适合；KMO 介于 0.8～0.9 之间，很适合；KMO 介于 0.7～0.8 之间，适合；KMO 介于 0.6～0.7 之间，不

① 荣泰生．AMOS 与研究方法［M］．重庆：重庆大学出版社，2009：82.

② 邱皓政，林碧芳．结构方程模型的原理与应用［M］．北京：中国轻工业出版社，2009：100－102.

太适合；KMO 介于 0.5～0.6 之间，很勉强；KMO≤0.5，不适合。

利用因子分析法对相互信任、知识转移三要素和知识转移行为的指标变量进行构建效度检验，KMO 检验和 Bartlett 检验结果见表 6−8。检验结果显示：KMO=0.836>0.8，Bartlett 检验的χ^2的显著性概率 $P=0.000<0.001$，说明样本数据很适合进行因子分析。

表 6−8　样本数据 KMO 检验及 Bartlett 检验

KMO and Bartlett's Test

Kaiser−Meyer−Olkin Measure of Sampling Adequacy.		0.836
Bartlett's Test of Sphericity	Approx. Chi−Square	1242.027
	df	120
	Sig.	0.000

本研究采用主成分分析法进行探索性因子分析，提取变量间的共同因子。按照特征值大于 1 的原则和最大方差法的正交旋转进行因素提取，结果见表 6−9、表 6−10、表 6−11。

表 6−9　各变量因子载荷

Component Matrix（*a*）

	Component			
	1	2	3	4
T1	0.654	0.279	−0.072	0.290
T2	0.573	0.300	−0.028	0.521
T3	0.553	0.579	−0.050	0.054
O1	0.721	−0.509	0.045	0.180
O2	0.559	−0.618	0.124	0.228
O3	0.631	−0.208	0.180	0.315

续表6—9

	Component			
M1	0.687	−0.003	−0.087	−0.548
M2	0.600	0.166	−0.416	0.041
M3	0.752	−0.153	−0.213	−0.052
C1	0.610	−0.115	−0.400	−0.005
C2	0.732	−0.058	−0.265	−0.101
C3	0.625	0.049	−0.163	−0.199
B1	0.643	0.364	0.223	−0.171
B2	0.517	−0.114	0.454	−0.188
B3	0.766	−0.130	0.254	−0.274
B4	0.578	0.335	0.541	0.064
Extraction Method: Principal Component Analysis. a 4 components extracted				

表 6—10　旋转后的各变量因子载荷

Rotated Component Matrix (*a*)

	Component			
	1	2	3	4
T1	0.321	0.197	0.169	0.651
T2	0.144	0.253	0.061	0.776
T3	0.335	−0.174	0.305	0.641
O1	0.359	0.798	0.187	0.114
O2	0.190	0.842	0.127	0.003
O3	0.147	0.613	0.238	0.344
M1	0.717	0.059	0.510	−0.050
M2	0.624	0.086	−0.012	0.407
M3	0.635	0.394	0.189	0.208

续表6－10

	Component			
C1	0.648	0.286	－0.028	0.206
C2	0.674	0.281	0.182	0.229
C3	0.579	0.129	0.273	0.183
B1	0.314	－0.017	0.610	0.392
B2	0.106	0.323	0.637	0.020
B3	0.430	0.374	0.644	0.071
B4	－0.035	0.137	0.697	0.487
Extraction Method：Principal Component Analysis. Rotation Method：Varimax with Kaiser Normalization. a Rotation converged in 11 iterations				

因子分析结果显示，在问卷设计的 16 个观测变量中提取出 4 个因子，共解释了总体方差的 64.477％。从对总体方差的解释程度来看，比率尚可接受。这是因为，社会学、管理学的研究受不同调查对象的主观经验影响，进行科学测量与计算本身就容易受到各种干扰和情境制约。通常社会学、管理学实证研究中，总体方差解释程度达到 60％以上即可。对抽象难以衡量的信任问题而言，该比率能够达到管理科学类实证研究的要求。因此，本书的各项指标设置具有构建效度。

6.3 SEM 模型的构建与评价

本研究选择 AMOS 软件进行 SEM 模型的构建与评价。AMOS 全称为 Analysis of Moment Structure，由 Arbuckle 发明，是一种处理结构方程模型的统计分析软件。AMOS 软件界面友好，采用可视化、鼠标拖曳方式构建路径图来表示多个变量间复杂的关系，数据分析效率高且结果比标准多变量统计方法所

表 6—11 总体方差被解释情况

Total Variance Explained

Component	Initial Eigenvalues			Extraction Sums of Squared Loadings			Rotation Sums of Squared Loadings		
	Total	% of Variance	Cumulative %	Total	% of Variance	Cumulative %	Total	% of Variance	Cumulative %
1	6.591	41.191	41.191	6.591	41.191	41.191	3.235	20.222	20.222
2	1.532	9.575	50.766	1.532	9.575	50.766	2.461	15.380	35.602
3	1.154	7.216	57.981	1.154	7.216	57.981	2.315	14.468	50.070
4	1.039	6.496	64.477	1.039	6.496	64.477	2.305	14.407	64.477
5	0.817	5.103	69.581						
6	0.777	4.856	74.437						
7	0.703	4.393	78.830						
8	0.609	3.806	82.637						
9	0.567	3.542	86.179						
10	0.512	3.198	89.377						
11	0.437	2.732	92.109						

续表6—11

Total Variance Explained

12	0.361	2.256	94.365						
13	0.333	2.079	96.444						
14	0.230	1.435	97.880						
15	0.185	1.158	99.037						
16	0.154	0.963	100.000						

Extraction Method: Principal Component Analysis

得更准确。AMOS 功能强大，可同时处理分析多个变量，特别适合进行协方差分析，利用 AMOS 软件可以检验概念模型并进行模型的改进与探索。本书使用 AMOS 17.0 软件进行 SEM 模型的构建与评价。

6.3.1 SEM 模型的构建

SEM 模型通常采用路径图表示，由测量模型和结构模型两部分构成。测量模型描绘显变量和潜变量之间的关联，结构模型则描述潜变量之间的关联。在上文构建的知识网络组织之间相互信任的作用机理概念模型的基础上，根据本书需要验证的假设关系，设定基于 AMOS 17.0 的初始 SEM 模型，如图 6-1 所示。

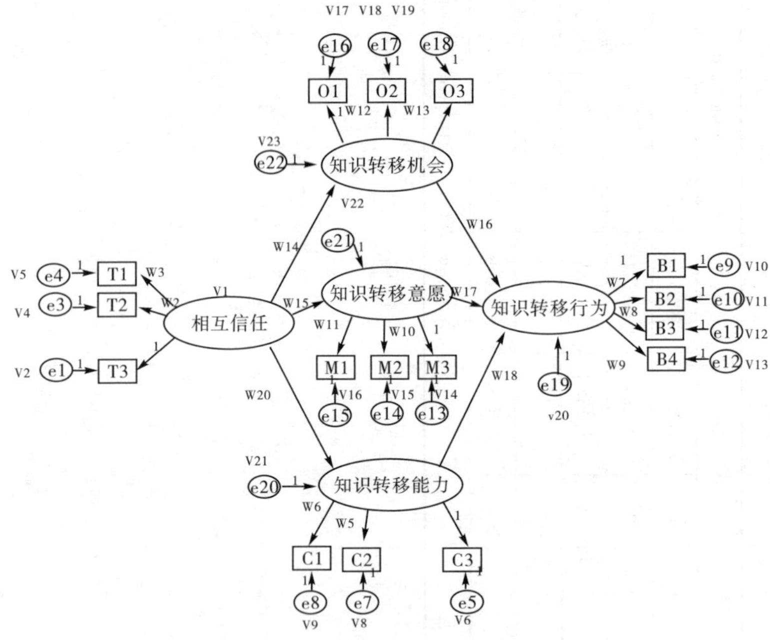

图 6-1 初始 SEM 模型路径图

6.3.2 SEM模型评价指标

模型评价的核心内容是模型的拟合性确定，拟合性评价的内容即研究者提出的变量间假设关系是否与实际数据拟合，并且拟合程度如何。拟合程度越高，则表明模型越合理有效。

结构方程模型的拟合度检验主要包括三个方面：基本拟合度（preliminary fit criteria），检测系统误差以及模型误差等；内在拟合度（fit of internal structural of model），体现估计参数的显著程度以及效度；整体拟合度（over all model fit），判定假设模型和观测变量的匹配程度。本研究使用结构方程的目的在于检验假设关系成立与否，将主要采用整体拟合度指标进行模型评价。常见的拟合度评价指标有：卡方值（CMIN，χ^2）、卡方自由度（CIMN/df）、拟合优度指数（GFI）、调整拟合优度指数（AGFI）、均方根残差（RMR）等。要保证基于良好拟合度的模型对假设进行检验，至少要有两个以上的指标达到参数标准。① 依照SEM模型检验指标的含义和有关参考文献，最终选定如下指标进行模型评价，见表6－12。

表6－12 结构方程模型评价指标

指标名称	指标性质	判断标准	适用情形
CMIN（χ^2）	理论模型与观测模型拟合程度	>0，且 P>0.05	说明模型解释力
CMIN（χ^2）/df	考虑模型复杂度后的卡方值	<3	说明模型整体拟合程度（不受复杂性影响）
GFI	假设模型可以解释观察数据的比例	>0.9	说明模型的解释能力

① Breckler S J. Applications of Covariance Structure Modeling in Psychology: Cause for Concern? [J]. Psychological Bulletin, 1990 (107): 260－273.

续表6－12

指标名称	指标性质	判断标准	适用情形
AGFI	考虑了模型复杂度后的GFI	>0.8	不受模型复杂度影响
NFI	假设模型与独立模型的卡方差异	>0.9	模型比虚拟模型改善的程度
CFI	假设模型与独立模型的非中央性差异	>0.9	模型比虚拟模型改善的程度
RMSEA	观测与估算之间的差异程度	<0.08	不受样本数与模型复杂度的影响
RMR	未标准化的假设模型整体残差	越小越好	估计假设模型的正确性

6.3.3 SEM模型评价结果及分析

在AMOS软件中对初始路径图进行估算，初始模型在第一次检验时RMR指标高出判断值少许，为此借助AMOS软件中的MI指数，在符合理论的基础上加以修订，最终获得符合拟合度评价标准的修正路径图，如图6－2所示。

根据AMOS的分析结果，模型整体拟合度结果见表6－13。从表中结果看，卡方检验的 P 值没有达到理想状态，其他指标均达到参考值标准。由于卡方检验对样本量和输入变量的非正态性非常敏感，容易接受小样本拟合度不佳的模型，也容易拒绝大样本拟合度好的模型。温忠麟等（2004）特意对此问题展开研究得出：卡方准则的显著性水平是，$N \leqslant 150$ 时 $P=0.01$，$N=200$ 时 $P=0.001$，$N=250$ 时 $P=0.0005$，$N \geqslant 500$ 时 $P=0.0001$。①

① 温忠麟，侯泰杰，马什赫伯特．结构方程模型检验：拟合指数与卡方准则[J]．心理学报，2004，36（2）：186－194.

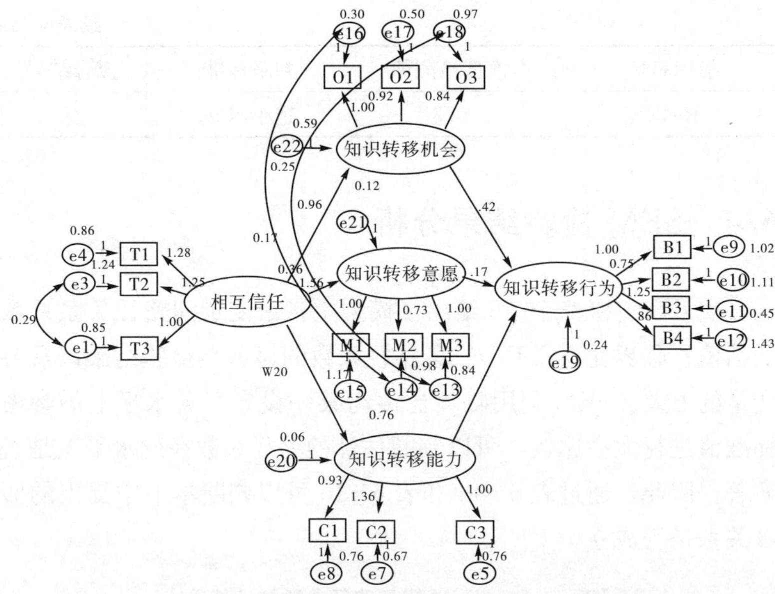

图 6－2　修正后 SEM 模型路径图及路径系数结果

本研究样本数为 162，AMOS 进行卡方检验时，P 值为 0.01，可见从新的判断标准来看是符合拟合标准的。从判断结果可以看出，假设模型拟合性达到标准，模型与数据拟合通过检验。

表 6－13　假设结构方程模型拟合度分析

指标名称	本模型检测值	判断标准	拟合结果
CMIN（χ^2）	110.956（P=0.01）	>0，且 P>0.05	P 值偏小
CMIN(χ^2)/df	1.405	<3	好
GFI	0.927	>0.9	良
AGFI	0.874	>0.8	良
NFI	0.914	>0.9	良
CFI	0.973	>0.9	好
RMSEA	0.05	<0.08	好

续表6－13

指标名称	本模型检测值	判断标准	拟合结果
RMR	0.078	越小越好	良

6.4 SEM检验结果分析

表6－14和表6－15给出了模型中各个变量间路径关系系数的估值、临界比（C.R.）、各路径系数的显著性检验结果以及各变量的方差。SEM利用临界比值与某一设定显著水平上的参考标准值进行大小比较，可以判断估计的路径系数在此水平上是否显著。因此，通过表6－14和表6－15可以判断本书中提出的假设关系是否成立。

表6－14　SEM模型路径参数估计结果

			Estimate	S.E.	C.R.	P	Label
知识转移机会	←	相互信任	0.960	0.185	5.198	***	W14
知识转移意愿	←	相互信任	1.560	0.252	6.202	***	W15
知识转移能力	←	相互信任	1.169	0.202	5.778	***	W20
知识转移行为	←	知识转移机会	0.421	0.097	4.360	***	W16
知识转移行为	←	知识转移意愿	0.166	0.241	0.691	0.490	W17
知识转移行为	←	知识转移能力	0.437	0.327	1.339	0.180	W18
T3	←	相互信任	1.000				
T2	←	相互信任	1.251	0.193	6.479	***	W2
T1	←	相互信任	1.283	0.215	5.968	***	W3
C3	←	知识转移能力	1.000				
C2	←	知识转移能力	1.355	0.169	8.017	***	W5
C1	←	知识转移能力	0.932	0.139	6.721	***	W6

续表6－14

			Estimate	S. E.	C. R.	P	Label
B2	←	知识转移行为	0.751	0.133	5.632	***	W7
B3	←	知识转移行为	1.250	0.152	8.219	***	W8
B4	←	知识转移行为	0.862	0.110	7.857	***	W9
M2	←	知识转移意愿	0.729	0.101	7.225	***	W10
O1	←	知识转移机会	1.000				
O2	←	知识转移机会	0.921	0.088	10.443	***	W12
O3	←	知识转移机会	0.840	0.097	8.702	***	W13
B1	←	知识转移行为	1.000				
M1	←	知识转移意愿	1.000	0.112	8.907	***	W11
M3	←	知识转移意愿	1.000				

表 6－15　SEM 模型各变量方差

	Estimate	S. E.	C. R.	P	Label
相互信任	0.357	0.102	3.508	***	V1
e20	0.057	0.044	1.290	0.197	V21
e21	0.117	0.075	1.547	0.122	V22
e22	0.595	0.093	6.378	***	V23
e19	0.236	0.069	3.402	***	V20
e1	0.855	0.102	8.374	***	V2
e3	1.239	0.148	8.386	***	V4
e4	0.861	0.106	8.104	***	V5
e5	0.759	0.094	8.068	***	V6
e7	0.666	0.104	6.387	***	V8
e8	0.762	0.095	8.017	***	V9
e9	1.020	0.128	7.944	***	V10
e10	1.110	0.133	8.320	***	V11

续表6—15

	Estimate	S. E.	C. R.	*P*	Label
e11	0.453	0.105	4.315	***	V12
e12	1.426	0.165	8.619	***	V13
e13	0.818	0.113	7.230	***	V14
e14	0.978	0.118	8.302	***	V15
e15	0.756	0.109	6.946	***	V16
e16	0.296	0.067	4.408	***	V17
e17	0.502	0.076	6.588	***	V18
e18	0.965	0.117	8.280	***	V19

6.4.1 相互信任与知识转移机会的关系

结果显示，相互信任对知识转移机会有正向影响（w14=0.96，C.R.=5.198，$P<0.001$），临界比的值5.198大于参考标准值1.96，可以说，估计的路径系数在0.05的显著性水平上是显著的。这个结果说明，知识网络中组织间的相互信任与知识转移机会密切相关，当知识网络中组织间相互信任的水平越高时，组织之间开展知识转移活动的机会也就越多。因此，假设H1成立。

6.4.2 相互信任与知识转移意愿的关系

结果显示，相互信任对知识转移意愿有正向影响（w15=1.56，C.R.=6.202，$P<0.001$），临界比的值6.202大于参考标准值1.96，可以说，估计的路径系数在0.05的显著性水平上是显著的。这个结果说明，知识网络中组织间的相互信任与知识转移意愿密切相关，当知识网络中组织间相互信任的水平越高时，组织之间开展知识转移活动的意愿也就越强。因此，假设

H2 成立。

6.4.3 相互信任与知识转移能力的关系

结果显示，相互信任对知识转移能力有正向影响（w20=1.169，C.R.=5.778，$P<0.001$），临界比的值 5.778 大于参考标准值 1.96，可以说，估计的路径系数在 0.05 的显著性水平上是显著的。这个结果说明，知识网络中组织间的相互信任与知识转移能力密切相关，说明当知识网络中组织间相互信任的水平越高时，组织之间越容易互相沟通，组织之间进行知识转移活动的能力就越强，从而知识越容易被传递和接受。因此，假设 H3 成立。

6.4.4 知识转移机会、意愿、能力与知识转移行为的关系

结果显示，知识转移机会对知识转移行为有正向影响（w16=0.421，C.R.=4.360，$P<0.001$），临界比的值 4.360 大于参考标准值 1.96，可以说，估计的路径系数在 0.05 的显著性水平上是显著的。这个结果说明，知识网络中组织间知识转移的机会与知识转移行为密切相关，在成员间相互信任的前提下，存在知识转移的机会时，知识转移行为往往会发生。因此，假设 H4 成立。

然而，从表 6−14 和表 6−15 可以发现，知识转移意愿和知识转移能力对知识转移行为没有显著影响。知识转移意愿与知识转移行为没有显著关系（w17=0.166，C.R.=0.691，$P=0.490$），C.R.之值明显小于 1.96，在 0.05 水平上路径系数不具有显著性，相关关系不成立。同理，知识转移能力与知识转移行为之间（w18=0.437，C.R.=1.339，$P=0.180$），临界比值小于 1.96，在 0.05 水平上不具有显著性。因此，假设 H5 和 H6 不成立。

以上检验结果汇总于表 6−16。

表 6－16　知识网络组织之间相互信任作用机理检验结果

假设	假设内容	检验结果
H1	知识网络组织之间的相互信任与组织之间的知识转移机会正相关	成立
H2	知识网络组织之间的相互信任与组织之间的知识转移意愿正相关	成立
H3	知识网络组织之间的相互信任与组织之间的知识转移能力正相关	成立
H4	知识网络组织之间的知识转移机会与组织之间的知识转移行为正相关	成立
H5	知识网络组织之间的知识转移意愿与组织之间的知识转移行为正相关	不成立
H6	知识网络组织之间的知识转移能力与组织之间的知识转移行为正相关	不成立

6.5　进一步讨论

6.5.1　相互信任对知识转移的影响——相互信任的作用机理

通过 SEM 模型对相互信任与知识转移之间的假设关系进行验证，发现相互信任对知识转移机会、知识转移意愿和知识转移能力都有正面影响。然而，在相互信任存在于组织之间的前提下，知识转移机会与知识转移行为关系密切，两者正相关，知识转移意愿和知识转移能力对知识网络中知识转移行为没有显著影响，相关关系不明显。对于这一检验结果，本书分析如下：为了避免众多变量之间的相互关系对研究主题带来干扰，从而无法分析发现相互信任的作用途径，在构建模型过程中，特意忽略知识转移机会、意愿和能力三者之间的相互关系，而将三者作为各自独立的中介变量来研究相互信任如何影响知识转移行为的发生。从研究结果得出，知识转移机会在相互信任与知识转移行为之间作为直接的中介变量发挥作用，其他两者受信任的正向影响，但在相互信任与知识转移行为之间没有表现出显著的中介作用。然而，知识转移是三要素综合作用的结果，三要素之间存在相关关系。因此，当假设模型将相互信任三要素作为三个独立的中间变量加以考虑时，可能会由于相互关系的缺失无法体现出某些因素的作用。

为此，分析相互信任如何影响知识转移活动，需先分析三要素之间的相互关系。机会、意愿和能力三者之间孰因孰果，有无先后关系很难得到普适性结论，为使研究结论更严谨，再次阐明研究对象为发生在知识网络中的知识转移三要素。由于网络关系形成发达畅通的渠道，意味着网络中潜存许多合作可能性。当网络成员发现知识缺口，意图弥补这一缺口时，就会利用拥有的社会资本去寻找资源，搜寻网络中潜在的合作机会，并付诸行动以获取新知识；知识由拥有方传递到搜寻方时，发送方的编码能力、接收方的解码能力、两者之间认知结构的差异等双方能力大小会影响知识转移效率、知识转移效果，制约知识转移活动。而当主体尚未知识转移意愿时，如果网络中出现知识传递与共享的机会，主体将通过收益成本评估做出决策。如果收益大于成本，知识转移意愿产生，主体将利用机会推动知识转移行为发生，知识转移能力同样对过程与效果起约束作用。为此，本书推断三者之间的相互关系：知识转移意愿与知识转移机会密切相关，知识转移能力是两者发挥作用的约束条件。而知识转移能力的制约作用在王三义等（2007）对社会资本关系维度与知识转移的关系的实证研究中获得证实。他们认为：社会资本关系维度、知识转移机会、知识转移动机在企业间知识转移过程中作用的发挥，均受到知识转移能力的制约。① 此处的社会资本关系维度包括信任关系。知识转移三要素与知识转移活动之间的关系可理解为：知识转移机会是基本条件，任何知识转移行为的出现都需要使其发生的基本可能性存在，即知识转移的机会。知识转移机会可以说是知识转移行为的必要条件，但并非充要条件。知识转移意愿则是知识转移行为发生的内在推动力，从经济人假设来看，当知识转移活动是“有利可图”时，主体会追寻这种利益，寻找或利用已有机会诱发知识转移行为。而知识转移活动的效果或者利益的实现则与知识转移参与主体的能力大小有关，参与主体的知识转移能力大小是知识转移效果的关键因素。因此，推论认为：知识转移机会影响知识转移行为，知识转移意愿通过知识转移机会影响知识转移行为，而知识转移能力则在知识转移机会、知识转移意愿影响知识转移行为的过程中发挥制约作用，并影响知识转移的效果。

在实证研究与理论分析的基础上得出：相互信任通过知识转移活动影响知识网络。相互信任与组织之间知识转移行为间的路径关系为：相互信任与知识转移机会、知识转移意愿、知识转移能力之间存在正相关关系。相互信任对组织间知识转移行为的影响通过知识转移机会来实现，彼此是正相关关系。知识转移意愿通过知识转移机会影响知识转移行为，知识转移能力则对相互信任、知识转移机会和知识转移意愿的作用发挥起着制约作用，且对知识转移效果产生影响。

6.5.2 管理启示

从知识网络管理角度来看，相互信任在知识网络中的作用机

① 王三义，刘新梅，万威武. 社会资本关系维度对知识转移的影响路径研究[J]. 科技进步与对策，2007，24（9）：84-87.

理能给知识网络中的组织，尤其是以创新为目的的企业，带来一些管理启示。

6.5.2.1　知识转移机会在相互信任与知识转移行为之间发挥直接中介作用的启示

（1）注重知识网络组织间成员关系的培育和发展。知识网络成员之间的相互关系构成了知识网络中无形的连接线。这些连接线的延伸与交错构成网络，将许多组织直接或间接联系起来。网络间成员关系越发达，成员发现合作机会的可能性越多，知识转移活动就越可能发生。

（2）注重发展知识网络中的中介性质机构。中介性质机构在网络中常常占据结构洞的位置，为没有联系的成员间实现合作搭建了平台。网络中介组织可以是咨询机构、金融机构、政府管理部门、仲裁组织等，它们承担问题诊断、信用评价、环境制度与规则的制定、冲突调解的作用。它们与网络中众多的组织之间存在联系，承担了信息收集与发布的角色。高质量中介组织存在于知识网络中，能使接近它们的网络成员获得更多非重复信息，并能帮助网络成员更快寻找到有价值的合作者与合作机会。

（3）知识网络成员组织应注重内外部有利于知识转移活动的渠道、规则和机制建设。知识转移机会不单单是指成员间存在联系，还包括能促进知识转移行为的渠道和机制。在知识网络中通过网络联系了解到谁拥有什么知识，能够识别出所需知识所在还不能保证知识行为发生，需要有利于知识转移的渠道、机制作为助推，增加知识转移活动实现的概率。同理，知识转移意愿也会通过知识转移机会影响知识转移行为。因此，从相互信任和知识转移意愿两个角度来看，都需要注重网络中成员关系的发展、中介组织的引进与培育和交流合作渠道与机制的建设，以期增加网络中知识转移活动产生的机会。

6.5.2.2　相互信任与知识转移三要素之间正相关关系的启示

注重培育知识网络成员组织之间的相互信任关系。知识活动螺旋向上循环开展时，注重成员间相互信任关系的培育能提高网络中的总体信任水平，并推进信任范围的扩大。相互信任加深组织之间的相互了解，降低合作过程的执行与监督成本，能够减低组织对风险的预期，从而提高合作意愿、增加合作机会，并通过价值观的逐渐趋同而增强认知结构吻合度，提高知识转移能力。知识转移活动是三要素综合作用的结果，随着信任关系的建立和提升，知识转移的效率和效果也会相应提高，给知识网络带来更多价值增值。相互信任的培育途径在本书4.4节中已进行阐述。

6.5.2.3　知识转移能力制约性的启示

提高知识网络参与组织的知识转移能力，既包括知识传递能力，也包括知识吸收能力。知识转移能力影响知识转移成本与扩散速度、知识使用规模和知识价值产出等知识转移效果。当组织之间形成一定程度的相互信任关系时，如果双方具有很强的合作意愿，并建设有畅通的渠道、有效的机制，这种机会就会促成知识转移行为的发生。然而，对于知识转移过程，如果接收方不能根据双方认知结构安排传递内容，就无法清楚表达并使对方理解其所传递的知识；接收方无法有效吸收传递的知识，不能在组织内部加以使用和扩散，那么这种知识转移就是低效甚至无效的，相互信任、知识转移机会、知识转移意愿对知识转移行为的作用就大打折扣，甚至失效。反之，如果双方都具有很强的知识转移能力，则不但知识转移能高效完成，双方在知识转移的过程中进行的针对性强而有效的交流沟通或许还会促进新知识的产生。知识转移能力的提高，需要双方有意识地进行。组织中可以通过建立专门的知识管理部门，提高编解码能力和管理组织内外部知识的能力，还可以通过主动学习、加强交互沟通等方式降低双方认知结构差异，形成相互理解的认知符号与语言系统，从而提高编解码的能力。此外，知识转移之前，就共同目标达成一致也很重要。目标一致性能激励知识转移参与双方共同应对知识转移过程中的障碍，提高双方解决知识转移过程中各种问题的能力。

6.6　小结

本章是本书实证研究的部分，通过统计分析软件对实证研究样本、实证研究假设模型进行了分析与验证。首先，通过 SPSS 软件对所获得 162 份有效问卷进行了描述性统计分析。然后，在保证样本的信度和效度的基础上，运用结构方程模型分析软件 AMOS 17.0，对相互信任作用机理的概念模型进行检验分析，并对测度指标进行了设计与说明。实证研究结果显示：相互信任与知识转移机会、知识转移意愿和知识转移能力三者之间均有正相关关系；相互信任存在的前提下，知识转移机会与知识转移行为正相关，知识转移意愿、知识转移能力与知识转移行为之间不存在显著的直接相关关系。最后，对实证研究结论进行理论分析推断，将实证研究结论与理论推断结合得出相互信任的作用路径：相互信任对知识转移三要素（知识转移机会、意愿和能力）产生正向影响，通过知识转移机会对知识转移行为产生正向影响；知识转移意愿则通过知识转移机会影响知识转移行为；而知识转移能力在三者发挥作用的过程中起制约作用，并影响知识转移效果。在本章结尾，基于相互信任作用机理的研究结论，提出知识网络管理的一些建议。

7 相互信任对知识网络中知识冲突的治理作用

相互信任机制是知识网络的治理机制之一，通过影响网络中的知识活动发挥其作用。知识网络的运行机理是将拥有不同知识的组织整合在一起，通过一种“创造性摩擦”激发组织的创新潜能，实现知识网络的价值增值。基于知识异质性的组织间合作会引发知识冲突，冲突不一定带来预期的正面效果，反而还有可能造成组织间的互不理解甚至恶性对抗。因此，对知识冲突的有效治理是提高知识网络运行效率的关键。组织之间的相互信任机制对知识冲突治理具有重要作用：一方面，各组织乃至整个网络的价值提升通过知识的流动、共享和创造来实现，而隐性知识需要通过学习者之间的直接接触进行传播，其传播程度直接受到相互信任关系质量的影响；另一方面，由于存在“知识外溢”和“知识揭露悖论”，对于以共享技术知识为前提的合作创新而言，相互信任问题表现得尤为突出。①

① Peng M W, Shenkar O. The Meltdown of Trust: A Process Model of Strategic Alliance Dissolution [A] //Paper Presented at the Academy of Management Annual Meeting [C]. Boston, 1997.

7.1　知识网络中的知识冲突与相互信任

通过梳理国内外关于知识冲突的研究，分析了组织间知识冲突的内涵、特征、发展过程及产生原因，将知识冲突的发展过程分为酝酿阶段、觉察阶段、行为阶段和协调阶段。在此基础上提出知识冲突治理的内容包括知识冲突预防、知识冲突定性、知识冲突转化、冲突水平测定和知识冲突激发，厘定相互信任与知识冲突治理的关联。

7.1.1　知识冲突研究回顾

根据研究目的，着重分析知识冲突的产生原因、发展过程、作用及其治理等方面的研究现状。

知识冲突的产生原因。林莉等（2004）认为知识联盟中冲突产生的直接原因是彼此之间的差异性。[1] 祁红梅等（2004）从主体和客体角度对动态联盟知识共享中的知识产权冲突进行分析，提出主体之间缺乏信任、参与动机差异、知识揭露悖论、信息不完全、信息不对称等是导致冲突的主要原因。[2] 周永红等（2011）提出各相对独立的企业之间的利益冲突是引发企业联盟知识共享冲突的根本原因。[3] 李玥等（2013）将TRIZ理论思想与FTA方法有机结合，构建了联盟知识冲突的故障树模型，从主体、客体、环境视角分析知识冲突的产生原因，通过识别关键

① 林莉，周鹏飞．知识联盟中知识学习冲突管理与关系资本［J］．科学学与科学技术管理，2004（4）：107－110．

② 祁红梅，黄瑞华．动态联盟形成阶段知识产权冲突及激励对策研究［J］．研究与发展管理，2004，16（4）：70－76．

③ 周永红，王宏峥，梁新华．联盟企业间知识共享冲突及协调对策探讨［J］．情报理论与实践，2011，34（10）：62－64．

冲突提出了知识冲突管理的对策。①

知识冲突的发展过程。张钢和倪旭东（2007）认为知识冲突根源于知识的异质性，从隐性/显性维度、个人/组织维度、综合/专门维度等三个维度，将知识分为八种类型，在此基础上将知识冲突划分为水平同型冲突、水平异性冲突、垂直同型冲突和垂直异型冲突四种类型，并提出了知识冲突的四阶段发展模式。②他进一步指出，知识冲突过程受到冲突焦点的重要性、复杂性、组织的冲突惯例、当事人的彼此依赖程度和非正式交流频率等五个因素的影响，并结合浙江亚大集团进行了案例分析。③

关于知识冲突的作用。张钢和方珑（2007）在界定知识冲突及其类型、团队绩效及其测度指标的基础上，建立起知识冲突与团队绩效的关系模式。④ 张钢和倪旭东（2007）研究了知识差异和知识冲突对团队创新的影响。⑤ 张钢、陈朝旭和缪小明（2010）指出知识冲突与突破性创新正相关，共同愿景和信任对这种正相关有促进作用。⑥ 尹惠斌（2012）提出团队知识冲突对企业突破性创新绩效影响的概念模型，并从理论上分析了这一过

① 李玥，王宏起，满孝颐. 基于 TRIZ 与 FTA 结合的联盟知识冲突识别研究[J]. 情报科学，2013，31（12）：57—62，74.

② 张钢，倪旭东. 组织中的知识冲突研究［J］. 科学学与科学技术管理，2007（1）：106—110.

③ 张钢. 知识冲突过程：一个案例研究［J］. 研究与发展管理，2006，18（5）：66—73.

④ 张钢，方珑. 知识冲突与团队绩效：一个实证研究［J］. 科研管理，2007，28（6）：12—20.

⑤ 张钢，倪旭东. 知识差异和知识冲突对团队创新的影响［J］. 心理学报，2007，39（5）：926—933.

⑥ 陈朝旭，缪小明. 研发团队内部社会资本对突破性创新的影响［J］. 情报杂志，2010，29（8）：151，188—191.

程中组织学习的中介效应和社会资本的调节效应。[①] 易加斌（2012）运用实验研究方法对知识冲突与知识转移绩效的关系进行了假设检验。研究结果表明，结构型知识冲突和存量型知识冲突对知识转移的个体绩效、团队绩效、组织绩效具有正向影响作用；关系型知识冲突对知识转移的个体绩效、团队绩效、组织绩效具有负向影响作用；跨国公司母子公司知识转移的个体绩效、团队绩效、组织绩效呈现出层层递进的演进机制。[②] Tan（2005）基于知识冲突的性质和结果，将知识冲突区分为良性知识冲突和恶性知识冲突。[③]

关于知识冲突的治理。倪旭东（2009）论述了知识冲突的四大知识整合机制：知识网络的拓展机制、组织学习的激发机制、个人知识结构的拓展机制、隐性知识的挖掘转化机制，提出了基于个人、团队、组织三个层面互动的知识冲突管理策略。[④] 袁国方（2010）通过案例研究发现，团队知识冲突处理决策中普遍存在时间框架效应，并以此作为情境约束要素构建知识冲突管理机制，拓展了已有冲突管理研究的视角。[⑤] 吴绍波和顾新（2011）将知识冲突发生的过程阶段划分为知觉阶段、行为阶段和适应阶段，分析了知识冲突对合作创新的影响，并提出了知识冲突的管

---

① 尹惠斌．团队知识冲突对企业突破性创新绩效的影响研究［J］．科技进步与对策，2012（12）：1－6．

② 易加斌．跨国公司母子公司知识冲突与知识转移绩效关系研究［J］．中国科技论坛，2012（7）：101－107．

③ Tan C W，Pan S L，Lim E T K，et al. Managing Knowledge Conflict in an Inter Organizational Project：A Case Study of the Info Development Authority of Singapore［J］. Journal of the American Society for Information Science and Technology，2005，56（11）：1195．

④ 倪旭东．知识冲突的知识整合机制及其管理策略研究［J］．企业经济，2009（7）：53－55．

⑤ 张钢，袁国方．时间框架效应对团队知识冲突的影响：案例研究［J］．上海管理科学，2010，32（3）：24－31．

理策略。①

可见，当前研究奠定了知识冲突研究的基础，但知识冲突的治理问题缺少系统的探讨。跨组织联合体中信任与知识冲突治理问题的研究较少，且定量研究不足，本研究拟通过定量方式对知识网络中的相互信任和知识冲突治理问题展开分析。

7.1.2 知识网络组织间的知识冲突

通过梳理国内外相关文献不难发现，由于研究视角和出发点不同，知识网络组织间的知识冲突尚未有统一明确的界定。这是本章研究的基础，有必要对其进行界定和阐释说明。

7.1.2.1 知识网络组织间知识冲突的内涵和特征

Stephen（1997）认为，当一方察觉到对方采取了或即将采取不利于自身利益的行为时，冲突就产生了。② 本书将知识网络中的知识冲突理解为，在知识转移、知识共享和知识创造等知识活动过程中网络成员间表现出的思维分歧以及行为对抗。知识冲突具有以下特征：①知识自身的特质以及知识网络成员之间知识结构的差异性，客观上决定了组织之间的知识冲突不可避免；②知识冲突是动态的，包含了矛盾从产生、发展到消失的过程③，知识冲突随着冲突主体间的相互作用表现出一定的发展规律；③知识冲突如何发展取决于冲突主体采取的策略。积极的恰当的冲突管理方式能将知识冲突引向良性发展轨道，经验、思想、技术等知识的碰撞不断激发组织的新灵感，产生新知识，保持整个

---

① 吴绍波，顾新. 知识网络节点组织之间的知识冲突研究［J］. 情报杂志，2011，30（12）：125－128.

② 斯蒂芬·罗宾斯. 组织行为学［M］. 北京：中国人民大学出版社，1997：386－394.

③ 顾新，吴绍波，全力，等. 知识链组织之间的冲突与冲突管理研究［M］. 成都：四川大学出版社，2011：39－40.

网络的创造活力；消极的错误的冲突管理方式则将知识冲突引入恶性循环，不仅耗费大量的时间、人力、资金协调处理，抬高知识网络的运行成本，还会降低创新效率，甚至导致知识网络解体。

7.1.2.2 知识网络组织间知识冲突的产生原因

知识本身的复杂性及知识网络成员的多样性是造成知识冲突的主要原因，本书将其归纳为以下几个方面：

（1）知识的外部性。知识在节点间的共享是知识网络产生知识协同价值的前提，但知识的外部性导致知识共享与知识产权专有性之间存在矛盾。知识共享从本质上来说是一种交易行为，其交易价值在于知识产权的专有性，一旦知识被另一方吸收，共享知识拥有方就面临丧失知识产权专有性以及谈判筹码被削弱的风险，在未来合作中很有可能处于不利地位；而如果单向学习吸收对方的知识但不共享自身知识，则既可以避免自身知识外溢的风险，又可以在短期内获得较高收益，在未来的竞争中能占据有利地位。[①] 因此，知识学习和知识保护之间的矛盾在知识网络中普遍存在：一方面，组织希望通过交互学习从合作伙伴那里获得尽可能多的有价值的知识；另一方面，为维护自身的竞争优势，组织又会自觉或不自觉地对自己的核心知识，尤其是具有重要战略意义的知识加以保护。

（2）知识的隐性。Polanyi（1966）根据知识编码和转移的难易程度，将知识分为显性知识和隐性知识。[②] 显性知识的编码难度低，能被清晰地表述出来，易于实现组织间的转移和共享；隐性知识的复杂性和黏性较高，植入在组织经历和组织文化中，被发觉并编码化的难度较高。隐性知识是组织核心竞争力的来

① 苏世彬，黄瑞华．合作联盟知识产权专有性与知识共享性的冲突研究［J］．研究与发展管理，2005，17（5）：69－74，86.

② Polanyi M. The Tacit Dimension［M］. London：Routledge & Kegan Paul，1966：125－128.

源，是具有重要战略价值的知识，因而是知识网络中需要转移和共享的主要知识类型，但隐性知识的转移效率又面临知识转移双方所处环境、发展经历、组织文化、知识转移与吸收能力等方面差异带来的障碍。即使知识发送方愿意分享知识，也只有在彼此间充分了解和认同的前提下，发送方才能采用对方熟悉的形式进行编码和知识转移，接收方才能通过恰当的学习渠道和方法来学习和领悟知识。在知识转移效果不佳时，知识接收方往往归因于知识发送方不愿共享核心知识，而知识发送方又会质疑接受方的能力和动机，并由此引发冲突。

（3）知识估价的模糊性。产生知识冲突的另一个重要原因在于知识估价困难。网络中的知识活动实质上是一种价值交换，组织首先会对合作伙伴拥有的知识进行估价，其次会依据对方所共享知识的价值决定自身共享知识的程度。知识价值由市场上对于该类的知识的需求和供给共同决定，相比于产品和服务，知识价值具有更大的模糊性。第一，参与知识网络的组织往往希望通过对多种知识进行整合和创造，以开拓一个新市场，而合作伙伴的知识很可能尚未被市场充分验证，其实际运用结果也就具有不确定性；第二，在快速变化的市场中，技术革新、经济危机、政策转变都可能使原本高价值的知识瞬间面临淘汰；第三，核心知识深植于组织的经历、文化之中，难以被观察，组织也会对其严加保护，因此很难判断市场上该类知识供给的数量和质量。当知识估价困难时，为防范不等价交易和合作过程中的机会主义风险，组织倾向于采取保守主义，从而导致合作契约实施滞缓，知识流动不畅，进而引发相互间猜疑。

（4）知识结构的差异性。知识网络将拥有不同知识结构的组织连接起来，以期在组织间创造一种基于知识异质性的“创造性摩擦”来达到知识创造的目的。知识结构是指知识体系的构成及水平，知识结构直接影响组织的思维模式和理解能力。面对同一情境，不同组织可能采取截然不同的处理方式，例如，在合作开发某一新产品的过程中，该领域的技术专家青睐从技术参数研究入手，以技术创新拉动潜在市场需求，而擅长市场拓展的组织则倾向于进行广泛科学的市场调研基础上，定位市场机会点，以市场需求推动产品开发。知识异质性引发的冲突结果不一定是良性的，当合作双方各持己见、不愿彼此理解时，知识冲突就可能导致组织中的知识偏见以及知识转移的迟滞、知识共享的困难，以至于降低知识网络凝聚力，严重影响合作绩效。[1]

7.1.2.3 知识网络组织间知识冲突的发展过程

知识冲突的发展一般会经历四个阶段：知识冲突酝酿阶段、知识冲突觉察阶段、知识冲突行为阶段和知识冲突消失阶段。

（1）知识冲突酝酿阶段。在合作初期，组织成员经过谈判和协商，明确开展合作的共同目标，在利益分配、行为准则、奖惩制度等合作涉及的方面达成协议。这一阶段，各方对未来的合作通常怀有较高的热情和信心，会自觉或不自觉地迎合对方以取得对方的好感和信赖，但知识冲突是不可避免的，是创造知识协同价值的必经之路，各方达成的共同目标和一致协议实际上为网络知识活动及知识冲突的发生提供了基本框架和孕育土壤。

（2）知识冲突觉察阶段。随着合作的开展，组织成员在某些议题和问题处理上产生不同意见。这一阶段，组织开始觉察到对方与自身在思维方式、行为习惯等方面的差异，此时组织通常会继续观察情形并注意收集信息，以判断冲突可能的发展方向和对自身的影响，思考应采取的行为策略。

（3）知识冲突行为阶段。这一阶段，组织将行为策略付诸实践，潜在知识冲突演变为组织之间的公开行为，具体表现为不赞

① 张钢，倪旭东. 组织中的知识冲突研究［J］. 科学学与科学技术管理，2007（1）：106－110.

同、反驳、争辩、指责、对峙等形式。冲突行为往往由一方开始，迅速引发另一方的回应，双方相互施加影响，由试探性冲突行为逐步向刺激性冲突行为升级，组织之间的关系产生紧张感。

（4）知识冲突消失阶段。当组织间相互关系的紧张感达到一定程度时，知识冲突一般会向两个方向发展并最终消失：一是双方冷静下来，正视知识冲突的客观存在，共同分析冲突产生的原因并探讨可行的解决办法，经过协商与磨合重新达成一致，彼此间的了解和信任加深，为进一步合作打下基础，这是知识冲突的良性发展轨道；二是知识冲突进入恶性发展轨道，要么双方继续坚持己见，互不理解甚至排斥、对抗，最终合作解体，要么一方凭借在网络中的权力迫使另一方妥协退让，合作的公平性、平等性遭到破坏。

7.1.3 知识网络组织间的相互信任与知识冲突治理

7.1.3.1 知识网络组织间知识冲突治理的内容

知识冲突治理是通过利用冲突主体之间的相互依赖关系以诱发知识冲突的正面效应，避免冲突恶化。① 知识冲突治理不等同于知识冲突解决，它涵盖知识冲突从酝酿、觉察、行为到消失的整个过程，是一种更具预见性、策略性和针对性的管理方式，其目的是预防、转化和消除知识冲突潜在的破坏性，适度激发建设性知识冲突以保持网络中一定水平的知识冲突，从而提高整个知识网络的凝聚力、适应能力和创新效率。如图 7－1 所示，知识网络中的知识冲突治理主要包括以下内容：①知识冲突预防：在合作初期，各成员组织通过前期的谈判、协商、交流逐步认识和了解彼此的合作动机、知识类型、思维模式和行为风格，预防因

① 顾新，吴绍波，全力．知识链组织之间的冲突与于冲突管理研究［M］．成都：四川大学出版社，2011：44.

认知偏差导致的不必要的冲突；②知识冲突定性：当知识冲突产生时，冲突主体界定冲突的性质，分析冲突产生的根源及可能的发展方向，思考冲突的应对措施；③知识冲突解决：采取合适的策略和方法，减少冲突的破坏性，引导冲突向积极的方向转化；④冲突水平测定：定期测量和总结知识网络现有冲突水平对知识产出绩效的影响；⑤知识冲突保持或激发：冲突水平适中则继续保持，在总体冲突水平过低的情况下，适当激发组织之间的知识冲突，以提高知识网络知识交互活力。

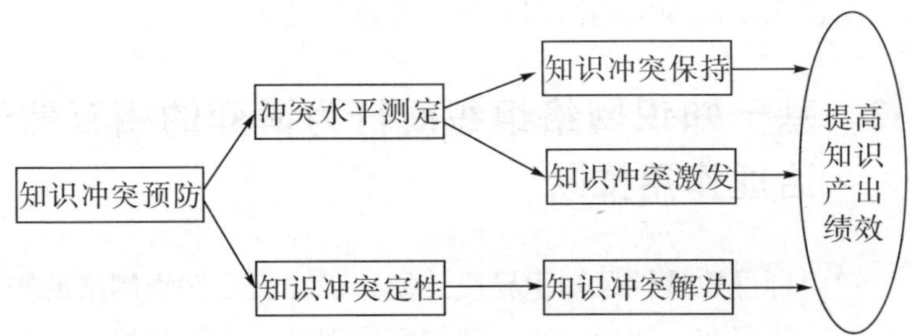

图 7—1 知识网络组织间知识冲突治理的内容

7.1.3.2 相互信任与知识冲突治理的关联厘定

冲突治理方式主要包括契约治理和自我实施治理。契约治理通过订立严密的契约条款明确知识网络成员各项行为的收益与支出，以此促使成员行为按预期方向发展，从而在各成员行为的相互作用中达成网络均衡结果。① 契约治理有其不足之处：一方面，由于契约签订主体都试图从契约中获得最大利益，就契约条款逐条讨论并达成一致的过程往往需要耗费大量的时间和人力，隐性成本高昂；另一方面，契约本身具有不完全性，在知识网络成员的行为难以被观察和验证的前提下，无法涵盖所有可能发生

---

① 祁红梅，黄瑞华．动态联盟形成阶段知识产权冲突及激励对策研究［J］．研究与发展管理，2004，16（4）：70—76.

的情况，这是契约签订主体的有限理性和信息不对称造成的，显然，单纯依靠契约治理对知识冲突的治理作用是有限的。① 针对契约治理机制的缺陷，Dyer & Singh（1998）提出一种以非正式的社会规则为基础，通过建立组织间的相互信任来治理冲突的自我实施机制。② 自我实施机制是对契约机制的补充和完善，相互信任作为自我实施机制的核心要素。相互信任关系不仅能减少合作过程中的机会主义风险，降低知识冲突的治理成本，还能促进知识网络成员间的知识流动，提高知识网络的创新效率。可见，相互信任在知识冲突的治理中扮演着重要角色。

7.2 基于知识网络组织间行为博弈的相互信任治理作用推断

知识自身的特性及知识异质性使知识冲突在知识网络的知识活动中广泛存在，知识冲突治理的宗旨则是在合作前提下诱发冲突积极效果，消除或转化不良影响。组织成员采取合作行为是实现知识冲突有效治理的前提。而知识网络中，成员组织都面临合作与不合作两种行为策略的选择，各成员的行为策略相互作用，合作与否就是成员间的博弈结果，故本节用博弈论分析成员选择合作策略所需的稳定性条件。

7.2.1 知识网络组织间行为策略的博弈模型构建

知识网络嵌入在社会网络中，成员行为受经济社会环境影

① 吴绍波，顾新，彭双，等. 知识链组织之间的冲突与信任协调：基于知识流动视角［J］. 科技管理研究，2009（6）：321，325－327.

② Dyer J，Singh H. The Relational View：Cooperative Strategy and Sources of Inter Organizational Competitive Advantage［J］. Academy of Management Review，1998，23（4）：660－679.

响。网络成员间纵横交错的联系构成网络声誉传递机制，也直接影响成员合作时的行为选择。知识的溢出效应和知识活动对成员能力的依赖性对成员合作收益产生影响。因此，为便于研究，本研究结合知识活动和知识网络组织特性，对知识网络组织间行为策略博弈模型作如下假设：

（1）博弈主体假设。知识网络成员众多，包括企业、高校、科研院所、中介机构、政府等知识拥有者。为了便于研究，本书以知识网络中某两个组织为研究对象，将其假设为组织 A 和组织 B，并对 A 与 B 之间的博弈情况进行讨论。

（2）行为策略假设。假设组织 A 与组织 B 在合作过程中均有两种策略可选：一是合作策略，即愿意共享自身知识，采取有利于对方学习的编码方式促进知识向对方转移；二是不合作策略，即采取知识保护行为，阻碍自身知识向对方的顺利转移，企图在不共享或仅小部分共享自身知识的情况下，尽可能多地获取合作伙伴的知识。

（3）组织理性假设。假设组织 A 与组织 B 是理性人，以实现自身利益最大化为参与知识网络的根本目标，那么对 A 和 B 而言，每项策略的效用函数将成为其行动的依据，当合作行为收益大于不合作行为收益时采取合作策略，当合作行为收益小于不合作行为收益时采取不合作策略。

（4）经济社会制约假设。知识网络嵌入在一定的经济社会环境中，受到一系列正式和非正式的经济社会规则的制约，这些经济社会规则既包括由立法机构出台的、具有法律效力的法律、法规、条款等，也包括在长期市场经济作用下自发形成的行业通行规则、社会道德准则等。当组织 A 或组织 B 采取不合作行为时，将面临被对方发现并受到经济社会规则惩罚的风险，如负面声誉、经济制裁、潜在合作机会丧失等。假设发现概率为 μ，惩罚力度为 η，则组织 A 或组织 B 因违约遭受的损失为 $\mu\eta$。

（5）收益函数假设。假设组织 A 和组织 B 的知识投入分别为 a 和 b，根据 Knott 等（2003）建立的知识投入生产模型[①]，知识网络的知识生产函数为 $R=\lambda A^a B^b$，其中 R 代表总收益，λ 代表成员收益与其各自的知识价值、谈判能力、合作绩效等相关。假设组织 A 与组织 B 的收益比例为 $\theta:1-\theta$（$0<\theta<1$）。因为知识存在溢出效应，假设组织 A 与组织 B 采取合作策略时的知识溢出分别为 C_a 与 C_b，而一方的溢出知识会被另一方接收并受到知识接收效率的影响。设知识接收效率为 X，则组织 A 与组织 B 的知识接收分别为 X_aC_b 与 X_bC_a（$0<X_a$，$X_b<1$）。

组织 A 和组织 B 合作与不合作的博弈模型见表 7−1。

表 7−1　知识网络组织间合作与不合作的博弈模型

		组织 B	
		不合作	合作
组织 A	不合作	$\lambda A^a-\mu\eta$，$\lambda B^b-\mu\eta$	$\theta\lambda B^b+X_aC_b-\mu\eta$， $(1-\theta)\lambda B^b-C_b$
	合作	$\theta\lambda A^a-C_a$， $(1-\theta)\lambda A^a+X_bC_a-\mu\eta$	$\theta\lambda A^aB^b+X_aC_b-C_a$， $(1-\theta)\lambda A^aB^b+X_bC_a-C_b$

（1）当双方均采取合作策略时，组织的相互合作收益（mutual cooperation）等于知识总产值的分配收益加上从对方那里获得的外溢知识，减去自身的外溢知识。此时，组织 A 与组织 B 的收益分别为 $\theta\lambda A^aB^b+X_aC_b-C_a$，$(1-\theta)\lambda A^aB^b+X_bC_a-C_b$。

（2）当双方均采取不合作策略时，组织的相互背叛收益（mutual defection）等于独立生产的知识价值减去经济社会规则

① Knott A M，Bryce D J，Posen H E. On the Strategic Accumulation of Intangible Assets [J]. Organization Science，2003，14 (2)：132−207.

惩罚。此时，组织 A 与组织 B 的收益分别为 $\lambda A^{a}-\mu\eta$，$\lambda B^{b}-\mu\eta$。

（3）当组织 A 采取合作策略，组织 B 采取不合作策略时，整个知识网络的知识价值产出就等于组织 A 的知识价值产出。此时，组织 A 的收益为 $\theta\lambda A^{a}-C_{a}$，组织 B 的单方背叛收益（unilateral defection）为 $(1-\theta)\lambda A^{a}+X_{b}C_{a}-\mu\eta$。

（4）当组织 B 采取合作策略，组织 A 采取不合作策略时，同理，组织 A 与组织 B 的收益分别为 $\theta\lambda B^{b}+X_{a}C_{b}-\mu\eta$，$(1-\theta)\lambda B^{b}-C_{b}$。

7.2.2　知识网络组织间合作行为的稳定性条件分析

组织采取合作策略还是不合作策略取决于不同策略博弈所获得的收益比较，在以下 4 种情形中，理论上将出现组织间博弈的纳什均衡。

情形 1：当 $\theta\lambda A^{a}B^{b}+X_{a}C_{b}-C_{a}<\lambda A^{a}-\mu\eta$，$(1-\theta)\lambda A^{a}B^{b}+X_{b}C_{a}-C_{b}<\lambda B^{b}-\mu\eta$，即组织 A 与组织 B 的相互合作收益均小于相互背叛收益时，形成纳什均衡（不合作，不合作）。

情形 2：当 $\theta\lambda A^{a}B^{b}+X_{a}C_{b}-C_{a}>\theta\lambda B^{b}+X_{a}C_{b}-\mu\eta$，$(1-\theta)\lambda A^{a}B^{b}+X_{b}C_{a}-C_{b}>(1-\theta)\lambda A^{a}+X_{b}C_{a}-\mu\eta$，即组织 A 与组织 B 的相互合作收益均大于背叛收益时，形成纳什均衡（合作，合作）。

情形 3：当 $(1-\theta)\lambda A^{a}B^{b}+X_{b}C_{a}-C_{b}<(1-\theta)\lambda A^{a}+X_{b}X_{a}-\mu\eta$，即组织 B 的相互合作收益小于单方背叛收益时，不合作策略是组织 B 的最优选择，对于组织 A 而言，由于 $\theta\lambda A^{a}-C_{a}<\lambda A^{a}$，即选择合作策略的收益小于其独立产出的知识价值，因此，从自身利益出发，组织 A 也必将选择不合作。此时，出现纳什均衡（不合作，不合作）。

情形 4：当 $\theta\lambda A^{a}B^{b}+X_{a}C_{b}-C_{a}<\theta\lambda B^{b}+X_{a}C_{b}-\mu\eta$，即组

织 A 的相互合作收益小于单方背叛收益时，同情形 3，出现纳什均衡（不合作，不合作）。

结合实际情况来看，如果知识网络成员间是一次性交易，即单次博弈，只要有一方的相互合作收益小于单方背叛收益，就会出现双方均不合作的结果。但若是无限次重复博弈，网络成员在计算收益时还将考虑未来持续合作的预期收益，博弈结果将出现变化。以下将对两种情况下组织采取合作行为的稳定性条件进行分析。考虑到组织 A 与组织 B 具有对称性，本书仅对组织 A 进行分析。

7.2.2.1　单次博弈中知识网络成员的相互合作收益均大于单方背叛收益的稳定性条件

基于组织理性假设，合作双方都能预期到对方的行为策略。因此，能否维持知识网络成员间合作行为的稳定性关键在于组织选择合作策略的概率。假设组织 A 选择合作策略的概率为 p，组织 B 选择合作策略的概率为 q，则双方选择不合作策略的概率分别为 $1-p$，$1-q$。

当组织 A 采取合作策略，即 $p=1$ 时，其期望收益为：

$$q(\theta\lambda A^a+B^b+X_aC_b-C_a)+(1-q)(\theta\lambda A^a-C_a) \quad (7-1)$$

当组织 A 采取不合作策略，即 $p=0$ 时，其期望收益为：

$$q(\theta\lambda B^b+X_aC_b-\mu\eta)+(1-q)(\lambda A^a-\mu\eta) \quad (7-2)$$

组织 A 选择合作的前提条件是其合作时的期望收益大于其不合作时的期望收益，设 ΔV_a 为两者之差，得到式（7－3）和式（7－4）：

$$\Delta V_a=q(\theta\lambda A^aB^b+X_aC_b-C_a)+(1-q)(\theta\lambda A^a-C_a)-[q(\theta\lambda B^b+X_aC_b-\mu\eta)+(1-q)(\lambda A^a-\mu\eta)] \quad (7-3)$$

$$q>\frac{(1-\theta)\lambda A^a+C_a-\mu\eta}{\theta\lambda A^aB^b-\theta\lambda B^b+(1-\theta)\lambda A^a} \quad (7-4)$$

分析式（7－4）可知：

（1）q 值越大，式（7—4）越容易成立，即组织 B 选择合作策略的可能性越大，则组织 A 选择合作的可能性也越大。

（2）$\theta\lambda A^a B^b$ 越大，式（7—4）越容易成立，即知识网络产出的知识协同价值越大，双方都合作的可能性越大。

（3）C_a 越小，式（7—4）越容易成立，即无论对组织 A 或 B，知识溢出损失越小，越倾向于合作。

（4）$\mu\eta$ 越大，式（7—4）越容易成立，即背叛行为被发现的概率越高，经济社会规则的惩罚力度越大，双方越倾向于合作。

7.2.2.2 无限次重复博弈中知识网络成员相互合作收益大于单方背叛收益的稳定性条件

在情形 3 和 4 中，如果是单次博弈，只要有一方的相互合作收益小于单方背叛收益，就会出现双方均不合作的博弈结果。但知识网络中的声誉传递机制以及“好声誉”的潜在价值，使得成员间更倾向于结成战略合作伙伴关系，面临多次或持续合作的可能性，更符合无限次重复博弈假设。在无限次重复博弈中，组织收益包含当前合作收益以及未来合作收益，则可能不会出现（不合作，不合作）的博弈结果。

假设组织 A 的收益贴现因子为 δ_a（$0<\delta_a<1$）。当组织 A 始终选择合作策略时，其相互合作收益总和为：

$$\frac{\theta\lambda A^a B^b + X_a C_b - C_a}{1-\delta_a} \tag{7—5}$$

当组织 A 采取不合作策略时，其单方背叛收益总和为：

$$\theta\lambda B^b + X_a C_b - \mu\eta + \frac{\delta_a \lambda A^a}{1-\delta_a} \tag{7—6}$$

组织 A 参与合作的前提条件是相互合作收益总和大于单方背叛收益总和，用 $\Delta V'_a$ 表示两者之差，得到式（7—7）和式（7—8）：

$$\Delta V_a' = \frac{\theta\lambda A^a B^b + X_a C_b - C_a}{1-\delta_a} - (\theta\lambda B^b + X_a C_b - \mu\eta + \frac{\delta_A \lambda A^a}{1-\delta_a}) > 0 \tag{7-7}$$

$$\delta_a > \frac{\theta\lambda B^b - \mu\eta - \theta\lambda A^a B^b + C_a}{\theta\lambda B^b - \mu\eta + X_a C_b - \lambda A^a} \tag{7-8}$$

分析式（7－8）可知：

（1）δ_a 越大，式（7－8）越容易成立，即组织 A 的贴现因子越大，越倾向于合作。

（2）$\theta\lambda A^a B^b$ 越大，式（7－8）越容易成立，即网络整体产出的知识协同价值越大，合作的可能性越大。

（3）C_a 越小，式（7－8）越容易成立，即知识溢出损失越小，组织越倾向于选择合作。

（4）$X_a C_b$ 越大，式（7－8）越容易成立，即组织从合作中接收到的外溢知识收益超过其单独生产的知识收益越多，越倾向于合作。

7.2.3　知识网络组织间知识冲突治理路径的启示

通过博弈分析可知，对机会主义行为的惩罚提高了欺骗成本，起到了威慑作用，使得“不合作”成为需要慎重考虑的行为。知识网络整体产出的知识协同价值越高，成员越倾向用合作的、积极的态度对待矛盾和冲突，以追求更大效益。知识在网络中流动渠道越顺畅，转移和吸收越有效，则溢出损失越少，成员越倾向于获取合作收益，从而减少冲突的负面影响。因此，无论是单次合作还是持续性长期合作，促使成员采取合作策略的关键因素主要是机会主义行为的惩罚力度、知识网络的知识协同价值和知识在网络中流动的有效性。在知识网络中，可以加强机会主义的惩罚力度、提升知识协同价值和促进知识流动提高其有效性等为途径，有策略性和针对性地实施知识冲突治理。根据前文分析可知，相互信任在其中发挥重要作用，治理途径的设计实施应以成员互信为基础。

7.2.3.1　运用声誉机制加强对机会主义行为的惩罚力度

研究表明①②，组织参与合作的主要动机之一就是从对方那里获取互补的有价值的知识，而一旦达到这个目标，组织就有可能违背契约并退出合作③。知识网络中，限制机会主义行为可以通过网络声誉机制实现：一是声誉机制能提高机会主义行为被发现的概率。知识网络的立体网状式结构为声誉传递提供了丰富的物理载体，同一节点可能同时处于多个知识链甚至多个知识网络的联结位置，这就决定了信息交换不仅发生在知识链内部成员之间，还可能发生在知识链之间甚至知识网络之间，通过正式和非正式信息传播渠道，组织的行为偏好和声誉信息在知识网络内外部被广泛传播。二是声誉机制能加大对违约组织的惩罚力度。声誉是组织在长期经营过程中累积形成的无形资产，好声誉能帮助组织获得更多的合作机会和更大的发展空间，而背负坏声誉则意味着组织在未来的发展道路上可能举步维艰。④ 在声誉机制完善的知识网络中，组织一旦做出机会主义行为，就可能被知识网络公开化、透明化，从而带来不可估量的损失。

---

① Arora A, Fosfuri A. Wholly Owned Subsidiary Versus Technology Licensing in the Worldwide Chemical Industry [J]. Journal of International Business Studies, 2000 (31): 555－572.

② Von Hippel E. Sticky Information and the Locus of Problemsolving: Implications for innovation [J]. Management Science, 1994 (40): 429－439.

③ Andrew C I, Paul W B. Knowledge, Bargaining Power, and the Instability of International Joint Ventures [J]. Academy of Management Review, 1997, 22 (1): 177－202.

④ Xu Jiang, Yuan Li, Shanxing Gao. The Stability of Strategic Alliances: Characteristics, Factors and Stages [J]. Journal of International Management, 2008 (14): 173－189.

7.2.3.2 建立组织间的长期合作关系以促进知识在组织间的流动

引导组织树立长期合作导向并对知识网络投入更多、更优质的资源，能增强组织的知识共享意愿，提高彼此的合作行为预期，坚定双方合作的信心。[①] 长期合作关系形成的显著标志是对本次合作进行专用性资产投资。专用性资产包括地理专用性资产、人力专用性资产和物资专用性资产等，这些投入具有很强的针对性，合作结束后转移到其他领域的难度较大，因而可以被视为沉没成本。专用性投资的意义体现在两个方面：一是促使组织对合作绩效负责，提高其共享知识和改善知识流动困难局面的积极性；二是意味着对合作伙伴的承诺，表明了组织对于合作的热情和投入，能减少合作中的猜忌，创造关系性租金，从而提高合作绩效。在长期合作关系中，知识流动受阻时，合作各方会将时间和精力投入到真正有意义的事情上，如查找知识流动困难的根源是编码形式晦涩难懂还是自身思维惯性阻碍了知识流动，彼此协作共同寻找解决之道。可见，长期合作关系的建立，将提高合作各方的积极性，降低猜忌怀疑损耗，无论是扩散还是吸收知识，其流动障碍都会减少，有效性得以提升。

7.2.3.3 加强组织间的沟通协作以提高知识网络的知识协同价值

知识协同是知识网络成员所拥有的不同知识资源在成员的交互作用中按照特定顺序进行排列、组合和交融，实现优于各方知识总和的价值创造。获得知识协同价值是组织参与知识网络的根本目标，因此，彼此相互合作时所产出的知识价值大于组织单独运作时所产出的知识价值是组织采取合作策略的基本前提，两者

① 顾新. 知识链管理——基于生命周期的组织之间知识链管理框架模型研究[M]. 成都：四川大学出版社，2008，6（1）：181.

之差越大，意味着组织从合作行为中获得的收益越高，组织的合作动机越强烈。知识协同价值的主要来源是合作各方在知识流动和知识共享过程中的“创造性摩擦”引发的新灵感、新思想和新知识。由于核心知识往往是隐性的和高黏度的，只有通过彼此深度沟通和协作才能实现转移和共享，因此，知识网络组织之间的沟通和交流是知识协同价值创造的重要途径。提升组织之间的沟通协作度，一方面有助于成员间彼此理解，减少因误解引发的知识冲突；另一方面，沟通开放性能提高组织彼此的认同度，降低知识流动的壁垒，实现“意义的自由流动”[①]，从而使知识网络处在一种令人愉悦的健康状态，提升知识协同绩效。

7.2.4 相互信任对知识网络中知识冲突的治理作用推断

7.2.4.1 相互信任能促进声誉机制的建设和完善

声誉综合反映了组织在长期发展过程中的一切行为及其结果[②]，声誉与信任之间有着密不可分的联系，信任是声誉的内核，声誉是信任的结果。所谓的好声誉就是组织被其他组织信任的结果，坏声誉则代表组织不被信任。信任构成了组织声誉的传播媒介，组织的履约行为、合作态度、合作能力、知识价值等信息通过节点与节点之间的相互信任进行传递，迅速扩展到整个知识网络及其嵌入其中的更广的社会网络，而声誉反过来也拓展了相互信任的空间[③]，即使组织与对方不存在任何交易记录，也能通过声誉传递机制迅速建立敏捷型信任并做出合作决策。正如

① 彼得·圣吉. 第五项修炼［M］. 北京：中信出版社，2009：69.

② Fombrun C J，Rindova V. Who's Tops and Who Decides? The Social Construction of Corporate Reputations［R］. New York：New York University，Stern School of Business，Working Paper，1996.

③ Freeman C. Networks of Innovators：A Synthesis of Research Issues［J］. Research Policy，1991（20）：499—514.

Kreps（1990）所指出，由于第三方信任的存在，行动者在采取欺骗行为时不得不考虑这一行为的直接后果以及潜在影响，这里所说的潜在影响也就是声誉效应。① 可见，相互信任关系促进了声誉机制的建立与完善，声誉机制抑制了机会主义行为的发生。产学研合作是常见的知识网络，在许多产学研合作案例中都可发现，网络成员形成的“圈子”联系密切交流频繁时，机会主义和道德风险概率偏低，成员组织进行合作行为决策时，通常会将圈子里其他成员的看法、反应和潜在的合作机会纳入决策考虑范围。这正是因为“圈子”成员间的密切联系加深了彼此的信任，信任关系形成了网络中四通八达的声誉传递渠道，对机会主义产生了威慑作用，这样的产学研合作更易获得成功并衍生出更多纵深合作。

7.2.4.2　相互信任有助于组织间长期合作关系的建立

专用性资产具有投入对象的特定性，只有被运用于某一特定的合作伙伴或某一特定情境中，投入资产才能产出预期回报。②作为一种沉没成本，投入专用型资产会降低组织在合作中的议价能力，使组织面临被对方“敲竹杠”的风险，这就是威廉姆森所谓的“根本性转变”。因此，只有在具备相互信任的情况下，知识网络成员才会选择投入专用性资产来促进和巩固长期合作关系。相互信任是建立长期合作关系的基本前提，信任度越高，长期合作关系越容易建立并越牢固。上海汽车集团（简称上汽集团）产学研合作的常态机制即可看作采用该路径治理知识冲突：上汽集团捐资 6000 万元成立上海汽车工业科技发展基金会，并

---

① Greenberg P S, Greenberg R H, Antonucci Y L. Creating and Sustaining Trust in Virtual Teams [J]. Business Horizons, 2007 (50): 325-333.

② Ireland R D, Web J W. A Multi-theoretic Perspective on Trust and Power in Strategic Supply Chains [J]. Journal of Operations Management, 2007, 25 (2): 482-497.

出资 4000 万元与 8 所高校及中科院共同成立 17 个工程中心建立产学研联盟。此外，集团及所属企业根据自身需要，每年都有一批与高校签订的产学研合作项目，形成了项目合作、产品开发、信息共享等各种形式的产学研合作。基金会与产学研联盟可视为集团的专用性投资，既体现了集团对合作伙伴的信任，也坚定了合作伙伴的信心，而每年的各类产学研合作则不断加深集团与各合作伙伴的信任关系，使合作逐渐常态化。专用性投资和合作常态机制建立在上汽集团与合作伙伴一定程度的互信基础上，而平台和机制的搭建又推动了合作长期化，正因为如此，上汽集团产学研合作持续成功运作，解决了发展中的许多技术难题。

7.2.4.3 相互信任能加强组织间的沟通开放性

参与合作的组织拥有不同的组织文化和背景，代表不同的利益群体，要实现真正意义上的沟通协作并不容易。实现开放式沟通的基本前提是知识网络成员之间就合作达成共同目标，它意味着组织卸下防卫心态，暂时悬挂本组织的“假设”，去认真倾听对方的观点和见解，试图深入理解对方的价值观、发展经历和当前处境，并愿意接受对方文化的影响。① 沟通协作以知识网络成员之间的高度信任为基础，只有当成员相信合作伙伴与自身的合作目标是一致的，相信对方是真诚的，“悬挂假设”不会为自身带来窘迫和机会主义行为风险，才会愿意披露自身以及市场相关信息，为合作投入资源，积极参与知识活动中，诱发更多“创造性摩擦”。硅谷超越 128 公路地区的发展就得益于产业文化与人文环境，其独特的产业文化表现为勤于学习、鼓励创新和相互信任。在硅谷的企业中，各层技术管理人员都热衷通过各种协会组织或私人聚会开展非正式交流，互相传递信息或经验知识，由于

① Gulati R, Nohria N, Zaheer A. Strategic Networks [J]. Strategic Management Journal, 2000, 21 (3): 203-215.

企业之间人员交流频繁，建立了广泛的彼此信任的社会关系，这种互信关系推动了集群内的开放式沟通，在硅谷浓厚的创新氛围中顺畅的沟通与协作自然导致“创造性摩擦”不断涌现。

7.3 相互信任对知识网络中知识冲突的治理作用实证研究

知识网络是社会网络和知识管理相结合的产物，网络中的知识活动受到社会资本的影响，信任作为社会资本的关键要素，对于嵌入在知识活动中的知识冲突具有降低冲突成本、提高创新绩效等作用。本节对相互信任与知识冲突之间的关系提出假设，构建相互信任对于知识冲突治理作用模型，通过调查问卷、统计软件 SPSS 和结构方程软件 AMOS 对结果进行验证和分析。

7.3.1 研究假设与模型构建

7.3.1.1 研究假设

通过上述博弈分析得出提高知识冲突治理效率的途径：一是运用声誉机制加强对机会主义行为的制约；二是建立组织间的长期合作关系以促进组织间的知识流动；三是加强组织间的开放性沟通协作以提高网络的知识协同价值。而这三条途径均以知识网络组织之间的相互信任为前提和基础，相互信任对于声誉机制、长期合作关系、沟通开放性具有促进作用。知识冲突治理成本包括冲突预防成本、冲突损耗成本、重新协商成本及执行监督成本。在知识冲突酝酿阶段，组织可以通过建立在第三方信任基础之上的网络声誉机制寻找有能力且值得信赖的合作伙伴，这类潜在合作伙伴在之前与其他组织的合作经历中已经发展出良好的知识共享意识和交互学习能力，对于知识创新目标的理解和知识共享协议的协商更容易达成一致，避免不必要的知识冲突；在知识冲突觉察和行为阶段，相互信任度高的组织之间能彼此沟通和理解，理性地分析问题根源，站在对方的角度思考问题，寻找有效的解决办法，从而避免冲突升级带来大量损耗，提高知识创造效率；在知识冲突解决阶段，相互信任能引导组织关注长期利益，激励合作各方为实现共同目标而努力，重新协商成本和执行监督成本降低。

综上所述，提出以下假设：

H1：知识网络组织之间的相互信任与知识网络的声誉机制正相关。

H2：知识网络组织之间的相互信任与组织之间的长期合作关系正相关。

H3：知识网络组织之间的相互信任与组织之间的沟通开放性正相关。

H4：知识网络的声誉机制与知识冲突治理效率正相关。

H5：知识网络组织之间的长期合作关系与知识冲突治理效率正相关。

H6：知识网络组织之间的沟通开放性与知识冲突治理效率正相关。

7.3.1.2 模型构建

本研究认为，知识网络组织之间的相互信任能促进声誉机制的建立和完善，引导组织之间建立长期合作关系，加强组织间的沟通开放性，从而提高知识冲突治理效率。因此，以声誉机制、长期合作关系、沟通开放性作为中介变量，构建相互信任对于知识网络中知识冲突的治理作用模型，以期揭示知识网络组织之间的相互信任对于知识冲突发挥治理作用的内在机理，如图 7－2 所示。

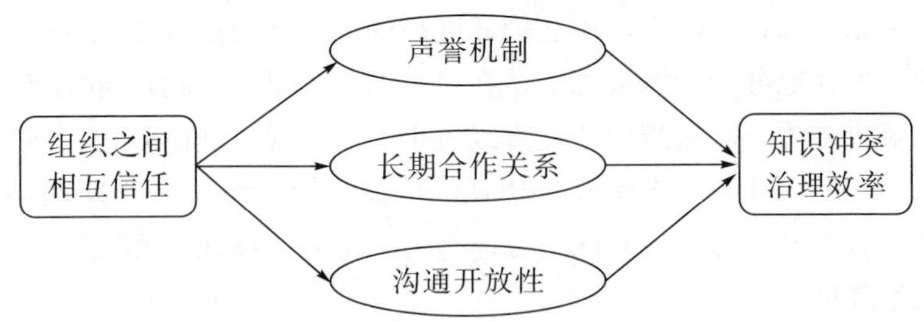

图 7—2　知识网络组织之间相互信任对于知识冲突的治理作用模型

7.3.2　研究方法和变量设计

由于上文提出的假设具有较强的主观性和模糊性，变量关系复杂，因此，本研究拟构建概念模型，通过统计调查法收集数据，并利用结构方程模型对概念模型进行检验。这两类方法在前文中已介绍，在此不再赘述。

模型中涉及的变量包括知识网络组织之间的相互信任、声誉机制、长期合作关系、沟通开放性和知识冲突治理效率。为便于测量，本研究对其设计了相应的观测变量，同样采用李克特 7 级量表打分法，请参与调查者根据题目中的描述性文字与自身实际情况的符合程度，做出介于完全符合与完全不符合之间不同维度的选择。根据李克特量表原理，在调查问卷评价栏中用数字 1～7 分别代表：完全不符合、比较不符合、有些不符合、一般、有些符合、比较符合、完全符合。

7.3.2.1　相互信任

根据 Sabel（1992）①、Mayer 等（1995）②、Wendy 等（2002）③ 等对于相互信任内涵的界定，在借鉴 Baker 等（1999）④ 设计的群体间信任量表的基础上设计相互信任的观测变量。由于知识冲突涉及组织成员间的行为预期，所以该部分对相互信任的观测变量设计增加了对合作方行为预期的纬度，从"对对方合作行为的预期""对对方能力的信心"和"在关系中承担风险的意愿"三个方面来衡量知识网络组织间的相互信任，问题设计见表 7－2。

7.3.2.2　声誉机制

声誉发挥制约作用的过程包括发现违约行为、通过网络传递违约信息以及对违约组织施加惩罚，以作用过程为依据，借鉴徐和平等（2003）⑤ 的研究结果，从违约行为被发现的概率、违约信息传递速度和社会规则惩罚力度三个方面来衡量知识网络的声誉机制，问题设计见表 7－2。

---

① Sabel C. Studied Trust：Building New Forms of Co－operation in a Volatile Economy [A] //Sengenberger W. Industrial Districts and Local Economic Regeneration [C]. Geneva：International Institute for Labor Studies，1992：215－250.

② Mayer R C，Davis J H，Schoorman F D. An Integration Model of Organizational Trust [J]. Academy of Management Review，1995，20（3）：709－734.

③ Wendy A，Smith K. Organizational Trust：The Influence of Contextual Variables [D]. Ann Arbor：Doctoral Dissertation Seattle University，2002.

④ Baker T L，Simpson P M，Siguaw J A. The Impact of Suppliers' Perceptions of Reseller Market Orientation on Key Relationship Constructs [J]. Journal of the Academy of Marketing Science，1999，27（1）：50－57.

⑤ 徐和平，孙林岩，慕继丰. 产品创新网络及其治理机制研究 [J]. 中国软科学，2003（6）：77－82.

7.3.2.3 长期合作关系

借鉴吴绍波和顾新（2008）[①] 关于组织间合作的关系强度研究，王涛和顾新（2012）关于组织间信任机制的研究，从专用性资产投资、声誉意识两个方面来衡量知识网络组织间的长期合作关系，问题设计见表7—2。

7.3.2.4 沟通开放性

借鉴O'Reilly等（1979）[②]、Nohria等（1992）[③] 关于组织沟通的研究成果，从沟通渠道、沟通频率和沟通深度三个方面来衡量知识网络组织间的沟通开放性，问题设计见表7—2。

7.3.2.5 知识冲突治理效率

从知识共享意愿、知识冲突治理成本和知识冲突作用效果等三个方面来衡量知识网络组织间知识冲突的治理效率，问题设计见表7—2。

7.3.3 数据收集及有效性控制

7.3.3.1 问卷设计

问卷设计的科学性、严谨性、可行性是确保数据有效的首要前提。根据前文所述问卷设计的原则和步骤，该部分问卷设计包括以下阶段：

① 吴绍波，顾新．知识链组织之间合作的关系强度研究［J］．科学学与科学技术管理，2008，29（2）：113—118.

② O'Reilly C，Pondy L. Organizational Communication In S. Kerr（Ed.）Organizational Behavior［M］. Columbus：Grid，1979：119—150.

③ Nohria N，Eccles R G. "Face—to—Face：Making Network Organizations Work"，in Net—works and Organizations：Structure，Form and Action［M］. Boston：Harvard Business School Press，1992：288—308.

表 7－2 相互信任作用机理概念模型变量的测量量表

潜在变量	观测变量	对应题项	判定标准
相互信任 T	对对方合作行为的预期	合作过程中，合作伙伴会遵守承诺，采取有利于共同目标实现的合作行为（T1）	李克特 7 级量表打分法（从“完全不符合”1 分到“完全符合”7 分）
	对对方能力的信心	合作过程中，合作伙伴有能力履行承诺，完成所应承担的任务（T2）	
	在关系中承担风险的意愿	虽然合作风险是不可能完全避免的，但我们还是愿意与对方建立合作关系（T3）	
声誉机制 F	违约行为被发现概率	做出违约行为被发现的概率非常大（F1）	
	违约信息传递速度	合作相关信息会迅速地在网络内部甚至外部传播开去（F2）	
	社会规则惩罚力度	违约行为会为组织带来包括经济、信誉等方面的严重损失（F3）	
长期合作关系 R	软件专用性资产投资	合作各方在技术、人力方面的投入很难在合作结束后转移到其他领域（R1）	
	硬件专用性资产投资	合作各方在设备、物资方面的投入很难在合作结束后转移到其他领域（R2）	
	长期合作意愿	我们关注长期合作收益而非短期利益（R3）	
沟通开放性 C	沟通渠道	合作过程中，我们与合作伙伴之间存在丰富的沟通渠道（C1）	
	沟通频率	合作过程中，合作各方经常就各自掌握的技术、经验、信息等知识进行交流（C2）	
	沟通深度	在沟通过程中，各方能彼此坦诚地表达想法，深入了解对方观点，自由交换不同意见（C3）	
知识冲突治理效率 E	知识共享意愿	合作各方愿意共享对于达成共同合作目标具有关键价值的经验、技术、信息等知识（E1）	
	知识冲突治理成本	合作过程中，各方无须在知识冲突的解决上花费过多的时间、精力、人力等成本（E2）	
	知识冲突的效果	合作过程中，各方始终保持令人愉快的思想和知识碰撞，新灵感、新思想、新知识不断涌现，合作绩效令人满意（E3）	

（1）初始问卷设计。在查阅、梳理相互信任与知识冲突治理相关文献的基础上，将概念模型中的变量转化为便于测量的观测变量，

设计对应的问题。各题项的答案选择采用李克特 7 级量表打分法。

(2) 初始问卷修订。通过咨询、交流、讨论等方式征求专家、科研团队等的意见，根据反馈对问卷逐项修改和调整，简化晦涩的学术用语，修改模棱两可的表达，删除冗余的语句，完成初步修订工作。

(3) 预调研反馈收集。Tinsley (1987) 认为，量表题项数与预试人数比例约为 1∶1 最为合适。本研究选取 15 名熟识的高校科研人员和企业研发人员进行小样本预调研，收集他们对调查问卷的反馈意见和建议。

(4) 形成问卷定稿。根据预调研对象的意见和建议，结合对回收问卷进行探索性因子分析时发现的问题，对问卷题项进行二次修改和调整，形成调查问卷定稿，由三个部分组成：①问卷引言。该部分阐明调研目的、结果运用范围和问卷填写说明。②被调查者的基本信息。该部分包括被调研者的职能类型、所在组织的类型和规模等信息，有助于获取样本的描述性特征，筛选出有效问卷。(3) 问卷主体。该部分列出 15 段描述性文字，要求被调查者根据描述内容与实际情况的符合程度，在评价栏中选择对应分数。

7.3.3.2 样本确定

样本的合适与否直接影响到问卷数据的有效性。本研究以知识网络为研究对象，包含与其他组织存在知识交流和共享行为的企业、高校、科研院所、中介机构及政府部门等。从可行性和经济性出发，选取四川大学商学院 MBA 学员、科研团队成员实习的企业以及科研机构人员为样本，三者的合理性分别在于：①四川大学商学院 MBA 学员以川内企业中高管理层和技术人才为主，多数与四川大学等高等院校保持着技术、信息、知识等交流，符合调研要求，在课程间隙发放调查问卷，便于当面交流调研问题并控制问卷的发放与回收；②科研团队成员实习的企业均为科技创新型公司，与外部组织有频繁的知识转移活动，且实习期间与调查对象已建立良好的信任关系，能够获得协助和支持，能确保回收问卷的有效性；③科研团队成员的亲朋有部分在科研机构任职，在他们的帮助下便于获取有效数据。

7.3.3.3 问卷发放与回收

问卷发放与回收主要采用两种方法进行：一是直接发放与回收，在四川大学商学院 MBA 班和企业内部，当面邀请对方填写问卷，便于及时交流问卷信息并解答疑惑；二是间接发放与回收，请熟识的亲朋帮忙邀请他们所在单位的目标调查对象参与调研，帮忙发放并回收问卷。

7.3.4 样本描述性统计分析

7.3.4.1 样本组织基本特征

(1) 样本组织数量。本次共收集有效问卷 112 份，符合前文提及的有效样本数的要求。

(2) 样本组织类型分布。在收集到的有效样本中，被调查者所在的组织类型分布如下：高校 8 份，占 7.1%；科研机构 6 份，占 4.5%；企业 88 份，占 78.6%；政府部门 2 份，占 1.8%；中介机构 8 份，占 7.1%。具体内容见表 7-3。

表 7-3 样本组织类型分布

组织类型		频数	百分比/%	有效百分比/%	累积百分比/%
有效	高校	8	7.1	7.1	7.1
	科研机构	6	5.4	5.4	12.5
	企业	88	78.6	78.6	91.1
	政府部门	2	1.8	1.8	92.9
	中介机构	8	7.1	7.1	100.0
	合计	112	100.0	100.0	

（3）样本组织规模分布。被调查者所在的组织规模分布如下：100 人以下 11 份，占 9.8%；100～300 人 39 份，占 34.8%；300～500 人 12 份，占 10.7%；500 人以上 50 份，占 44.6%。具体内容见表 7—4。

表 7—4　样本组织规模分布

组织规模		频数	百分比/%	有效百分比/%	累积百分比/%
有效	100 人以下	11	9.8	9.8	9.8
	100～300 人	39	34.8	34.8	44.6
	300～500 人	12	10.7	10.7	55.4
	500 人以上	50	44.6	44.6	100.0
	合计	112	100.0	100.0	

（4）样本人员构成分布。被调查者的职位类别分布如下：中高层管理人员 11 人，占 9.8%；业务运营人员 38 人，占 33.9%；技术研发人员 25 人，占 22.3%；职能支持人员 38 人，占 33.9%。具体内容见表 7—5。

表 7—5　样本人员构成分布

人员构成		频数	百分比/%	有效百分比/%	累积百分比/%
有效	中高层管理	11	9.8	9.8	9.8
	业务运营	38	33.9	33.9	43.8
	技术研发	25	22.3	22.3	66.1
	职能支持	38	33.9	33.9	100.0
	合计	112	100.0	100.0	

从样本组织基本情况的统计结果来看，企业样本占比达 78.6%，高校、科研机构、政府部门和中介机构等组织均有涉

及，能较好地反映企业作为知识网络创新主体的核心地位，以及其他辅助性组织对知识网络的参与；组织规模500人以上的占比44.6%，说明被调研组织绝大多数拥有与外界开展合作的良好基础和实力；技术研发人员占比22.3%，中高层管理、业务运营和职能支持等人员均有涉及，能较好地反映技术研发人员在知识网络中扮演的知识生产与传递角色，以及其他人员在知识互动过程中承担的谈判、协商、决策、执行、监督等职能。综上所述，本研究收集的样本在样本数量、组织类型、组织规模、人员构成等方面符合知识网络样本有效性的要求。

样本总体的描述性统计结果见表7−6。

7.3.4.2 相关分析

相关分析常被用来初步检查和判断变量间的关系，以及构建的概念模型是否合理。仍然使用前部分实证研究中使用的皮尔逊积矩相关系数 r（Pearson product−moment correlation）度量变量间关联强度的统计量。同样认为一般情况下，$r>0.7$ 认为相关性强，$0.4<r<0.7$ 认为中等相关，$r<0.4$ 则认为弱相关。[①]

运用SPSS 19.0对模型涉及的变量进行Pearson相关分析，表7−7所示的结果说明变量之间存在一定相关性。

---

① 顾新，吴绍波，全力．知识链组织之间的冲突与于冲突管理研究［M］．成都：四川大学出版社，2011：89．

表 7—6　样本总体描述性统计分析

	N	全距	极小值	极大值	均值		标准差	方差	偏度		峰度	
	统计量	统计量	统计量	统计量	统计量	标准误	统计量	统计量	统计量	标准误	统计量	标准误
T1	112	5	2	7	5.59	0.097	1.027	1.055	−1.032	0.228	1.684	0.453
T2	112	5	2	7	5.63	0.095	1.006	1.011	−1.297	0.228	1.784	0.453
T3	112	4	3	7	60.3	0.082	0.864	0.747	−1.245	0.228	2.166	0.453
F1	112	6	1	7	4.73	0.124	1.315	1.729	−0.458	0.228	−0.046	0.453
F2	112	6	1	7	5.18	0.106	1.117	1.247	−1.191	0.228	1.567	0.453
F3	112	5	2	7	5.21	0.102	1.075	1.156	−0.598	0.228	−0.186	0.453
R1	112	6	1	7	5.17	0.106	1.122	1.259	−1.004	0.228	1.497	0.453
R2	112	4	3	7	6.25	0.08	0.844	0.712	−1.329	0.228	2.079	0.453
R3	112	5	2	7	5.78	0.1	1.063	1.13	−1.19	0.228	1.581	0.453
C1	112	5	2	7	5.56	0.079	0.836	0.699	−1.096	0.228	2.597	0.453
C2	112	5	2	7	5.2	0.095	1.003	1.006	−0.951	0.228	1.241	0.453
C3	112	4	3	7	5.27	0.086	0.91	0.829	−0.268	0.228	0.068	0.453
E1	112	6	1	7	4.89	0.119	1.255	1.574	−0.965	0.228	0.797	0.453
E2	112	5	2	7	5.39	0.094	0.99	0.979	−1.031	0.228	1.575	0.453
有效的 N（列表状态）	112											

表 7—7 样本各变量的 Pearson 相关系数

		T1	T2	T3	F1	F2	F3	R1	R2	R3	C1	C2	C3	E1	E2	E3
T1	Pearson 相关性	1	0. 704	0. 658	0. 538	0. 469	0. 452	0. 497	0. 421	0. 512	0. 666	0. 473	0. 437	0. 499	0. 665	0. 554
T2	Pearson 相关性	0. 074	1	0. 426	0. 455	0. 493	0. 539	0. 404	0. 473	0. 443	0. 607	0. 44	0. 416	0. 518	0. 511	0. 513
T3	Pearson 相关性	0. 658	0. 426	1	0. 426	0. 412	0. 495	0. 485	0. 448	0. 556	0. 566	0. 454	0. 454	0. 419	0. 419	0. 613
F1	Pearson 相关性	0. 538	0. 455	0. 426	1	0. 43	0. 481	0. 574	0. 396	0. 667	0. 461	0. 438	0. 562	0. 397	0. 252	0. 388
F2	Pearson 相关性	0. 469	0. 493	0. 412	0. 43	1	0. 592	0. 356	0. 424	0. 666	0. 477	0. 571	0. 427	0. 445	0. 329	0. 215
F3	Pearson 相关性	0. 452	0. 539	0. 495	0. 481	0. 592	1	0. 419	0. 441	0. 366	0. 442	0. 422	0. 402	0. 291	0. 238	0. 256
R1	Pearson 相关性	0. 497	0. 404	0. 485	0. 574	0. 356	0. 419	1	0. 412	0. 533	0. 235	0. 39	0. 146	0. 415	0. 467	0. 479
R2	Pearson 相关性	0. 421	0. 473	0. 448	0. 396	0. 424	0. 441	0. 412	1	0. 667	0. 214	0. 303	0. 187	0. 428	0. 41	0. 444
R3	Pearson 相关性	0. 512	0. 443	0. 556	0. 667	0. 666	0. 366	0. 533	0. 533	1	0. 385	0. 226	0. 172	0. 452	0. 427	0. 482
C1	Pearson 相关性	0. 666	0. 607	0. 566	0. 461	0. 477	0. 442	0. 235	0. 235	0. 385	1	0. 522	0. 534	0. 505	0. 536	0. 555
C2	Pearson 相关性	0. 473	0. 44	0. 454	0. 438	0. 571	0. 422	0. 39	0. 39	0. 226	0. 522	1	0. 583	0. 425	0. 53	0. 43
C3	Pearson 相关性	0. 437	0. 416	0. 454	0. 562	0. 427	0. 402	0. 246	0. 246	0. 172	0. 534	0. 583	1	0. 451	0. 532	0. 556
E1	Pearson 相关性	0. 499	0. 518	0. 419	0. 397	0. 445	0. 291	0. 415	0. 415	0. 451	0. 505	0. 425	0. 451	1	0. 506	0. 442
E2	Pearson 相关性	0. 665	0. 511	0. 419	0. 252	0. 329	0. 238	0. 467	0. 467	0. 427	0. 536	0. 53	0. 532	0. 506	1	0. 456
E3	Pearson 相关性	0. 554	0. 513	0. 613	0. 388	0. 0215	0. 256	0. 479	0. 479	0. 482	0. 555	0. 43	0. 556	0. 442	0. 456	1

7.3.5 样本信度检验与效度检验

7.3.5.1 信度检验

由于使用的是李克特量表法，所以仍采用 Cronbach's α 系数作为检验样本数据信度的指标。在前文已经提及，社会科学研究中的通行规则，即一个量表的 α 值大于 0.60 则可以接受，最好大于 0.70。[①] 而吴明隆（2003）总结的是，先导性研究的信度系数为 0.50～0.60 即可，发展测量工具为目的的信度系数应大于 0.70，基础研究为目的的信度系数最好大于 0.80。[②] 对样本数据进行信度检验的结果见表 7－8。

表 7－8 样本数据信度检验（Reliability Statistics）

可靠性统计量		
测量变量	Cronbach's α	项数
相互信任 T	0.876	3
声誉机制 F	0.831	3
长期合作关系 R	0.922	3
沟通开放性 C	0.878	3
知识冲突治理效率 E	0.822	3

从表 7－8 可以看出，各测量变量的 Cronbach's α 系数均达到 0.8 以上，表明样本数据具有很高的内部一致性，测量结果稳定可靠。

7.3.5.2 效度检验

本次仍选择内容效度和构建效度作为验证指标。内容效度

① Bagozzi R P，Yi Y. On the Evaluation of Structural Equation Models [J]. Journal of the Academy of Marketing Science，1988，16（1）：74－79.

② 吴明隆. SPSS 统计应用实务——问卷分析与应用统计 [M]. 北京：科学出版社，2003：13－19.

（content validity）和构建效度（construct validity）前文已做了说明。

在利用因子分析法对变量进行构建效度检验之前，先进行KMO检验和Bartlett检验，以判断数据是否适合做因子分析，标准同前部分研究一样：KMO≥0.9，非常适合；KMO介于0.8～0.9之间，很适合；KMO介于0.7～0.8之间，适合；KMO介于0.6～0.7之间，不太适合；KMO介于0.5～0.6之间，很勉强；KMO≤0.5，不适合。KMO检验和Bartlett检验结果见表7－9，KMO＝0.812＞0.8，P＝0.000＜0.001，说明样本数据很适合进行因子分析。

表7－9 样本数据KMO检验及Bartlett检验

KMO和Bartlett的检验		
取样足够度的Kaiser－Meyer－Olkin度量		0.812
Bartlett的球形度检验	近似卡方	721.963
	df	91
	Sig.	0.000

采用主成分分析法进行探索性因子分析，按照特征值大于1的原则和最大方差法的正交旋转进行因素提取，结果见表7－10和表7－11。因子分析结果显示，从15个观测变量中提取4个因子，共解释了总体方差的67.259%，该比率达到了管理学实证研究的要求，说明本研究各项指标设置具有构建效度。

表7－10 旋转后的各变量因子载荷

	成分			
	1	2	3	4
T1	0.758	0.270	0.143	－0.135
T2	0.610	0.501	0.228	0.060

续表7－10

	成分			
	1	2	3	4
T3	0. 683	0.271	0. 231	−0.194
F1	0. 134	0.561	0.189	0.465
F2	0.077	0.874	0.112	0.023
F3	0.339	0.757	0.024	−0.167
R1	0.281	0.356	0.667	0.225
R2	0. 523	−0.124	0. 609	−0.124
R3	−0.008	0.032	0.850	0.143
C1	0.716	0.258	0.304	−0.133
C2	0.654	0.343	−0.005	−0.025
C3	0.778	0.090	0.052	0.076
E1	0.415	0.523	0.162	0.538
E2	0. 185	0.147	0.035	0. 794
E3	0.085	0.067	0.023	0.546

表 7－11　总体方差被解释情况

解释的总方差									
成分	初始特征值			提取平方和载入			旋转平方和载入		
	合计	方差的％	累积％	合计	方差的％	累积％	合计	方差的％	累积％
1	5.772	41.228	41.228	5.772	41.228	41.228	4.131	29.506	29.506
2	1.334	9.526	50.754	1.334	9.526	50.754	2.398	17.127	46.633
3	1.309	9.351	60.106	1.309	9.351	60.106	1.771	12.647	59.280
4	1.001	7.153	67.259	1.001	7.153	67.259	1.117	7.979	67.259
5	0.901	6.432	73.691						

续表7－11

解释的总方差									
成分	初始特征值			提取平方和载入			旋转平方和载入		
	合计	方差的％	累积％	合计	方差的％	累积％	合计	方差的％	累积％
6	0.720	5.144	78.836						
7	0.663	4.732	83.568						
8	0.509	3.635	87.202						
9	0.459	3.276	90.479						
10	0.381	2.724	93.203						
11	0.333	2.380	95.583						
12	0.249	1.781	97.364						
13	0.213	1.519	98.883						
14	0.078	0.667	99.556						
14	0.078	0.667	100.000						

提取方法：主成分分析。

7.3.6 SEM模型构建

同样采用功能强大、效率高、效果好的 AMOS 软件进行 SEM 模型的构建与评价。采用路径图表示 SEM 模型，仍然由测量模型和结构模型两部分构成。测量模型描绘显变量和潜变量之间的关联，结构模型则描述潜变量之间的关联。在上文构建的概念模型基础上，根据需要验证的假设关系，设定基于 AMOS 17.0 的初始 SEM 模型如图 7－3 所示。

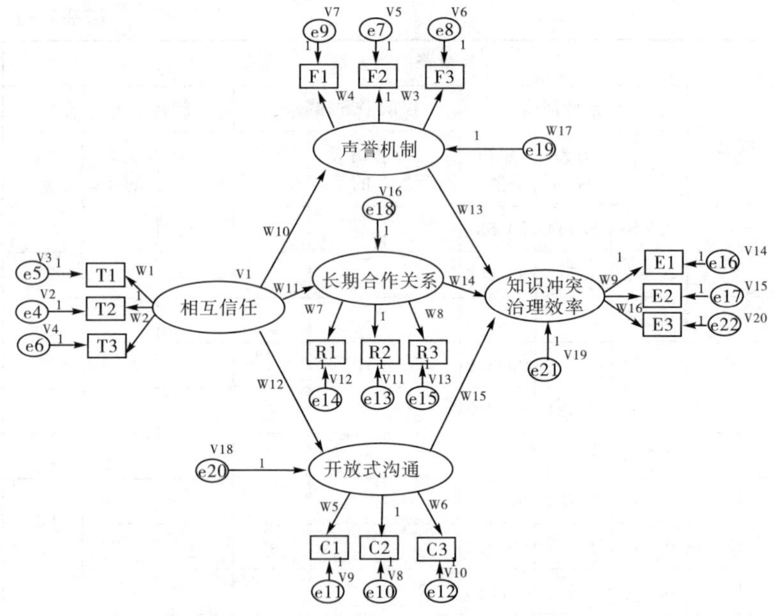

图 7—3 初始 SEM 模型路径图

7.3.7 SEM 模型评价

7.3.7.1 评价指标

模型评价的核心内容是模型的拟合性确定，拟合程度越高，则表明模型越合理有效。

结构方程模型的拟合度检验主要包括三个方面：基本拟合度（preliminary fit criteria），检测系统误差以及模型误差等；内在拟合度（fit of internal structural of model），体现估计参数的显著程度以及效度；整体拟合度（over all model fit），判定假设模型和观测变量的匹配程度。本研究使用结构方程的目的在于检验假设关系成立与否，将主要采用整体拟合度指标进行模型评价。常见的拟合度评价指标有：卡方值（CMIN，χ^2）、卡方自由度（CIMN/df）、拟合优度指数（GFI）、调整拟合优度指数

(AGFI)、均方根残差（RMR）等。要保证基于良好拟合度的模型对假设进行检验，至少要有两个以上的指标达到参数标准。① 依照 SEM 模型检验指标的含义和有关参考文献，最终选定如下指标进行模型评价，见表 7－12。

表 7－12 结构方程模型评价指标

指标名称	指标性质	判断标准	适用情形
CMIN (χ^2)	理论模型与观测模型拟合程度	＞0，且 $P>0.05$	理论模型与观测模型拟合程度
CMIN(χ^2)/df	考虑模型复杂度后的卡方值	＜3	说明模型整体拟合程度(不受复杂性影响)
GFI	假设模型可以解释观察数据的比例	＞0.9	说明模型的解释能力
AGFI	考虑了模型复杂度后的 GFI	＞0.8	不受模型复杂度影响
NFI	假设模型与独立模型的卡方差异	＞0.9	模型比虚拟模型改善的程度
CFI	假设模型与独立模型的非中央性差异	＞0.9	模型比虚拟模型改善的程度
RMSEA	观测与估算之间的差异程度	＜0.08	不受样本数与模型复杂度的影响
RMR	未标准化的假设模型整体残差	越小越好	估计假设模型的正确性

7.3.7.2 评价结果及分析

初始模型在第一次通过 AMOS 检验时，RMR 指标高出判断值少许，故仍借助 AMOS 软件中的 MI 指数加以修订，最终

① Breckler S J. Applications of Covariance Structure Modeling in Psychology: Cause for Concern? [J]. Psychological Bulletin，1990 (107)：260－273.

获得符合拟合度评价标准的修正路径图（见图 7—4）。

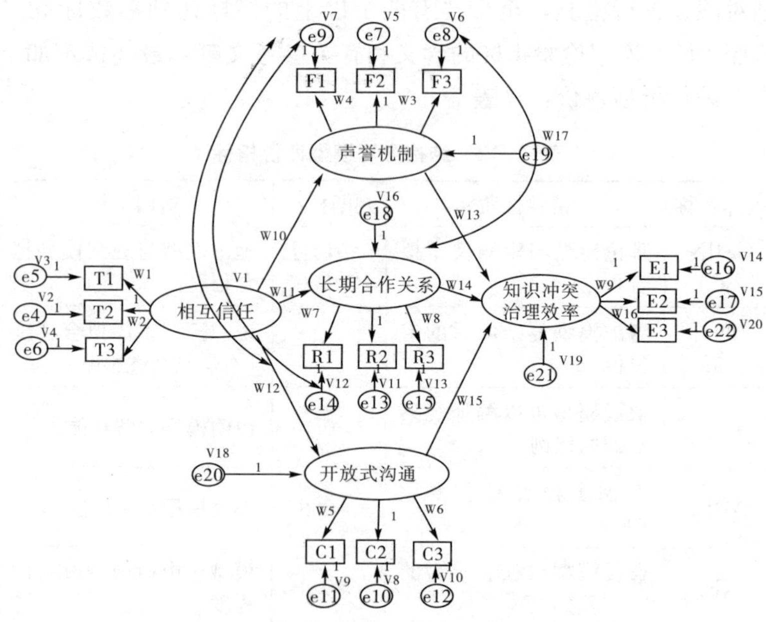

图 7—4　修正后 SEM 模型路径图

根据 AMOS 的分析结果，模型整体拟合优度结果见表 7—13。结果显示，卡方检验的 P 值没有达到理想状态，其他指标均达到参考值标准。卡方检验对样本量和输入变量的非正态性非常敏感。前文提到温忠麟等（2004）对此问题的研究结论是：卡方准则的显著性水平是，$N \leqslant 150$ 时，$P=0.01$；$N=200$ 时，$P=0.001$；$N=250$ 时，$P=0.0005$；$N \geqslant 500$ 时，$P=0.0001$。本研究样本数为 112，AMOS 进行卡方检验时，P 值为 0.01，可认为其符合拟合标准。从判断结果可以看出，假设模型拟合性达到标准，模型与数据拟合通过检验。

表 7－13　假设结构方程模型拟合度分析表

指标名称	本模型检测值	判断标准	拟合结果
CMIN(χ^2)	159.054 (P=0.01)	>0，且 P>0.05	P 值偏小
CMIN(χ^2)/df	2.427	<3	良
GFI	0.901	>0.9	良
AGFI	0.827	>0.8	良
NFI	0.904	>0.9	良
CFI	0.911	>0.9	良
RMSEA	0.07	<0.08	良
RMR	0.082	越小越好	良

7.3.8　SEM 检验结果分析

表 7－14 和表 7－15 给出了模型中各个变量间路径关系系数的估值、临界比（C.R.）、各路径系数的显著性检验结果以及各变量的方差。根据 SEM 判断估计的路径系数在此水平上是否显著的方法，通过表 7－14 和表 7－15 判断本研究中提出的假设关系是否成立。

表 7－14　SEM 模型路径参数估计结果

			Estimate	S.E.	C.R.	P	Label
声誉机制	←	相互信任	0.805	0.139	5.803	***	W10
长期合作关系	←	相互信任	0.448	0.087	5.167	***	W11
沟通开放性	←	相互信任	0.766	0.112	6.862	***	W12
知识冲突治理效率	←	声誉机制	−4.929	1.778	−2.773	0.006	W14
知识冲突治理效率	←	长期合作关系	2.986	0.920	3.246	***	W13

续表7－14

			Estimate	S. E.	C. R.	*P*	Label
知识冲突治理效率	←	沟通开放性	2.036	0.374	2.772	***	W15
T2	←	相互信任	1.000				
T1	←	相互信任	1.011	0.107	9.430	***	W1
T3	←	相互信任	0.469	0.099	4.717	***	W2
F2	←	声誉机制	1.000				
F3	←	声誉机制	1.012	0.194	5.220	***	W3
F1	←	声誉机制	1.019	0.226	4.518	***	W4
C2	←	沟通开放性	1.000				
C1	←	沟通开放性	0.919	0.125	7.354	***	W5
C3	←	沟通开放性	0.962	0.138	6.945	***	W6
R2	←	长期合作关系	1.000				
R1	←	长期合作关系	1.559	0.341	4.569	***	W7
R3	←	长期合作关系	1.209	0.380	2.745	***	W8
E1	←	知识冲突治理效率	1.000				
E2	←	知识冲突治理效率	0.837	0.108	7.719	***	W9
E3	←	知识冲突治理效率	0.895	0.040	22.142	***	W16

表 7－15　SEM 模型各变量方差

	Estimate	S. E.	C. R.	*P*	Label
相互信任	0.641	0.127	5.031	***	V1
F1	0.434	0.061	7.101	***	V11
F2	0.846	0.121	6.970	***	V12
F3	1.269	0.170	7.447	***	V13
e18	0.330	0.035	3.952	***	V16
e19	0.051	0.033	1.554	0.120	V17

续表7－15

	Estimate	S. E.	C. R.	*P*	Label
e20	0.116	0.050	2.343	***	V18
e21	0.524	0.015	1.661	***	V19
e4	0.321	0.057	5.604	***	V2
e5	0.347	0.061	5.716	***	V3
e6	0.550	0.076	7.227	***	V4
e7	1.015	0.143	7.085	***	V5
e8	0.705	0.102	6.903	***	V6
e9	1.314	0.184	7.159	***	V7
e10	0.516	0.080	6.442	***	V8
e11	0.284	0.049	5.804	***	V9
e12	0.414	0.066	6.268	***	V10
e13	0.434	0.061	7.101	***	V11
e14	0.846	0.121	6.970	***	V12
e15	1.269	0.170	7.447	***	V13
e16	0.140	0.049	2.878	0.004	V14
e17	0.871	0.166	5.244	***	V15
e22	0.227	0.140	2.667	***	V20

7.3.8.1 相互信任与声誉机制的关系

结果显示，相互信任对声誉机制有正向影响（w10＝0.805，C. R. ＝5.803，P＜0.001），临界比的值 5.803 大于参考标准值 1.96，显示估计的路径系数在 0.05 的显著性水平上是显著的。这个结果说明，知识网络组织间的相互信任与声誉机制密切相关，知识网络组织间相互信任的水平越高，知识网络中越容易建立其声誉机制。因此，假设 H1 成立。

7.3.8.2　相互信任与长期合作关系的关系

结果显示，相互信任对长期合作关系有正向影响（w11＝0.448，C.R.＝5.167，$P<0.001$），临界比的值5.167大于参考标准值1.96，显示估计的路径系数在0.05的显著性水平上是显著的。这个结果说明，知识网络组织间的相互信任与长期合作关系密切相关，知识网络组织间相互信任的水平越高，组织之间建立长期合作关系的意愿就越强。因此，假设H2成立。

7.3.8.3　相互信任与沟通开放性的关系

结果显示，相互信任对沟通开放性有正向影响（w12＝0.766，C.R.＝6.862，$P<0.001$），临界比的值6.862大于参考标准值1.96，显示估计的路径系数在0.05的显著性水平上是显著的。这个结果说明，知识网络组织间的相互信任与沟通开放性密切相关，知识网络组织间相互信任的水平越高，组织之间沟通的开放性越强。因此，假设3成立。

7.3.8.4　声誉机制与知识冲突治理效率的关系

结果显示，声誉机制与知识冲突治理效率没有显著关系（w14＝－4.929，C.R.＝－2.773，$P=0.006$），C.R.之值明显小于1.96，在0.05水平上路径系数不具有显著性，相关关系不成立。因此，假设H4不成立。

7.3.8.5　长期合作关系与知识冲突治理效率的关系

结果显示，长期合作关系对知识冲突治理效率有正向影响（w13＝2.986，C.R.＝3.246，$P=0.001$），临界比的值3.246大于参考标准值1.96，显示估计的路径系数在0.05的显著性水平上是显著的。这个结果说明，知识网络组织间的长期合作关系与知识冲突治理效率密切相关，组织的长期合作意愿越强，专用性资产投入越多，知识冲突治理的效率越高。因此，假设H5成立。

7.3.8.6 沟通开放性与知识冲突治理效率的关系

结果显示，沟通开放性对知识冲突治理效率有正向影响（w165=1.036，C.R.=2.772，P=0.006），临界比的值2.772大于参考标准值1.96，显示估计的路径系数在0.05的显著性水平上是显著的。这个结果说明，知识网络组织间的沟通开放性与知识冲突治理效率密切相关，组织间的沟通渠道越丰富，沟通频率越高，沟通越深入，知识冲突治理的效率越高。因此，假设H6成立。

检验结果汇总见表7—16。

表7—16 知识网络组织之间相互信任对知识冲突治理作用假设检验结果

假设	假设内容	检验结果
H1	知识网络组织间的相互信任与知识网络的声誉机制正相关	成立
H2	知识网络组织间的相互信任与组织间的长期合作关系正相关	成立
H3	知识网络组织间的相互信任与组织间的沟通开放性正相关	成立
H4	知识网络声誉机制与组织间的知识冲突治理效率正相关	不成立
H5	知识网络组织间的长期合作关系与组织间的知识冲突治理效率正相关	成立
H6	知识网络组织间的沟通开放性与组织间的知识冲突治理效率正相关	成立

7.4 进一步讨论

7.4.1 相互信任对于知识网络中知识冲突的治理路径

通过 SEM 模型验证相互信任对知识网络中知识冲突的治理作用发现：相互信任对声誉机制、长期合作关系和沟通开放性均有正面影响，长期合作关系与知识冲突治理效率正相关，沟通开放性与知识冲突治理效率正相关，然而，声誉机制与知识冲突治理效率的相关关系不明显。

对于该检验结果的分析如下：为了避免变量之间的相互关系影响对检验结果的判断，混淆相互信任对于知识冲突的作用途径，在构建概念模型时，我们将声誉机制、长期合作关系和沟通开放性作为相对独立的中介变量来研究相互信任如何影响知识冲突治理效率，没有考虑三者之间的相互关系，可能导致的后果是，一些变量由于相互关系的缺失而难以体现其作用和影响。根据检验结果推断声誉机制、长期合作关系和沟通开放性三者之间的相互关系为：①声誉机制与沟通开放性密切相关。声誉机制对于知识网络成员来说是自身利益的有力保障，当知识网络中的声誉机制健全时，机会主义行为遭受惩罚的概率高，惩罚力度大，考虑到违约带来的高昂成本，知识网络成员不会轻易冒险，从而有效抑制机会主义行为的产生。当网络成员认识到这一点时，对合作伙伴的合作行为预期就会提高，使得组织更愿意共享知识，与合作伙伴的沟通频率更高，沟通程度更深入。而随着沟通开放性的提升，信息更容易在节点之间流动与共享，又进一步促进了声誉机制的完善。②声誉机制影响组织间的长期合作关系。在声誉机制的作用下，组织更愿意与对方建立长期合作关系，通过履行承诺、投入专用性资产以获得更好的合作绩效，为自身赢得良好的声誉以及由此带来的更多的合作机会。

在上述分析的基础上，可以归纳出相互信任对知识网络中知识冲突的治理路径如下：相互信任对知识网络中的知识冲突具有治理作用，相互信任与声誉机制、长期合作关系、沟通开放性之间存在正相关关系，通过声誉机制、长期合作关系和沟通开放性影响知识网络组织间知识冲突的治理效率。其中，长期合作关系和沟通开放性与知识冲突治理效率正相关，是相互信任与知识网络中知识冲突治理效率的中介变量，相互信任直接通过长期合作关系和沟通开放性影响组织间知识冲突治理效率。而声誉机制并未在相互信任与知识冲突治理效率之间发挥直接中介作用，分析推断其通过影响长期合作关系与沟通开放性来影响知识冲突治理效率，所以相互信任通过声誉机制间接对知识冲突治理效率产生影响。

7.4.2 管理启示

通过分析相互信任对于知识网络中知识冲突的治理作用及治理途径，可以在知识网络管理方面得出以下启示：

(1) 注重培育知识网络组织之间的相互信任关系，能提高网络中的总体信任水平，降低知识冲突的治理成本，有助于激发和保持良性知识冲突水平，以实现知识网络整体活力和创新效率的提升。

(2) 相互信任对知识冲突的治理路径有三条：一是促进知识网络中声誉机制的建设和完善，良好的声誉能使组织同时与多个潜在合作伙伴迅速建立联系，是组织重要的无形资产，声誉机制的监督作用也能抑制那些企图利用知识的外部性和估价模糊性来攫取自身利益的机会主义行为，为网络成员组织提供核心利益的保障，从而提高组织对合作伙伴合作行为的预期，增强组织的知识共享意愿，激励知识转移参与各方共同应对知识转移过程中的障碍和问题；二是促进组织间长期合作关系的建立，长期合作往往伴随着专用性资产投入，可以被视为组织对现有合作关系的忠诚，专注长期合作收益的组织在合作绩效方面表现得更为突出，对于合作成功的愿望和信心也更强烈；三是加强知识网络组织之间的沟通开放性，当组织之间形成一定程度的相互信任关系时，双方更愿意建设畅通的沟通渠道，保持频繁的互动，在彼此相互学习和深入了解的基础上增强双方的认知结构吻合度，从而不但能提高编解码的能力，促进知识转移的高效完成，降低转移过程中的知识冲突恶化的概率，还可能在知识碰撞的过程中促进新知识的产生。这三个方面的建设有助于发挥相互信任对于知识冲突的治理作用。

7.5 小结

本章是在上一章节研究相互信任对知识网络作用机理的基础上，以知识网络中的知识冲突作为例证对象，验证相互信任对知识冲突的治理作用和治理路径。首先，本章研究知识冲突的内涵、特征、产生原因及发展过程，在此基础上分析知识冲突治理的内容，初步厘定相互信任与知识冲突治理的关联。然后，结合知识网络的结构特点和知识的特性，运用博弈分析、结构方程模型和实证调研等研究方法，分析相互信任对于知识冲突的治理作用及其作用路径。实证研究结果显示：相互信任与声誉机制、长期合作关系、沟通开放性三者具有正相关关系；相互信任通过长期合作关系、沟通开放性正向影响知识冲突治理效率，声誉机制借助长期合作关系与沟通开放性发挥对知识冲突的治理作用。最后，基于研究结论，提出相互信任对知识冲突发挥治理作用的三条途径和一些管理建议。

8 结论与展望

8.1 本书所做主要工作

本研究对知识网络中组织之间的相互信任问题进行了较为系统的研究，所做的主要研究工作归纳如下：

(1) 对需要使用的关键概念进行了界定并梳理了相关概念之间的关系。知识网络、相互信任和社会资本至今没有统一的概念界定，为消除歧义，清晰阐明本书的研究对象、研究范围与边界，书中对本研究所使用的知识网络、相互信任和社会资本都做了明确界定。信任关系嵌入在知识网络中，知识网络的结构、网络中组织间的交互作用与相互信任关系相互影响，研究知识网络中的相互信任，需要掌握知识网络这一组织形态本身的相关要点。首先分析了知识网络的内涵、特性、结构和其中的知识活动，在此基础上界定相互信任的含义、构成、特点和划分等。信任与社会资本关系密切，社会资本的出现总伴随网络、资源、信任和规范等内容。因此，网状组织形态——知识网络中相互信任问题的研究自然与社会资本紧密相关。本书将信任理解为社会资本的关键要素之一，界定了社会资本的内涵。研究知识网络中相互信任问题时，部分内容将使用社会资本理论加以分析与解释，主要包括结构洞理论、强弱关系理论和嵌入观点等。本书对上述理论都加以了简要说明。

（2）通过对知识网络中相互信任的建立条件、影响因素、建立过程的分析，探讨了知识网络组织之间相互信任的建立机制。在知识网络中，组织之间相互信任关系的建立需要内外部条件的共同促进，相互信任关系受到不同因素的影响。从社会资本嵌入观点来看，信任嵌入在知识网络中，既受到知识网络中知识活动的影响，又对知识活动发挥作用。因此，从前因—后果角度将相互信任的影响因素分析归类，提出前因变量和后果变量。利用博弈收益矩阵分析一次博弈和重复博弈两种条件下信任关系的建立过程。又由于网络组织自身声誉传递机制和结构洞的存在，使得知识网络中初始相互信任的建立可分为两种情境：有第三方信息源和无第三方信息源，对这两种情境下相互信任关系的建立过程也进行了分析。最后，综合上述分析结果提出知识网络中相互信任的建立机制，并构建出模型图。

（3）研究了知识网络中相互信任的演化过程。相互信任关系建立之后，随着知识网络中知识活动的循环进行，相互信任也随之发生变化，不同阶段不同类型的信任通过不同的途径建立或演变而来。本研究选择从类别、程度和范围三个方面研究相互信任关系的变化。前两者体现在知识网络中组织间的单次合作过程中，而相互信任关系范围变化则体现在整个知识网络之中。单次合作过程中，组织间相互信任关系的类别变化为：从初期的尝试性信任（若有第三方信息源，则为敏捷信任）到合作过程中的维持性信任，最后发展为合作尾声的延续性信任；而信任度则经历由低到高的发展，信任关系的强度和质量也逐步提升；本书将单次合作过程中相互信任的演化划分为四个阶段。从知识网络整体来看，网络中的知识活动是螺旋向上的循环过程，随着对知识活动参与程度的加深，以及弥补知识缺口的需要，在声誉传递机制、结构洞组织或中介组织的作用下，网络中组织的合作对象逐渐增多，信任半径增大，即信任的范围扩大。以相互信任的影响因素、建立与演化过程的分析结果为依据，提出一些培育相互信任关系的措施。

（4）通过实证研究与理论推断分析探讨了知识网络组织之间相互信任的作用机理。前文已述，信任是社会资本的要素，从社会资本关系、结构和认知三个维度看待相互信任，更全面地梳理了相互信任在知识网络中的作用。进一步，将相互信任与知识网络的构成要素、知识活动相结合作为切入点，探讨相互信任在知识网络中的作用机理，同时提出：相互信任通过影响知识转移活动来发挥其在知识网络中的作用。采用知识转移机会、意愿和能力三要素模型，构建出概念模型，用统计调查研究和结构方程模型，对概念模型中变量间的假设关系进行验证。通过 SPSS 和 AMOS 软件进行数据处理与分析，得出相互信任与知识转移机会、意愿和能力之间具有明显的正相关关系，在相互信任发挥影响的前提下，知识转移机会与知识转移行为正相关，知识转移意愿、知识转移能力与知识转移行为则没有显著的直接相关关系。为此，从三因素内在的逻辑关系对检验结果进行了理论分析，推断出相互信任在知识网络中作用机理的具体路径，提出可以在实践中参考的管理建议。

（5）通过实证研究分析了知识网络组织间相互信任对于知识冲突的治理作用。从相互信任作用机制的视角切入，以知识网络中的知识冲突作为例证对象，根据知识冲突产生的原因，明确知识冲突治理的内容，结合知识网络的结构特点和知识的特性，运用博弈分析，提出相互信任通过声誉机制、长期合作关系、沟通开放性等三个中间变量影响知识冲突治理效率，构建出相互信任对知识冲突治理作用的概念模型，用统计调查研究和结构方程模型，对概念模型中变量间的假设关系进行验证。通过 SPSS 和 AMOS 软件进行数据处理与分析，得出相互信任与声誉机制、长期合作关系、沟通开放性三者具有正相关关系；相互信任通过长期合作关系、沟通开放性正向影响知识冲突治理效率；进一步分析提出声誉机制借助长期合作关系与沟通开放性发挥对知识冲突的治理作用。在此基础上，提出利用知识网络组织间相互信任提高知识冲突治理效率的几条途径。

8.2 本书创新之处

（1）以知识网络中知识活动的进程为维度，结合知识网络的特性，根据相互信任在变化过程中不同阶段的特性，将知识网络组织之间的相互信任划分为尝试性信任、维持性信任、延续性信任和敏捷信任；将知识网络中知识活动划分为知识转移、知识共享和知识创造三个环节，认为三个环节通过反馈机制形成螺旋向上的循环发展模式，以单次知识活动的进程为维度，划分信任类别。

（2）提出知识网络中组织之间相互信任的建立机制有：过程型、特征型、规范型和反馈型四种。基于前因－后果的分析思路，归纳出影响知识网络中相互信任的前因变量以及后果变量，前因变量包括：声誉、力量对比、组织背景、相互沟通、合作经历以及网络制度规范和文化；后果变量包括：承诺（专用性投资）、合作绩效以及合作伙伴关系。通过博弈论推导出知识网络中建立相互信任关系需满足的前提条件：合作/信任策略收益大于不合作/失信策略收益。而由于网络声誉传递机制和结构洞特征，使得网络中建立相互信任存在两种初始情境：一种无第三方信息源，需要通过更强的外在干预提高机会主义行为成本，增加合作收益来保障信任形成，初始信任为尝试性信任；另一种有第三方信息源，由于信任延续性，能快速建立起敏捷信任。以满足博弈论得出的相互信任建立前提条件为目的，从相互信任影响因素着手，结合知识网络中初始信任建立的两种情境，分析出知识网络中相互信任的建立机制，并用模型图进行演示说明。

（3）从类别、程度和范围三个方面研究了知识网络组织之间相互信任的演化过程。从两个角度展开分析：一是过程视角，即分析单次合作过程中相互信任的演化，主要针对信任类别和程度的改变；二是整体视角，从知识网络整体探讨相互信任的演化，主要针对信任范围的变化。根据现有实证和推理研究成果，结合知识网络中知识活动进程对四类相互信任进行比较，得出单次合作进程中信任演化过程：无第三方信息源时，从尝试性信任经历维持性信任到延续性信任；有第三方信息源时，从敏捷信任经历维持性信任到延续性信任。这个过程可分为四个阶段，即预测阶段、确定能力阶段、信任保障阶段和转移提升阶段。这个过程中，信任度由低到高发展。借鉴福山提出的信任半径（radius of trust），对知识网络中信任的范围变化进行分析发现，由于弥补知识缺口的驱动力、知识网络交错复杂的联系渠道以及信任延续性共同作用，从知识网络整体而言，相互信任的范围随着知识活动螺旋向上循环发展而不断扩大。

（4）通过实证研究与理论推断结合对知识网络组织之间相互信任的作用机理进行分析与论证。从根源探讨相互信任作用机理，通过分析推断：相互信任通过影响知识转移来发挥作用。因此，为分析相互信任对知识转移的影响，采用知识转移机会、意愿和能力三要素模型，构建实证研究的假设模型。通过统计调查和结构方程模型验证假设模型，结果表明：相互信任与知识转移机会、知识转移意愿和知识转移能力正相关；在相互信任作用前提下，知识转移机会与知识转移行为正相关，知识转移意愿与知识转移能力与知识转移行为没有明显直接相关关系。通过理论分析与实证研究相结合，推断出相互信任作用机理为：相互信任对知识转移机会、知识转移意愿和知识转移能力产生正向影响，通过知识转移机会的中介作用正向影响知识转移行为。在此过程中，知识转移意愿通过知识转移机会影响知识转移行为，而知识转移能力在相互信任、知识转移机会、知识转移意愿发挥作用的过程中起制约作用，并影响知识转移效果。

（5）利用实证方法研究了知识网络组织间相互信任对知识冲突的治理作用。基于知识冲突的内涵、特征及产生原因，将知识冲突的发展过程分为酝酿阶段、觉察阶段、行为阶段和协调阶段，提出知识冲突治理的内容包括知识冲突预防、知识冲突定性、知识冲突转化、冲突水平测定和知识冲突激发。利用博弈分析推断出相互信任对知识网络中知识冲突的治理作用通过声誉机制、长期合作关系和沟通开放性三条路径实现，因此，通过结构方程模型、实证调研和理论推断等方法验证相互信任对于知识网络组织间知识冲突的治理作用及路径结果显示：相互信任与声誉机制、长期合作关系、沟通开放性三者具有正相关关系。长期合作关系、沟通开放性与知识冲突治理效率正相关，声誉机制与知识冲突治理效率不具有正相关关系。通过进一步推断分析得出：相互信任通过声誉机制、长期合作关系、沟通开放性影响知识冲突治理效率，其中长期合作关系和沟通开放性发挥直接中介作用，而声誉机制起间接中介作用，需借助长期合作关系与沟通开放性两个变量间接影响相互信任对知识冲突的治理作用。

8.3　研究展望

知识网络组织之间相互信任的研究尚处于初期阶段，理论体系尚不成熟，研究成果还有欠缺。本研究对知识网络组织之间的相互信任问题展开了系统的研究，但受时间、精力和能力所限，仍存在不足，后续研究将重点考虑以下几个方面：

（1）由于研究结论的有效性、适用性以及篇幅与精力所限，选择了知识网络正常运行时期作为研究切入点，将研究所设定的组织背景进行了简化处理。然而，知识网络是个复杂立体的开放性网络，其本身的形成与演化就是一个复杂的过程。因此，下一步研究可以考虑知识网络自身的动态变化对组织间相互信任关系的影响，研究知识网络发展的不同阶段组织间的相互信任关系。

（2）提出知识网络组织间相互信任受到前因变量和后果变量的共同影响，并归纳出前因变量和后果变量分别包括哪些因素。但这些因素是根据前人研究成果和研究者自身分析判断得出的主观经验性结论，它们对相互信任的影响权重有无差异，它们与相互信任的相关程度，前因变量、相互信任和后果变量之间是否存在中间媒介，除了前因变量和后果变量是否还存在其他影响变量，这些问题限于篇幅均未展开探讨，后续研究应在此处展开深入分析与讨论，并通过实证研究方法加以验证，推断出结论。

（3）社会资本的负面作用近些年受到研究者的关注，作为社会资本的关键要素，相互信任是否存在负面作用是值得探讨的问题。相互信任在知识网络中具有重要意义，本书从社会资本视角对相互信任的积极作用进行了归纳。然而，社会资本引发的阻碍创新、高进入壁垒这些负面影响是否会导致相互信任对知识网络的发展带来消极影响，在后续研究中，应对这个问题给予足够关注与分析。

（4）通过数理模型分析或者实证研究对各研究部分进行了论证或验证，构建出知识网络组织之间相互信任的理论体系。书中的相互信任明确界定为组织之间的相互信任，将信任主体默认为开展合作的各类组织，属于中观层面的信任。由于旨在搭建系统框架和体系，本书未对信任展开微观层面即人际信任的分析。然而，组织间的合作仍需通过具体的执行者才能完成，合作者之间的人际信任将影响组织之间相互信任的建立与演化。因此，在知识网络组织之间相互信任问题的后续研究中，可将微观与中观结合分析，研究微观层面的人际信任如何影响中观层面的组织信任，从纵向视角剖析组织之间的相互信任问题。

（5）实证研究部分通过实证研究结果，得出相互信任、知识转移三要素与知识转移行为之间的相互关系，并以此为基础进行了进一步的理论推断工作。模型构建中，将三要素视为独立变量，并仅选择了知识转移行为一个角度来考量知识转移活动，不够全面。理论推断部分参照前人的研究成果和知识网络特征，提出三要素之间的逻辑关系，以及在知识转移活动过程中的不同作用。鉴于精力与文章结构安排，对此部分没有进行再次的实证调研和模型验证。今后的研究工作中，应对此部分再做实证检验。此外，还应增加知识转移效果这一维度，从行为与效果两个维度分析相互信任对知识转移的影响。

（6）搭建了知识网路组织之间相互信任的建立机制、演化过程和作用机理这一系统框架，理论框架得出的结论需要通过实践加以检验，鉴于精力与篇幅有限，本书未对此展开进一步研究。后续研究应选择实际的案例，如我国产学研合作的实例，对本书提出的理论框架的应用价值进行检验和修订。

（7）在例证知识网络组织之间相互信任作用时，选取了相互信任对知识冲突治理的治理作用这一课题进行论证，且受制于时间精力，部分论证的内容未作进一步检验。今后的研究工作中，还应对推论部分做深入研究，并可增补其他相关方面作为补充，丰富和完善相互信任在知识网络中的作用研究。

参考文献

[1] Adler P S，Kwon S W. Social Capital：Prospects for a New Concept [J]. Academy of Management Review，2002，27（1）：17－40.

[2] Ahuja，Gautam. Collaboration Network，Structural Hotel and Innovation：A Longitudinal Study [J]. Administrative Science Quarterly，2000（45）：425－455.

[3] Alejandro Ports. The Economic Sociology of Immigration：A Conceptual Overview [A] //Ports. The Economic Sociology for Immigration：Essays on networks，Ethnicity and Entrepreneurship [M]. New York：Russell Sage Foundation，1995：12.

[4] Ali H A，Birley S. The Role of Trust in The Marketing Activities of Entrepreneurs Establishing New Ventures [J]. Journal of Marketing Management，1998，14（7）：749－763.

[5] Alston J P，Wa Guanxi，Iinhwa. Managerial Prineiples in Japan，China，and Korea [J]. Bus Horiz，1989：26－31.

[6] Andrew C，Paul W B. Knowledge，Bargaining Power，and the Instability of International Joint Ventures [J]. Academy of Management Review，1997，22（1）：177－202.

[7] Andrews K M, Delahay B L. Influences on Knowledge Processes in Organizational Learning: The Psychosocial Filter [J]. Journal of Management Studies, 2000 (37): 797−810.

[8] Apostolou D, Mentzas G, Maas W. Knowledge Networking in Extended Enterprises [EB/OL]. http://imu.ices.ntua.gr/Papers/C60−ICE2003−Apostolou _ Mentzas _ Maass.pdf.

[9] Arora A, Fosfuri A. Wholly Owned Subsidiary Versus TechnologyLicensing in the Worldwide Chemical Industry [J]. Journal of International Business Studies, 2000 (31): 555−572.

[10] Gajdzik B, Grzybowska K. Example Models of Building Trust in Supply Chains of Metallurgical Enterprises [J]. METALURGIJA 51, 2012 (4): 563−566.

[11] Bagozzi R P, Yi Y. On the Evaluation of Structural Equation Models [J]. Journal of the Academy of Marketing Science, 1988, 16 (1): 74−79.

[12] Baker T L, Simpson P M, Siguaw J A. The Impact of Suppliers' Perceptions of Reseller Market Orientation on Key Relationship Construets [J]. Journal of the Aeademy of Marketing Seienee, 1999, 27 (1): 50−57.

[13] Barney J, Hansen M. Trustworthiness as a Source of Competitive Advantage [J]. Strategic Management Journal, 1994, 15 (1): 175−190.

[14] Bechmann M J. Economic Models of Knowledge Networks, in Networks in Action [M]. Berlin, Heidelberg, New York, Tokyo: Springer−Verlag, 1995: 159−174.

[15] Bourdieu P. The Forms of Capital [A] //John Richardson.

Handbook of Theory and Research for the Sociology of Education [M]. New York: Greenwood, 1985: 241—258.

[16] Breckler S J. Applications of Covariance Structure Modeling in Psychology: Cause for Concern? [J]. Psychological Bulletin, 1990 (107): 260—273.

[17] Burt R. Structural Holes [M]. Cambridge: Harvard University Press, 1992.

[18] Byrne J A. The Virtual Corporation [J]. Business Week, 1993 (8): 98—103.

[19] Carayanni L, Alexander J. Winning by Co-opeting in Strategic Government-university-industry R&D Partnerships: The Power of Complies Dynamic Knowledge Networks [J]. Journal of Technology Transfer, 1999 (24): 197—210.

[20] Chen H, Wang H L. Strategic Knowledge Network Enterprises Based on Social Network Theory [A] //Proceedings of the 2005 International Conference on Management Science and Engineering [C]. Harbin: HIT Press, 2005: 587—590.

[21] Cheng J Y, Hu H H. Development of Enterprises' Capability Based on Cooperative Knowledge Network [A] //Chinese-Academy-of-Sciences Symposium on Data Minning and Knowledge Management [C]. Berlin: Springer-verlag Berlin Heidelberg, 2005: 187—194.

[22] Cohen W M, Levinthal D A. Absorptive Capacity: A New Perspective On Learning And Innovation [J]. Administrative Science Quarterly, 1990, 35 (1): 128—152.

[23] Coleman J. Foundations of Social Theory [M]. Cambridge,

MA：Belknapp Press of Harvard University Press，1990.

[24] Coleman J. Social Capital in the Creation of Human Capital [J]. American Journal of Sociology，1988，94 (5)：95—121.

[25] Cowan R，Jonard N. Network Structure and the Diffusion of Knowledge [J]. MERIT Working Papers，1999：99—128.

[26] Crossan M，Inkpen A. The Subtle Art of Learning Through Alliances [J]. Business Quarterly，1995，60 (2)：68—78.

[27] Cummings J L，Teng B. Transferring R&D Knowledge：The Key Factors Affecting Knowledge Transfer Success [J]. Journal of Engineering and Technology Management，2003 (20)：39—68.

[28] Davenport T H，Prusak I. Working Knowledge：How Organizations Manage What They Know [M]. Boston：Harvard Business School Press，1998.

[29] Doney P M，Cannon J P，Mullen M R. Understanding the Influence of National Culture on the Development of Trust [J]. Academy of Management Review，1998 (23)：601—620.

[30] Drucker P F. The Age of Social Transformation [J]. The Atlantic Monthly，1994.

[31] Dyer J，Singh H. The relational View：Cooperative Strategy and Sources of Inter Organizational Competitive Advantage [J]. Academy of Management Review，1998，23 (4)：660—679.

[32] Dyer J H，Nobeoka K. Creating and Managing a High—

performance Knowledge Sharing Network: The Toyota Case [J]. Strategic Management Journal, 2000.

[33] Ellis C. Making Strategic Alliance Succeed: The Importance of Trust [J]. Harvard Business Review, 1996 (7—8): 7—8.

[34] Enrico Scarso, Ettore Bolisani. Trust—Building Mechanisms for the Provision of Knowledge—Intensive Business Services [J]. Electronic Journal of Knowledge Management, 2011, 9 (1): 46—56.

[35] Fombrun C J, Rindova V. Who Tops and Who Decides? The Social Construction of Corporate Reputations [Z]. New York University, Stern School of Business, Working Pa.

[36] Ford B T. Theoretical Perspectives on Social Capital [EB/OL]. http: //hal. lamar. edu/~BROWNTF/SOCCAP. HTML.

[37] Freeman C. Networks of Innovators: A Synthesis of Research Issues [J]. Research Policy, 1991 (20): 499—514.

[38] Fukuyama F. Trust: The Social Virtues and the Creation of Prosperity [M]. New York: Free Press, 1995.

[39] Greenberg P S, Greenberg R H. Creating and Sustaining Trust in Virtual Teams [J]. Business Horizons, 2007 (50): 325—333.

[40] Gulati R, Nohria N, Zaheer A. Strategic Networks [J]. Strategic Management Journal, 2000, 21 (3): 203—215.

[41] Gupta G. Knowledge Flows Within Multinational Corporations [J]. Strategic Management Journal, 2000, 21 (4): 473—496.

[42] Hakansson, Johanson. A Model of Industrial Networks, Industrial Networks: A New View of Reality [M]. London: Routledge Press, 1993: 35—52.

[43] Hamel G. Competition for Competence and Inter-partner Learning within International Strategic Alliances [J]. Strategic Management Journal, 1991 (12): 83-104.

[44] Hosmer L T. Trust: The Connection Link between Organizational Theory and Philosophical Ethics [J]. Academy of Management Review, 1995, 20 (2): 379-403.

[45] Ireland R D, Web J W. A Multi-theoretic Perspective on Trust and Power in Strategic Supply Chains [J]. Journal of Operations Management, 2007, 25 (2): 482-497.

[46] Ishaya T, Macaulay L. The Role of Trust in Virtual Teams [EB/OL]. http://www.findarticles.com.

[47] Jarvenpaa S L, Knoll K, Leidner D E. Is Anybody out There? Antecedents of Trust in Global Virtual Teams [J]. Journal of Management Information Systems, 1998, 14 (4): 29-64.

[48] Jarvenpaa S L, Leidner D E. Communication and Trust in Global Virtual Teams [J]. Organization Science, 1999 (10): 791-815.

[49] 约翰·克劳奈维根. 交易成本经济学及其超越 [M]. 朱舟，黄瑞虹，译. 上海：上海财经大学出版社，2002.

[50] Johnson. Seting the Srage for Trust and Strategic Integration in Japanese-U. S. Cooperative Alliances [J]. Journal of International Business Studies, 1996, 27 (5): 981-1004.

[51] Jones C, Hesterly W S, Borgatti S P. A General Theory of Network Governance: Exchange Conditions and Social Mechanisms [J]. Academy of Management Review, 1997, 22 (4): 911-945.

[52] Kline R B. Principles and Practice of Structural Equation Modeling [M]. New York: The Guilford Press, 1998.

[53] Knott A M, Bryce D J, Posen H E. On the Strategic Accumulation of Intangible Assets [J]. Organization Science, 2003, 14 (2): 132-207.

[54] Kogut, Bruce. Joint Ventures: Theoretical and Empirical Per - Spectives [J]. Strategic Management Journal, 1988, 9 (4): 319-332.

[55] Korczynski M. The Political Economy of Trust [J]. Journal of Management Studies, 2000, 37 (1): 1-43.

[56] Krogh G V. Care in Knowledge Creation [J]. California Management Review, 1998, 40 (3): 133-153.

[57] Lander M C, Purvis R L, McCray G E, et al. Trust-building Mechanisms Utilized in Outsourced is Development Projects: A Case Study [J]. Information & Management, 2004 (41): 509-528.

[58] Lane. Absorptive Capacity, Learning and Performance in International Joint Ventures [J]. Strategic Management Journal, 2001, 22 (12): 1139-1162.

[59] Leonard-Barton D. Core Capabilities and Core Rigidities: A Paradox Inmanaging New Product Development [J]. Strategic Management Journal, 1992 (13): 111-125.

[60] Lewicki R J, Bunker B B. Developing and Maintaining Trust in Work Relationships [A] //Kramer R M, Tyler T R. Trust in Organizations: Frontiers of Theory and Research [C]. CA: Sage Pubilications, Thousand Oaks, 1996: 114-139.

[61] Lewis J D, Weigert A. Trust as a Social Reality [J].

Social Force，1985，4 (4)：967—985.

[62] Lin Nan. Social Capital：A Theory of Social Structure and Action [M]. Cambridge：Cambrige University Press，2001.

[63] Magent M. The New Golden Rule of Business [J]. Fortune，1994 (21)：60—64.

[64] Macneil I R. The Many Futures of Contracts [J]. Southern California Law Review，1974 (47)：753—769.

[65] Marek Korczynski. The Political Economy of Trust [J]. Journal of Management Studies，2000 (1)：37.

[66] Martin X，Salomon R. Knowledge Transfer Capacity and its Implications for the Theory of The Multinational Corporation [J]. Journal of International Businesses Studies，2003，34 (4)：356—373.

[67] Mayer R C，Davis J H，Schoorman F D. An Integration Model of Organizational Trust [J]. Academy of Management Review，1995，20 (3)：709—734.

[68] McAllister D J. After and Cognition－based Trust as Foundation for Interpersonal Cooperation in Organizations [J]. Academy of Management Journal，1995 (38)：24—59.

[69] McKnight D H，Chervany N L. What Trust Means in Ecommerce Customer Relationships：An Interdisciplinary Conceptual Typology [J]. International Journal of Electronic Commerce，2002，6 (2)：35—59.

[70] Meng－Lei Monica Hu，Tsung－Lin Ou，Haw－Jeng Chiou，et al. Effects of Social Exchange and Trust on Knowledge Sharing and Service Innovation [J]. Social Behavior and Personality，2012，40 (5)：783—800.

[71] Menon T, Pfeffer J. Valuing Internal vs. External Knowledge: Explaining the Preference for Outsiders [J]. Management Science, 2003, 49 (4): 497—514.

[72] Mentzas G, Apostolou D, Abecker A, et al. Knowledge Asset Management: Beyond the Process—centred and Product—centred Approaches [M]. Heidelberg: Springer, 2002.

[73] Mick C. The Competitiveness of Networked Production: The Role of Trust and Asset Specificity [J]. Journal of Management Studies, 1998, 35 (4): 457—479.

[74] Moran P, Ghoshal S. Theories of Economic Organization: The Case for Realism and Balance [J]. Academy of Management Review, 1996, 21 (1): 58—72.

[75] Morgan R, Hunt S D. The Commitment Trust Theory of Relationship Marketing [J]. Journal of Marketing, 1994 (58): 20—38.

[76] Adler N J. International Dimensions of Organizational Behavior [M]. Cincinnati: South — Western College Publishing, 1997.

[77] Nahapiet J, Ghoshal S. Social Capital, Intellectual Capital and The Organizational Advantage [J]. Academy of Management Review, 1998, 23 (2): 242—266.

[78] Nohria G R, Zaheer A. Strategic Networks [J]. Strategic Management Journal, 2000 (21): 37—51.

[79] Nohria N, Eccles R G. "Face—to—Face: Making Network Organizations Work", in Net — works and Organizations: Structure, Form and Action [M]. Boston: Harvard Business School Press, 1992: 288—308.

[80] Nonaka I, Takeuchi H. The Knowledge — creating Company

[M]. London UK：Oxford University Press，1995.

[81] Nooteboom B，Noorderhaven N G. Effects of Trust and Governance on Relational Risk [J]. Academy of Management Journal，1997 (40)：303－338.

[82] Norman P M. Protecting Knowledge in Strategic Alliances Resource and Relational Characteristic [J]. Journal of High Technology Management Research，2002，13 (2)：177－202.

[83] O'Reilly C，Pondy L. Organizational Communication In S. Kerr (Ed.) Organizational Behavior [M]. Columbus：Grid，1979：119－150.

[84] Owen－Smith J，Powell W W. Knowledge Networks as Channels and Conduits：The Effects of Spillovers in the Boston Biotechnology Community [J]. Organization Science，2004，15 (1)：5－21.

[85] Doney P M，Cannon J P，Mullen M P. Understanding the Influence of National Culture on the Development of Trust [J]. Academy of Management Review，1998 (23)：601－620.

[86] Peng M W，Shenkar O. The Meltdown of Trust：A Process Model of Strategic Alliance Dissolusionpp [C]. Boston：Paper Presented at the Academy of Management Annual Meeting，1997.

[87] Podolny J，James B. Resources and Relationships：Social Networks and Mobility in the Workplace [J]. American Sociological Review，1997，62 (5)：673－693.

[88] Polanyi M. The Tacit Dimension [M]. London：Routledge & Kegan Paul，1966：125－128.

[89] Ports A. The Economic Sociology of Immigration: A Conceptual Overview [A] //Ports. The Economic Sociology for Immigration: Essays on networks, Ethnicity and Entrepreneurship [M]. New York: Russell Sage Foundation, 1995: 12.

[90] Powell W W. Neither Market Nor Hierarchy: Network Forms of Organization [J]. Research in Organizational Behavior, 1990 (12): 195—336.

[91] Putnam R. Making Democracy Work [M]. Princeton: Princeton University Press, 1993: 167.

[92] Ring P S, Van de Ven A H. Developmental Processes of Cooperative Interorganizational Ralationships [J]. Academy of Management Review, 1994 (19): 90—118.

[93] Ritter T, Gemünden H G. Network Competence: Its Impact on Innovation Success and its Antecedents [J]. Journal of Business Research, 2003 (56): 745—755.

[94] Robin C, Jonard N, Ozman M. Knowledge Dynamics in a Network Industry [J]. Technological Forecasting & Social Change, 2004 (7): 469—484.

[95] Ronald Burt. Structural Holes [M]. Cambridge: Harvard University Press, 1992.

[96] Sabel C. Studied Trust: Building New Forms of Co-operation in a Volatile Economy [A] //Sengenberger W. Industrial Districts and Local Economic Regeneration [C]. Geneva: International Institute for Labor Studies, 1992: 215—250.

[97] Sako M. Prices, Quality and Trust: Interfirm Relations in Britain and Japan, Cambridge [M]. England:

Cambridge University Press, 1992.

[98] Seufert A. Towards Knowledge Networking [J]. Journal of Knowledge Management, 1999, 3 (3): 180—190.

[99] Spender J C. Making Knowledge: The Basis of a Dynamic Theory of The Firm [J]. Strategic Management Journal, 1996, 17 (S2): 45—62.

[100] Steven S L, Hang－yue Ngo. The Role of Trust and Contractual Safeguards on Cooperation in Non－equity Alliances [J]. Journal of Management, 2004, 30 (4): 471—485.

[101] Strach P, Everett A M. Knowledge Transfer Within Japanese Multinationals: Building a Theory [J]. Journal of Knowledge Management, 2006, 10 (1): 55—68.

[102] Szulanski C. Exploring Internal Stickness: Impediments to the Transfer of Best Practice within the Firm [J]. Strategic Management Journal, 1996, 17 (Winter): 27—43.

[103] 斯蒂芬·罗宾斯. 组织行为学 [M]. 孙建敏，李原，译. 北京：中国人民大学出版社，1997.

[104] Tan C W, Pan S L, Lim E T K. Managing Knowledge Conflict in an Inter Organizational Project: A Case Study of the Info Development Authority of Singapore [J]. Journal of the American Society for Information Science and Technology, 2005, 56 (11): 1195.

[105] Tesler L G. A Theory of Self－enforcing Agreements [J]. Journal of Business, 1980 (53): 27—41.

[106] Von Hippel E. Sticky Information and the Locus of Problemsolving: Implications for innovation [J].

Management Science, 1994 (40): 429—439.

[107] Wang J. A Knowledge Network Constructed by Integrating Classification, Thesaurus, and Metadatain Digital Library [J]. International Information & Library Review, 2003, 35 (2—4): 383—397.

[108] Wasko M M, Faraj S. Why Should I Share? Examining Social Capital and Knowledge Contribution in Electronic Networks of Practice [J]. MIS Quarterly, 2005, 29 (1): 35—57.

[109] Wei Y B, Sun D C, Ye F. Benefit Allocation Methods of Knowledge Sharing Within Knowledge Network [A] //Proceedings of the 11th International Conference on Industrial Engineering and Engineering Management [C]. Shenyang, 2005: 1235—1238.

[110] Wendy A, Smith K. Organizational Trust: The Influence of Contextual Variables [D]. Ann Arbor: Doctoral Dissertation Seattle University, 2002.

[111] Wu Jyh—Jeng, Chen Ying—Hueih, Chung Yu—Shuo. Trust Factors Influencing Virtual Community Members: A Study of Transaction Communities [J]. Journal of Business Research, 2010, 63 (9—10): 1025—1032.

[112] Martin X, Salomon R. Knowledge Transfer Capacity and its Implications for the Theory of the Multinational Corporation [J]. Journal of International Businesses Studies, 2003, 34 (4): 356—373.

[113] Xu Jiang, Yuan Li, Shanxing Gao. The Stability of Strategic Alliances: Characteristics, Factors and Stages [J]. Journal of International Management, 2008 (14):

173－189.
［114］ Zagenczyk T J，Scott K D，Gibney R，et al. Social Influence and Perceived Organizational Support：A Social Networks Analysis ［J］. Organizational Behavior and Human Decision Processes，2010 (111)：127－138.
［115］ Zuker L G. Production of Trust：Institutional Sources of Economic Structure：1840—1920 ［J］. Research in Organizational Behavior，1986 (8)：53—111.
［116］ 白洁. 基于知识网络的校企合作思考 [J]. 中北大学学报（社会科学版），2009，25 (2)：63－66.
［117］ 彼得·圣吉. 第五项修炼 [M]. 北京：中信出版社，2009：69.
［118］ 边燕杰，丘海雄. 企业的社会资本及其功效 [J]. 中国社会科学，2000 (2)：87－99，207.
［119］ 卜长莉，金中祥. 社会资本与经济发展 [J]. 社会科学战线，2001 (4)：217－222.
［120］ 蔡文娟，陈莉平. 社会资本视角下产学研协同创新网络的联接机制及效应 [J]. 科技管理研究，2007 (1)：172－175.
［121］ 曹玉玲，李随成. 企业间信任的影响因素模型及实证研究 [J]. 科研管理，2011 (1)：137－146.
［122］ 曾璨，陈宏军. 社会资本理论研究综述 [J]. 铜陵学院学报，2007 (4)：25－30.
［123］ 曾璨，陈宏军. 高科技企业战略联盟间信任关系的建立 [J]. 经济与管理，2007，21 (8)：60－63.
［124］ 曾德明，覃荔荔，王业静. 产业集群知识网络中黏滞知识的转移机理研究 [J]. 财经理论与实践，2009，30 (3)：97－101.

[125] 曾萍，邓腾智，宋铁波. 社会资本、动态能力与企业创新关系的实证研究 [J]. 科研管理，2013 (4)：131-138.

[126] 曾忠禄. 公司联盟中的信任问题 [J]. 经济问题探索，1998 (8)：37-39.

[127] 常荔，李顺才，邹珊刚. 论基于战略联盟的关系资本的形成 [J]. 外国经济与管理，2002，24 (7)：29-33.

[128] 陈朝旭，缪小明. 研发团队内部社会资本对突破性创新的影响 [J]. 情报杂志，2010，29 (8)：151，188-191.

[129] 陈得文，陶良虎. 产业集群知识网络运行分析 [J]. 商品储运与养护，2008，30 (2)：44-47.

[130] 陈菲琼，虞旭丹. 联盟关系风险生成机制研究——以娃哈哈为例 [J]. 科研管理，2010 (11)：159-179.

[131] 陈剑，冯蔚东. 虚拟企业构建与管理 [M]. 北京：清华大学出版社，2002：103-108.

[132] 陈健，顾新，吴绍波. 知识网络公平感的形成及影响因素研究 [J]. 科技进步与对策，2011 (7)：139-143.

[133] 陈健，顾新，吴绍波. 知识网络公平感对知识共享的影响及路径研究 [J]. 情报杂志，2011 (4)：107-112.

[134] 陈劲，张方华. 社会资本与技术创新 [M]. 杭州：浙江大学出版社，2002：181.

[135] 陈柳钦. 高新技术产业集群中社会资本的作用 [J]. 学习与实践，2008 (5)：29-37.

[136] 陈柳钦. 资本研究的新视野——社会资本研究的综述 [J]. 云南财经大学学报，2007，23 (4)：12-20.

[137] 陈鹏. 产业集群的社会资本与技术创新研究 [D]. 厦门：厦门大学，2007. 来源于：http://www.cnki.net.

[138] 陈思颖，顾新，王涛. 企业创新网络组织间相互信任的影响因素分析 [J]. 中国科技论坛，2014 (5)：16-26.

[139] 陈通，田红坡. 集群企业信任机制的探讨 [J]. 经济问题，2002 (10)：23-24.

[140] 陈通，吴勇. 信任视角下研发外包知识转移策略 [J]. 科学学与科学技术管理，2012 (1)：77-82.

[141] 陈一君. 企业战略联盟中的相互信任问题探讨 [J]. 市场周刊·财经论坛，2002 (Ⅲ)：49-51.

[142] 成桂芳，宁宣熙. 基于隐性知识传播的虚拟企业知识协作网络研究 [J]. 科技进步与对策，2005 (9)：25-27.

[143] 程聪，谢洪明，陈盈，等. 网络关系、内外部社会资本与技术创新关系研究 [J]. 科研管理，2013 (11)：102-107.

[144] 程凯. 企业合作关系中的信任问题分析 [J]. 中州学刊，2001 (2)：21-24.

[145] 程民选，龙游宇，李晓红. 经济学视阈中的社会资本——经济学关于社会资本的研究述评 [J]. 社会科学研究，2006 (4)：62-67.

[146] 代春艳，杨艺. 虚拟项目团队成员信任评估模型 [J]. 重庆工商大学学报，2007，24 (1)：72-75.

[147] 戴萍萍. 社会资本理论综述 [J]. 科技信息，2007 (15)：236.

[148] 戴艳军，胡英芳. 虚拟研发组织信任关系形成研究 [J]. 大连理工大学学报（社会科学版），2012 (3)：47-52.

[149] 戴勇，宋耘. 企业社会资本与技术创新的理论研究述评 [J]. 现代管理科学，2007 (5)：56-58.

[150] 单子丹，高长元. 跨区域高技术知识网络的演进机理与战略定位研究 [J]. 中国科技论坛，2013 (12)：33-39.

[151] 党兴华，郑登攀. 基于社会资本理论的技术创新网络有效治理研究 [J]. 科学管理研究，2008，26 (3)：16-19.

[152] 邓靖松. 虚拟团队生命周期中的信任管理研究 [J]. 中山大学学报，2005 (1)：109－115.

[153] 杜晓君，王小干，闵琳琳，等. 人际信任与并购后企业间的隐性知识转移——以宝钢系企业并购为例 [J]. 东北大学学报 (自然科学版)，2011 (1)：140－144.

[154] 杜旖丁，刘益. 对战略联盟中信任的理解 [J]. 中原工学院学报，2002，13 (1)：1－3.

[155] 范如国，叶菁，李星. 产业集群复杂网络中的信任机制研究——以浙江永康星月集团与双健集团合作创新为例 [J]. 学习与实践，2012 (2)：39－45.

[156] 方静，武小平. 产业技术创新联盟信任关系的演化博弈分析 [J]. 财经问题研究，2013 (7)：77－83.

[157] 费钟琳，许景，王朦. 孵化器管理方与在孵企业间关系对企业技术创新绩效的影响 [J]. 南京工业大学学报 (社会科学版)，2014 (4)：112－117.

[158] 傅荣，裘丽，张喜征，等. 产业集群参与者交互偏好与知识网络演化：模型与仿真 [J]. 中国管理科学，2006，14 (4)：128－133.

[159] 傅荣，裘丽. 企业间网络演化中的知识、信任与资源：一个层次分析框架 [J]. 科技管理研究，2007 (8)：256－258.

[160] 高波，胡卫兵. 企业家的信任观及其影响因素：基于浙粤两省问卷调查数据的实证分析 [J]. 江苏社会科学，2012 (1)：61－68.

[161] 高建丽. 虚拟团队信任机制的建立和维系 [J]. 沿海企业与科技，2007 (7)：64－65.

[162] 高静美，郭劲光. 企业网络中的信任机制及信任差异性分析 [J]. 南开管理评论，2004 (7)：63－66.

[163] 高映红，何沙，苏燕平. 虚拟企业运作中的信任机制研究 [J]. 价值工程，2002 (5)：9-11.

[164] 高展军，江旭. 企业家导向对企业间知识获取的影响研究——基于企业间社会资本的调节效应分析 [J]. 科学学研究，2011，29 (2)：257-267.

[165] 顾新，郭耀煌，李久平. 社会资本及其在知识链中的作用 [J]. 科研管理，2003 (5)：44-48.

[166] 顾新，李久平. 知识链成员之间的相互信任 [J]. 经济问题探索，2005 (2)：37-40.

[167] 顾新，吴绍波，全力. 知识链组织之间的冲突与冲突管理研究 [M]. 成都：四川大学出版社，2011：44.

[168] 顾新. 知识链管理——基于生命周期的组织之间知识链管理框架模型研究 [M]. 成都：四川大学出版社，2008：181.

[169] 桂勇，张广利. 求职网络的性别差异：以失业群体为例——兼论社会资本的中西差异 [J]. 南京社会科学，2003 (7)：53-61.

[170] 郭舒，高闯，曹宁. 集群企业成长中的阶段性与信任机制变迁假说 [J]. 辽宁大学学报（哲学与社会科学版），2008，36 (3)：112-116.

[171] 韩言虎，罗福周，方永恒. 创新集群知识网络的构建及运行机制研究 [J]. 现代经济探讨，2013 (11)：54-59.

[172] 郝雅风，张鹏程，张利斌. 基于三因素信任模型的知识传递研究 [J]. 工业工程与管理，2007 (1)：79-82，93.

[173] 郝云宏，李文博. 国外知识网络的研究及其新进展 [J]. 浙江工商大学学报，2007 (6)：70-75.

[174] 何静，刘兴东，王会海. 战略联盟内部信任机制研究 [J]. 企业经济，2002 (7)：70，91.

[175] 何苏华. 企业合作网络的成因及其运行机制 [J]. 佛山科

学技术学院学报（社会科学版），2003（7）：1—3.

[176] 贺盛瑜. 虚拟企业中伙伴信任关系的建立与发展 [J]. 软科学，2003，17（4）：85—87.

[177] 侯杰泰，温忠麟，成子娟. 结构方程模型及其应用 [M]. 北京：教育科学出版社，2004：13—16.

[178] 胡安安，徐瑛，凌鸿. 组织内知识共享的信任模型研究 [J]. 上海管理科学，2007（1）：32—36.

[179] 胡安安，徐瑛，凌鸿. 组织内知识共享信任机制的发展路径和改善方法研究 [J]. 现代情报，2007（8）：2—5，9.

[180] 胡峰，张黎. 知识扩散网络模型及其启示 [J]. 情报学报，2006，25（1）：109—114.

[181] 胡立君，徐冬林. 虚拟经营中信任机制建立的博弈分析 [J]. 财政研究，2002（12）：11—13.

[182] 胡英芳. 虚拟研发组织信任关系研究 [D]. 大连：大连理工大学，2012.

[183] 黄俊，翟浩淼，万妍纾，等. 联盟共同信任、信任差异与研发联盟绩效风险——基于社会资本理论视角 [J]. 科技进步与对策，2013（3）：16—21.

[184] 黄锐. 社会资本理论综述 [J]. 首都经济贸易大学学报，2007（6）：84—91.

[185] 黄孝武. 企业间信任问题理论述评 [J]. 经济学动态，2002（10）：59—64.

[186] 黄训江. 集群知识网络结构演化特征 [J]. 系统工程，2011（12）：77—83.

[187] 江积海，于耀淇. 基于知识增长的知识网络中知识生产函数研究 [J]. 情报杂志，2011（5）：114—139.

[188] 江旭. 联盟信任与伙伴机会主义的关系研究——来自我国医院间联盟的证据 [J]. 管理评论，2012（8）：85—92.

[189] 姜波，毛道维．科技型中小企业资本结构与企业社会资本关系研究：技术创新绩效的观点［J］．科学学与科学技术管理，2011，32（2）：140－145.

[190] 姜照华，隆连堂，张米尔．产业集群条件下知识供应链与知识网络的动力学模型探讨［J］．科学学与科学技术管理，2004（7）：55－60.

[191] 姜铸，郭伟．论企业与供应商之间的信任关系——以两家棉纺织企业为例［J］．北京纺织，2003（6）：6－8，52.

[192] 蒋恩尧，侯东．基于MIS平台的企业知识网络的组建［J］．商业研究，2002（9）（上半月版）：36.

[193] 金玉芳，董大海．消费者信任影响因素实证研究——基于过程的观点［J］．管理世界，2004（7）：93－100.

[194] 金玉玲，陈耀．论战略联盟相互信任的前置因素之一：双方力量的对比［J］．扬州大学学报（人文社会科学版），2007，11（1）：89－92.

[195] 康世瀛．产业集群与供应链形成发展的基础推动力——信任［J］．科技进步与对策，2005（1）：146－148.

[196] 柯江林，石金涛．知识型团队有效知识转移的社会资本结构优化研究［J］．研究与发展管理，2007，19（1）：21－27，58.

[197] 柯青．论虚拟企业知识网络的三大研究视角［J］．科技管理研究，2006（8）：197－198，203.

[198] 科尔曼．社会理论的基础（上、下）［M］．邓方，译．北京：社会科学文献出版社，1999.

[199] 李柏洲，徐广玉，苏屹．团队知识转移风险对知识转移绩效的作用路径研究——知识网络的中介作用和团队共享心智模式的调节作用［J］．科研管理，2014（2）：29－36.

[200] 李丹，俞竹超，樊治平．知识网络的构建过程分析［J］.

科学学研究，2002，20（6）：620－623.

［201］李东升．农业产业集群信任治理模式的比较分析［J］．商业研究，2008（6）：182－184.

［202］李怀祖．管理研究方法论［M］．西安：西安交通大学出版社，2004：263.

［203］李金华，孙东川．复杂网络上的知识传播模型［J］．华南理工大学学报（自然科学版），2006，43（6）：99－102.

［204］李开红．虚拟企业合作伙伴间信任管理机制的构建［D］．青岛：中国海洋大学，2006．来源于：http://www.cnki.net.

［205］李民牛．组织声誉及其管理刍议［J］．经济研究导刊，2008，27（8）：45－46.

［206］李全生，解志恒．汽车制造业供应链协作信任的关系结构分析［J］．天津大学学报（社会科学版），2010，12（2）：97－100.

［207］李姝兰．知识网络与哈耶克的知识观［J］．农业图书情报学刊，2005（1）：87－88.

［208］李文博．集群情景下企业知识网络研究前沿探析与中国问题展望［J］．科技进步与对策，2012（3）：128－132.

［209］李新春．战略联盟、网络与信任［M］．北京：经济科学出版社，2006：161－162.

［210］李彦华．基于产学研知识网络的企业知识获取与技术创新研究［J］．山西高等学校社会科学学报，2009，21（7）：69－72.

［211］李永锋，司春林．合作创新战略联盟中企业间相互信任问题的分析［J］．技术经济与管理研究，2008（2）：33－35.

［212］李永锋，司春林．合作创新战略联盟中企业间相互信任问

题的实证研究［J］. 研究与发展管理，2007，19（6）：52－60.

［213］李永锋. 合作创新战略联盟中企业间相互信任问题的实证研究［D］. 上海：复旦大学，2006.

［214］李勇，史占中，屠梅曾. 知识网络与企业动态能力［J］. 情报科学，2006，24（3）：434－437.

［215］李玥，王宏起，满孝颐. 基于 TRIZ 与 FTA 结合的联盟知识冲突识别研究［J］. 情报科学，2013，31（12）：57－62，74.

［216］李壮阔. 供应链节点企业间信任行为的进化博弈［J］. 工业工程，2008，11（3）：37－40.

［217］廖成林，乔宪木. 虚拟企业信任关系：决定因素与机理［J］. 重庆大学学报，2004（5）：139－143.

［218］廖开际，叶东海，吴敏. 组织知识共享网络模型研究——基于知识网络和社会网络［J］. 科学学研究，2011（9）：1356－1364.

［219］林健，李焕荣. 基于核心能力的企业战略网络［J］. 中国软科学，2003（12）：68－72，91.

［220］林健，李焕荣. 战略网络内部相互信任风险与信任机制研究［J］. 商业研究，2006（6）：1－4.

［221］林筠，刘伟，李随成. 企业社会资本对技术创新能力影响的实证研究［J］. 科研管理，2011（1）：36－44.

［222］林莉，周鹏飞. 知识联盟中知识学习、冲突管理与关系资本［J］. 科学学与科学技术管理，2004（4）：107－110.

［223］林民书，刘洋. 基于社会资本视角的中小企业社会关系网络演进分析［J］. 福建论坛（人文社会科学版），2008（5）：4－9.

［224］林南. 社会资本：争鸣的范式和实证的检验［J］. 香港社

会学学报，2001（2）：1－35.

[225] 林强，那仁高娃，许文婷. 面向过程的供应链企业合作信任机制研究［J］. 天津大学学报（社会科学版），2012（3）：103－109.

[226] 林怡，张文杰. 供应链企业间信任问题研究［J］. 铁道物资科学管理，2003（6）：20－21.

[227] 林英晖. 供应链企业间信任建立的信号博弈［J］. 上海大学学报，2007，13（2）：216－220.

[228] 刘斌. 信任问题研究述评［J］. 理论前沿，2004（4）：46－47.

[229] 刘芳. 社会资本对产学研合作知识转移绩效影响的实证研究［J］. 研究与发展管理，2012（1）：103－110.

[230] 刘国新，李霞，罗建原. 分布式创新中的知识网络构建［J］. 管理学报，2011（11）：1669－1674.

[231] 刘江. 谈知识网络构建［J］. 情报杂志，2005（1）：40－42.

[232] 刘南，李燕. 供应链信任机制的建立［J］. 经济论坛，2004（21）：65－66.

[233] 刘仁军. 企业网络中的信任创造研究［J］. 经济社会体制比较，2007（5）：87－90.

[234] 刘相勇. 虚拟企业信任评审机制研究［J］. 消费导刊，2007（11）：62－63.

[235] 刘友金，徐尚昆，田银华. 集群中的企业信任机制研究——基于种群互相回报式合作行为博弈模型的分析［J］. 中国工业经济，2007（11）：56－63.

[236] 龙静，吕四海. 基于网络视角的企业知识创造与管理［J］. 科学学与科学技术管理，2006（7）：87－92.

[237] 马华维，姚琦. 组织内信任研究的核心问题及其发展趋势

[J]. 心理科学，2011，34（3）：696－702.
[238] 马军，董琼，杨德礼. 基于竞争的网络组织间知识转移的均衡模型研究 [J]. 运筹与管理，2012（4）：173－182.
[239] 马军，杨德礼. 基于人性假设的加权知识网络知识转移的仿真分析 [J]. 情报杂志，2011（5）：119－123.
[240] 马颜，李晓轩. 虚拟团队中的信任研究 [J]. 心理科学进展，2004，12（2）：273－281.
[241] 慕继丰，冯宗宪，徐和平，等. 信任在知识型企业网络组织中的作用 [J]. 预测，2003，22（1）：15－19.
[242] 穆林娟，崔学刚. 信任与激励：价值链成本治理机制的实验研究 [J]. 南开管理评论，2011（5）：31－40.
[243] 倪庆萍. 虚拟企业伙伴信任关系的建立 [J]. 企业经济，2004（7）：30－31.
[244] 倪旭东. 知识冲突的知识整合机制及其管理策略研究 [J]. 企业经济，2009（7）：53－55.
[245] 牛飞亮. 网络理论与企业战略联盟存在的信任基础分析 [J]. 西北农林科技大学学报（社会科学版），2003，3（1）：31－36.
[246] 欧光军，郑江孝，李永周. 基于产品创新集成的高技术集群知识网络能力整合构建研究——一个分析框架的提出与构思 [J]. 科技进步与对策，2012（1）：64－68.
[247] 欧阳琦，石岿然，蒋凤. 供应链成员间信任关系的博弈学习模型 [J]. 物流技术，2014（7）：23－28.
[248] 欧阳峣，徐姝. 基于社会资本理论的中小企业技术创新网络构建 [J]. 系统工程，2007，25（1）：83－88.
[249] 潘文燕，余一明. 集群企业信任问题的研究 [J]. 北方经济，2006（3）：61－62.
[250] 潘旭明. 战略联盟的信任机制：基于社会网络的视角

[J]. 财经科学，2006 (5)：50—56.

[251] 彭灿，李金溪. 团队外部社会资本对团队学习能力的影响——以企业研发团队为样本的实证研究 [J]. 科学学研究，2011 (9)：102—109.

[252] 齐美尔. 货币哲学 [M]. 陈戎女，译. 北京：华夏出版社，2002.

[253] 祁红梅，黄瑞华. 动态联盟形成阶段知识产权冲突及激励对策研究 [J]. 研究与发展管理，2004，16 (4)：70—76.

[254] 祁红梅，黄瑞华. 知识型动态联盟信任缺失与对策研究 [J]. 研究与发展管理，2005 (2)：55—59.

[255] 千春玉，房石，王璐. 企业社会资本研究 [J]. 中国环境管理干部学院学报，2008，18 (2)：58—60.

[256] 秦红霞，丁长青. 企业知识共享中的信任机制研究 [J]. 情报杂志，2007 (11)：43—45.

[257] 秦志华，冯云霞，蒋诚潇，等. 创业团队信任的形态结构与变化规律研究 [J]. 管理学报，2014 (5)：88—96.

[258] 邱皓政，林碧芳. 结构方程模型的原理与应用 [M]. 北京：中国轻工业出版社，2009.

[259] 曲刚，李伯森. 团队社会资本与知识转移关系的实证研究——交互记忆系统的中介作用 [J]. 管理评论，2011，23 (9)：109—118.

[260] 任亮. 社会资本理论的五个命题 [J]. 探索，2007 (3)：109—113.

[261] 任志安，王立平. 知识型网络组织的知识共享伙伴选择问题分析 [J]. 合肥工业大学学报（自然科学版），2006，29 (9)：1111—1115.

[262] 任志安. 企业知识共享网络的治理机制——信任中心网 [J]. 兰州商学院学报，2007，2 (3)：60—73.

[263] 任志安. 企业知识共享网络的治理研究 [J]. 科技进步与对策，2006 (3)：97－101.

[264] 任志安. 企业知识网络的有效运作问题研究 [J]. 科技管理研究，2006 (11)：71－73，79.

[265] 荣泰生. AMOS与研究方法 [M]. 重庆：重庆大学出版社，2009：82.

[266] 阮爱君，卢立伟，方佳音. 知识网络嵌入性对企业创新能力的影响研究——基于组织学习的中介作用 [J]. 财经论丛，2014 (3)：34－39.

[267] 沈雁，姚冠新. 供应链管理中合作者信任关系的建立 [J]. 江苏商论，2003 (3)：103－104.

[268] 石岿然，王冀宁，许景. 供应链买方信任的前因及信任对合约修改弹性的影响 [J]. 系统工程理论与实践，2014 (6)：112－118.

[269] 宋英华. 价值—知识网：一种新的企业运营模式 [J]. 科技进步与对策，2005 (6)：16－18.

[270] 宋源. 团队信任、团队互动与团队创新——基于虚拟团队的研究 [J]. 河南社会科学，2014 (1)：76－82.

[271] 苏世彬，黄瑞华. 合作联盟知识产权专有性与知识共享性的冲突研究 [J]. 研究与发展管理，2005，17 (5)：69－74，86.

[272] 孙建华. 企业内外部知识网络管理体系研究 [J]. 工业技术经济，2007，26 (3)：117－119.

[273] 覃汉松，欧阳梓祥. 供应链中信任关系的建立和发展 [J]. 经济管理·新管理，2002 (16)：58－61.

[274] 汤超颖，邹会菊. 基于人际交流的知识网络对研发团队创造力的影响 [J]. 管理评论，2012 (4)：94－100.

[275] 汤婧，韩丽川. 基于非合作博弈的企业知识网络形成研究

[J]. 陕西科技大学学报，2011 (11)：102－116.
[276] 唐方成，席酉民. 知识转移与网络组织的动力学行为模式（Ⅰ）[J]. 系统工程理论与实践，2006 (5)：122－127.
[277] 唐方成，席酉民. 知识转移与网络组织的动力学行为模式（Ⅱ）：吸收能力与释放能力 [J]. 系统工程理论与实践，2006 (9)：83－89.
[278] 陶蕾，刘益. 知识联盟中企业间信任对知识共享的影响研究 [J]. 情报杂志，2008 (2)：73－74，78.
[279] 万君，顾新. 知识网络合作效率影响因素的实证研究 [J]. 科技与经济，2011 (10)：70－74.
[280] 万君，顾新. 知识网络的形成机理研究 [J]. 科技管理研究，2008，28 (9)：243－245.
[281] 万君，顾新. 知识网络合作效率影响因素探析 [J]. 科技进步与对策，2009，26 (22)：164－167.
[282] 万俊毅，秦佳. 社会资本的内涵、测量、功能及应用 [J]. 商业研究，2011 (4)：8－12.
[283] 万生新，李世平. 社会资本对非政府组织发展的影响研究——以农民用水户协会为例 [J]. 理论探讨，2013 (3)：165－167.
[284] 汪秀婷，杜海波，江澄，等. 技术创新网络中核心企业对创新绩效影响：沟通和信任的中介作用研究 [J]. 科学学与科学技术管理，2012 (12)：37－44.
[285] 汪永涛，荣娥. 社会资本概念综述 [J]. 法制与社会，2007 (3)：295－296.
[286] 王斌. 基于知识网络结构的知识转移速度异变机理研究 [J]. 科技进步与对策，2013 (7)：72－78.
[287] 王斌. 基于知识转移的知识网络创新路径模型研究 [J]. 科技进步与对策，2012 (1)：126－130.

［288］王冰，顾远飞．簇群的知识共享机制和信任机制［J］．外国经济与管理，2002，24（5）：2－7．

［289］王春晓，和丕禅．信任、契约与规制：集群内企业间信任机制动态变迁研究［J］．中国农业大学学报（社会科学版），2003（2）：31－36．

［290］王栋，苏中锋．联盟中的知识管理：控制机制的作用研究［J］．科学学与科学技术管理，2009（10）：95－99．

［291］王君，管国红，刘玲燕．基于知识网络系统的企业知识管理过程支持模型［J］．计算机集成制造系统，2009，15（1）：37－46．

［292］王雷．产业集群中社会资本创新绩效研究［J］．云南大学学报（社会科学版），2008，7（1）：64－68，96．

［293］王利，游益云，代杨子．基于生命周期供应链企业间信任影响因素实证研究［J］．工业工程与管理，2013（2）：89－95．

［294］王梅，王文平．基于超网络视角的产业集群升级研究［J］．管理学报，2012（4）：570－577．

［295］王蔷．论战略联盟中的相互信任的问题（上）［J］．外国经济与管理，2000，22（4）：22－25．

［296］王蔷．论战略联盟中的相互信任的问题（下）［J］．外国经济与管理，2000，22（5）：21－24．

［297］王蔷．战略联盟内部的相互信任及其建立机制［J］．南开管理评论，2000（3）：13－17．

［298］王三义，何风林．社会资本的认知维度对知识转移的影响路径研究［J］．统计与决策，2007（3）：122－123．

［299］王三义，刘新梅，万威武．社会资本关系维度对知识转移的影响路径研究［J］．科技进步与对策，2007，24（9）：84－87．

[300] 王三义，刘新梅，万威武．社会资本结构维度对企业间知识转移影响的实证研究［J］．科技进步与对策，2007，24（4）：105－107.

[301] 王舜，马钦海，冯卓．项目合作关系下承包商选择的研究［J］．东北大学学报（自然科学版），2012（3）：453－456.

[302] 王涛，顾新．知识网络组织之间相互信任的建立过程分析［J］．情报杂志，2011（4）：102－106.

[303] 王涛，顾新．知识网络组织之间相互信任的影响因素及建立机制研究［J］．中国科技论坛，2011（10）：114－119.

[304] 王晓娟．知识网络与集群企业竞争优势研究［D］．杭州：浙江大学，2007.

[305] 王欣欣．基于 FCM 的供应商信任评价模型［J］．情报杂志，2011（6）：285－287.

[306] 王学芳．信任的社会心理学分析［J］．中共长春市委党校学报，2005（5）：66－67.

[307] 王雅娟．基于组织间信任的知识链演化研究［D］．大连：东北财经大学，2012.

[308] 王颖，彭灿．基于社会资本视角的集群知识系统环境优化［J］．科学管理研究，2007，25（2）：57－60.

[309] 王铮，马翠芳，王露，等．知识网络动态与政策控制（Ⅰ）——模型的建立［J］．科研管理，2001，22（3）：126－133.

[310] 王忠．企业虚拟团队中的信任问题研究［D］．武汉：华中科技大学，2004．来源于：http://www.cnki.net.

[311] 王重鸣，邓靖松．虚拟团队中的信任机制［J］．心理科学，2004，27（5）：1264－1265.

[312] 王卓，李智玲，刘富铀，等．信任——成功构建虚拟团队

的基础［J］. 科学管理研究，2005（2）：69－73.
［313］韦影. 企业社会资本与技术创新：基于吸收能力的实证研究［J］. 中国工业经济，2007（9）：119－127.
［314］卫武，刘明霞. 不同主体层次中组织知识转化的影响因素研究［J］. 管理工程学报，2012（1）：20－26.
［315］尉建文. 社会资本与技术创新的研究综述［J］. 长春理工大学学报（社会科学版），2008，21（2）：12－15.
［316］魏江，徐蕾. 知识网络双重嵌入、知识整合与集群企业创新能力［J］. 管理科学学报，2014（2）：65－70.
［317］魏奇锋，顾新，张宁静. 知识网络形成的耦合分析［J］. 情报理论与实践，2013（12）：27－33.
［318］温承革，于凤霞. 供应链企业信任关系的培育途径［J］. 中国软科学，2003（10）：76，84－86.
［319］温忠麟，侯泰杰，马什赫伯特. 结构方程模型检验：拟合指数与卡方准则［J］. 心理学报，2004，36（2）：186－194.
［320］吴翠花，李慧，张雁敏，联盟网络中信任对知识创造影响路径实证研究［J］. 情报杂志，2012（7）：121－127.
［321］吴明隆. SPSS 统计应用实务——问卷分析与应用统计［M］. 北京：科学出版社，2003：13－19.
［322］吴其伦，卢丽鹃. 项目团队的协调管理：信任与合作［J］. 科技进步与对策，2004（12）：98－100.
［323］吴绍波，顾新，彭双，等. 知识链组织之间的冲突与信任协调：基于知识流动视角［J］. 科技管理研究，2009（6）：321，325－327.
［324］吴绍波，顾新. 知识网络节点组织之间的知识冲突研究［J］. 情报杂志，2011，30（12）：125－128.
［325］吴绍波，顾新. 知识链组织之间合作的关系强度研究

[J]. 科学学与科学技术管理，2008，29（2）：113－118.

[326] 吴悦，顾新，王涛. 信任演化视角下知识网络中组织间知识转移机理研究［J］. 科技进步与对策，2014（20）：47－52.

[327] 肖冬平，顾新. 论社会资本对企业管理的负面影响及其应对措施［J］. 科技管理研究，2007（6）：31－33.

[328] 肖冬平，顾新. 知识网络的形成动因及多视角分析［J］. 科学学与科学技术管理，2009，30（1）：84－91.

[329] 肖冬平，顾新. 知识网络形成的理论基础——一个经济学的视角［J］. 情报杂志，2009，28（1）：136－139.

[330] 肖冬平，顾新. 知识网络中隐性知识的共享困境及其克服路径——基于非正式网络的观点［J］. 图书情报工作，2009，53（2）：108－112，138.

[331] 肖冬平. 知识网络的结构与合作伙伴关系及其对知识创新的影响研究［D］. 成都：四川大学，2010.

[332] 肖伟，魏庆琦. 虚拟团队中信任构建的博弈分析［J］. 科技与管理，2006（4）：33－35，40.

[333] 肖伟. 虚拟团队的信任机制及其构建策略研究［J］. 华东经济管理，2006，20（3）：94－97.

[334] 谢荷锋. 企业员工知识分享中的信任问题实证研究［D］. 杭州：浙江大学，2007：26－28.

[335] 谢洪明，葛志良，王成. 社会资本、组织学习与组织创新的关系研究［J］. 管理工程学报，2008（1）：5－10.

[336] 辛晴，杨蕙馨. 知识网络对企业创新影响的实证研究［J］. 图书情报工作，2011（8）：72－76.

[337] 辛晴，杨蕙馨. 知识网络如何影响企业创新——动态能力视角的实证研究［J］. 研究与发展管理，2012（6）：64－69.

[338] 徐和平，孙林岩，慕继丰. 产品创新网络及其治理机制研究 [J]. 中国软科学，2003 (6)：77－82.
[339] 徐和平，孙林岩，慕继丰. 产品创新网络中的信任与信任机制探讨 [J]. 管理工程学报，2004 (2)：55－59.
[340] 徐蕾. 集群创新网络内涵、运行机制与研究展望 [J]. 情报杂志，2012 (5)：202－207.
[341] 徐蕾，魏江，石俊娜. 双重社会资本、组织学习与突破式创新关系研究 [J]. 科研管理，2013，34 (5)：39－47.
[342] 徐淑芳. 信任、社会资本与经济绩效 [J]. 学习与探索，2005 (5)：210－213.
[343] 徐涛. 高技术产业集群非正式网络治理机制研究 [J]. 中南财经政法大学学报，2008 (4)：32－36.
[344] 徐学军，谢卓君. 供应链伙伴信任合作模型的构建 [J]. 工业工程，2007，10 (2)：18－21.
[345] 许琼来，傅四保，刘薇. 网络信任及其影响因素和模型研究 [J]. 北京邮电大学学报（社会科学版），2011 (6)：43－48.
[346] 许淑君，马士华. 供应链企业间的信任机制研究 [J]. 工业工程与管理，2000 (6)：5－8.
[347] 许淑君，马士华. 合作、信任与社会制度 [J]. 物流技术，2001 (2)：37－39.
[348] 许淑君，马士华. 我国供应链企业间的信任危机分析 [J]. 计算机集成制造系统，2002，8 (1)：51－53.
[349] 许晓红. 论信任型社会资本对中国私营企业的影响 [J]. 南通纺织职业技术学院学报（综合版），2005 (1)：77－80.
[350] 薛克雷，潘郁，叶斌，等. 产学研协同创新信任关系的演化博弈分析 [J]. 科技管理研究，2014 (21)：21－

28.

[351] 严中华，关士续，米加宁．基于制度的 B2B 电子商务信任模式的理论研究［J］．科研管理，2004（3）：76－81.

[352] 晏钢．虚拟企业组织成员间的信任机制研究［J］．云南财贸学院学报，2003，19（4）：50－53.

[353] 阳志梅，胡振华．知识网络与集群企业竞争优势研究——基于组织学习视角［J］．科技进步与对策，2010，27（3）：101－104.

[354] 杨彩霞，高长元．高技术虚拟企业治理问题研究［J］．科技进步与对策，2009，26（8）：66－69.

[355] 杨桂菊，郭瑞辉，徐初友．在企业战略联盟中建立信任［J］．商业研究，2003（14）：57－58.

[356] 杨桂菊．基于社会资本理论的网络组织演化机制新阐释［J］．软科学，2007，21（4）：5－8.

[357] 杨惠馨，冯文娜．中间性组织网络中企业间信任关系对企业合作的作用研究［J］．山东经济，2008（2）：5－10.

[358] 杨静．供应链内企业间信任的产生机制及其对合作的影响——基于制造业企业的研究［D］．杭州：浙江大学，2006．来源于：http://www.cnki.net.

[359] 杨昆．社会资本、吸收能力对企业创新绩效的影响研究［D］．长沙：中南大学，2011.

[360] 杨雪，顾新，张省．基于知识网络的集群创新演化研究——以成都高新技术产业开发区为例［J］．软科学，2014（4）：57－64.

[361] 姚福喜，徐尚昆．国外社会资本理论研究进展［J］．理论月刊，2008（5）：143－148.

[362] 姚佐文．社会资本的治理机制——以硅谷风险投资为例［J］．经济管理，2008（4）：74－78.

[363] 叶飞，吴佳，吕晖，等. 高管私人关系对供应商信息共享的作用机理研究——以组织间的信任为中介 [J]. 科学学与科学技术管理，2011 (6)：140-149.

[364] 易加斌. 跨国公司母子公司知识冲突与知识转移绩效关系研究 [J]. 中国科技论坛，2012 (7)：101-107.

[365] 殷茗，赵嵩正. 供应链协作信任影响因素的实证研究 [J]. 工业工程与管理，2006 (3)：80-85.

[366] 尹惠斌，游达明，刘海运. 社会资本对团队知识冲突与组织学习关系的调节效应 [J]. 系统工程，2014 (10)：90-97.

[367] 尹惠斌. 团队知识冲突对企业突破性创新绩效的影响研究 [J]. 科技进步与对策，2012 (12)：1-6.

[368] 于晶，刘臣，单伟. 知识网络中知识共享的准公共物品进化博弈 [J]. 科学学与科学技术管理，2011 (12)：65-70.

[369] 喻红阳，李海婴，袁付礼. 合作关系中的组织学习——一个动态的学习观 [J]. 科技管理研究，2005 (8)：76-79.

[370] 喻红阳，袁付礼，李海婴. 合作关系中初始信任的建立研究 [J]. 武汉理工大学学报（信息与管理工程版），2005 (4)：306-309.

[371] 袁青燕. 虚拟企业信任决策模型研究 [J]. 统计与决策，2014 (1)：45-49.

[372] 翟丽丽，李楠楠，王京，等. 软件产业虚拟集群信任模糊认知时间模型研究 [J]. 统计与决策，2013 (15)：33-41.

[373] 张宝生，王晓红. 虚拟科技创新团队知识流动意愿影响因素实证研究——基于知识网络分析框架 [J]. 研究与发展

管理，2012（4）：1－9.

[374] 张钢，方珑．知识冲突与团队绩效：一个实证研究［J］．科研管理，2007，28（6）：12－20.

[375] 张钢，倪旭东．知识差异和知识冲突对团队创新的影响［J］．心理学报，2007，39（5）：926－933.

[376] 张钢，倪旭东．组织中的知识冲突研究［J］．科学学与科学技术管理，2007（1）：106－110.

[377] 张钢，袁国方．时间框架效应对团队知识冲突的影响：案例研究［J］．上海管理科学，2010，32（3）：24－31.

[378] 张钢．知识冲突过程：一个案例研究［J］．研究与发展管理，2006，18（5）：66－73.

[379] 张贵磊，刘志学，马士华．基于信任源构建供应链信任机制的二层模式［J］．当代经济，2008（1）：134－136.

[380] 张寒冰．基于社会网络工具的集群企业间知识网络构建［J］．科技管理研究，2011（2）：193－196.

[381] 张静，姜永常．知识构建的 E－knowledge 机制初探［J］．图书情报工作，2011（10）：106－110.

[382] 张魁伟．许可．产业集群的社会资本运行机制［J］．经济学家，2007（4）：59－64.

[383] 张莉．网络人际交往中的信任产生机制［J］．重庆图情研究，2006（2）：27－29.

[384] 张龙．知识网络结构及其对知识管理的启示［J］．研究与发展管理，2007，19（2）：86－91，99.

[385] 张其仔．社会资本论——社会资本与经济增长［M］．北京：社会科学文献出版社，1997.

[386] 张强，纳鹏杰．从制度化信任看日本供应链企业间的合作关系［J］．企业经济，2004（12）：147－149.

[387] 张群洪，刘震宇，严静．信息技术采用对关系治理的影

响：投入专用性的调节效应研究［J］. 南开管理评论，2010，13（1）：125－133.

［388］张润彤，蓝天. 知识管理导论［M］. 北京：高等教育出版社，2005：27－31.

［389］张世强. 产学研战略联盟合作的信任机理研究［J］. 科技创业月刊，2008（6）：37－38.

［390］张树臣，高长元. 高技术虚拟产业集群社会网络信任模式研究［J］. 管理学报，2013（9）：91－97.

［391］张苏荣，王文平. 基于知识更新的企业合作演化博弈分析［J］. 软科学，2011（1）：24－37.

［392］张桐. 商业伙伴信任与知识转移：若干因素的中介作用［D］. 大连：大连理工大学，2007. 来源于：http://www.cnki.net.

［393］张维迎. 博弈论与信息经济学［M］. 上海：上海三联书店，2004.

［394］张卫国，陈学梅，胡大江，等. 非股权战略联盟信任度的分析［J］. 重庆大学学报，2004（5）：135－138.

［395］张文江. 社会资本及其相关概念厘定［J］. 现代管理科学，2007（11）：53－54.

［396］张喜征. 基于信任的虚拟企业治理机制研究［J］. 科学学与科学技术管理，2003（10）：109－113.

［397］张喜征. 基于信任治理中心的虚拟企业资源池管理模型［J］. 山西财经大学学报，2003（6）：69－73.

［398］张喜征. 虚拟企业信任机制研究［D］. 长沙：中南大学，2003. 来源于：http://www.cnki.net.

［399］张喜征. 虚拟项目团队中的信任依赖和信任机制研究［J］. 科学管理研究，2004（4）：85－87.

［400］张雁飞，朱瑜. 组织社会化、信任、知识分享与创新行

为：机制与路径研究［J］．研究与发展管理，2012，24（2）：34－46．

［401］张永安，付韬．集群创新系统中知识网络的界定及其运作机制研究［J］．科学学与科学技术管理，2009（1）：92－101．

［402］张子刚，程海芳．信任在虚拟团队中的作用［J］．科技进步与对策，2001（7）：77－78．

［403］赵晨光．产学研知识网络构建与评价研究［D］．长春：吉林大学，2009．

［404］赵德华．组织信任及其产生机制［J］．学习与实践，2006（5）：130－134．

［405］赵晶，汪涛．社会资本、移情效应与虚拟社区成员的知识创造［J］．管理学报，2014（6）：88－93．

［406］赵文军，王学东．社会网络嵌入视角下的虚拟团队知识网络治理对策研究［J］．实践研究，2012（1）：80－84．

［407］赵晓庆，许庆瑞．知识网络与企业竞争能力［J］．科学学研究，2002，20（3）：281－285．

［408］赵晓庆，许庆瑞．知识网络与企业竞争能力［J］．自然辩证法通讯，2002，24（139）：46－50，58，95．

［409］郑胜华．企业联盟能力理论与实证研究：基于动态能力的观点［D］．杭州：浙江大学，2005：152－162．

［410］郑也夫，彭泗清．中国社会中的信任［M］．北京：中国城市出版社，2003．

［411］郑也夫．信任论［M］．北京：中国广播电视出版社，2001．

［412］钟琦，汪克夷，齐丽云．基于企业内部知识网络的知识流动分析［J］．情报理论与实践，2008，31（3）：397－399，406．

[413] 周浩元，陈晓荣，路琳. 复杂产业知识网络演化 [J]. 上海交通大学学报，2009 (4)：596－601.

[414] 周永红，王宏峥. 梁新华. 联盟企业间知识共享冲突及协调对策探讨 [J]. 情报理论与实践，2011，34 (10)：62－64.

[415] 朱永跃，顾国庆. 基于协同创新的校企合作信任关系研究 [J]. 科技进步与对策，2013 (19)：35－40.

附录 1：知识网络组织之间相互信任的作用机理调查问卷

尊敬的女士/先生：

您好。我们是四川大学商学院“基于知识链的知识网络形成与演化研究”课题组，现正进行子课题“知识网络组织之间相互信任的作用机理研究”的独立学术调查，旨在分析知识网络中组织间的相互信任关系对知识网络中知识转移与知识共享等活动的作用机理。调查采用匿名填答方式，不涉及贵机构商业秘密，请您根据贵机构实际情况填写问卷内容。您所提供信息我们将严格保密，仅供研究使用，研究人员承诺不向任何第三方提供贵机构数据。作为回报，如有所需，本调查研究结论可提供给贵机构做决策参考之用。

您的参与将直接决定我们的研究成果和研究质量，向您对本次调研工作的支持与参与，表示衷心感谢！

问卷填写说明：

（1）为便于您更好地理解问卷内容，对其中部分专用概念解释如下：

知识网络是指企业、大学、科研院所、供应商、客户、政府部门等组建起来的一种合作伙伴关系网络。知识网络以知识资源的共享和新知识的创造为目的。

知识转移是指知识资源（如技能、经验、程序、规范等）通过交流沟通等方式从合作中的一方传递到另一方的过程。

合作在本问卷中是指两个或两个以上机构之间进行新技术研发、产品开发等活动，主要特征是合作过程必然伴随知识转移、知识共享和新知识的产生。

（2）问卷分为两个部分：第一部分为基本信息；第二部分为相互信任的作用机理。

（3）问卷填写：请在符合您的实际情况或符合您的判断的选项下划“√”，每题只能选择一个答案，答案没有对错之分，只希望真实有效。

您的配合对我们的学术研究非常重要，感谢您的支持。

第一部分：基本信息

1. 您所在机构的性质是：

A. 大专院校　B. 科研机构　C. 企业　D. 政府部门

E. 金融机构　F. 咨询机构　G. 其他组织

2. 您所在机构的职工人数为：

A. 300 人及以下　B. 300～500 人　C. 501～1000 人

D. 1000 人以上

3. 您所在机构的研发人数为：

A. 10 人及以下　B. 11～50 人　C. 51～100 人

D. 100 人以上

4. 您所在的部门是：

A. 管理部门　B. 技术研发部门

C. 后勤保障部门（人事、财务、后勤）

D. 职能部门（采购、生产、销售）

5. 您是否参与过贵机构与其他机构进行的技术研发、产品开发等方面的合作？

A. 是　B. 否

第二部分：相互信任的作用机理

6. 合作过程中，合作伙伴能完成合作协议或合作约定中所应承担的任务。

A. 非常不同意　B. 比较不同意　C. 有些不同意

D. 一般　E. 有些同意　F. 比较同意　G. 完全同意

7. 合作过程中，我们相信合作伙伴的实力及其员工的能力。

A. 非常不同意　B. 比较不同意　C. 有些不同意

D. 一般　E. 有些同意　F. 比较同意　G. 完全同意

8. 合作过程中，合作伙伴能够公平公正地对待我们。

A. 非常不同意　B. 比较不同意　C. 有些不同意

D. 一般　E. 有些同意　F. 比较同意　G. 完全同意

9. 合作开始前，我们与合作伙伴间已经存在直接或者间接的联系。（此处间接联系是指合作各方之间存在可“牵线搭桥”的中间组织）

A. 非常不同意　B. 比较不同意　C. 有些不同意

D. 一般　E. 有些同意　F. 比较同意　G. 完全同意

10. 合作开始前，我们能够很容易地从合作组织中发现我们所需要的知识资源。

A. 非常不同意　B. 比较不同意　C. 有些不同意

D. 一般　E. 有些同意　F. 比较同意　G. 完全同意

11. 合作过程中，我们与合作伙伴之间存在丰富的沟通交流渠道。

A. 非常不同意　B. 比较不同意　C. 有些不同意

D. 一般　E. 有些同意　F. 比较同意　G. 完全同意

12. 如果合作伙伴与我们合作形成了好声誉，将给它创造更多机会，有利于它今后的发展。

A. 非常不同意　B. 比较不同意　C. 有些不同意

D. 一般　E. 有些同意　F. 比较同意　G. 完全同意

13. 合作过程中，我们与合作伙伴都愿意彼此分享技术、经验、新知识等信息。

A. 非常不同意　B. 比较不同意　C. 有些不同意

D. 一般　E. 有些同意　F. 比较同意　G. 完全同意

14. 合作过程中，积极的合作行为是被鼓励的。（这种鼓励既可能来自于合作协议中的奖励制度，也可能是其他规章、制度或者文化的激励作用）

A. 非常不同意　B. 比较不同意　C. 有些不同意

D. 一般　E. 有些同意　F. 比较同意　G. 完全同意

15. 知识移动时，发送知识的一方能够根据接收方的能力大小来合理安排需要传递的知识内容。

A. 非常不同意　B. 比较不同意　C. 有些不同意

D. 一般　E. 有些同意　F. 比较同意　G. 完全同意

16. 知识移动时，发送知识的一方有能力清楚表述并使接收方理解其传递的知识内容。

A. 非常不同意　B. 比较不同意　C. 有些不同意

D. 一般　E. 有些同意　F. 比较同意　G. 完全同意

17. 知识移动时，接受知识的一方能够消化吸收所学到的内容并将其应用于工作中。

A. 非常不同意　B. 比较不同意　C. 有些不同意

D. 一般　E. 有些同意　F. 比较同意　G. 完全同意

19. 合作过程中，合作各方能自由交流讨论彼此与合作相关的业务。

A. 非常不同意　B. 比较不同意　C. 有些不同意

D. 一般　E. 有些同意　F. 比较同意　G. 完全同意

20. 合作过程中，我们能够很容易观察到合作伙伴的经营活动。

A. 非常不同意　B. 比较不同意　C. 有些不同意

D. 一般　E. 有些同意　F. 比较同意　G. 完全同意

21. 合作过程中，合作各方都积极地分享彼此的技术、经验、新知识等信息。

A. 非常不同意　B. 比较不同意　C. 有些不同意

D. 一般　E. 有些同意　F. 比较同意　G. 完全同意

22. 合作过程中，合作各方通常就各自掌握的有差异且互补的知识进行交流。

A. 非常不同意　B. 比较不同意　C. 有些不同意

D. 一般　E. 有些同意　F. 比较同意　G. 完全同意

问卷到此结束，再次感谢您的支持！

附录 2：相互信任对知识网络中知识冲突的治理作用调查问卷

尊敬的女士/先生：

您好！我们是四川大学商学院“基于知识链的知识网络形成与演化研究”课题组，现正进行子课题“相互信任对知识网络中知识冲突的治理作用研究”的独立学术调查，旨在分析知识网络中组织间的相互信任关系对知识网络中知识冲突的治理作用。调查采用匿名填答方式，不涉及贵机构商业秘密，请您根据贵机构实际情况填写问卷内容。您所提供信息我们将严格保密，仅供研究使用，研究人员承诺不向任何第三方提供贵机构数据。作为回报，如有所需，本调查研究结论可提供给贵机构做决策参考之用。

您的参与将直接决定我们的研究成果和研究质量，向您对本次调研工作的支持与参与，表示衷心感谢！

第一部分：基本信息（请在对应选项上打“√”）：

1. 您的职位类别是：

研发　财务　人力　行政　IT　供应链　销售市场　其他

2. 您所在的组织是：

高校　科研机构　企业　政府部门　金融机构　咨询机构　其他

3. 您的合作伙伴通常为：

供应商　经销商　客户　高校　科研机构　企业　其他

第二部分：问卷主体

说明：您将读到 15 段描述性文字，请根据描述内容与您实际情况的符合程度，在对应选项上打“√”。1—完全不符合，2—比较不符合，3—有些不符合，4——般符合，5—有些符合，6—比较符合，7—完全符合。

1. 合作过程中，我们认为合作伙伴会遵守承诺，采取有利于共同目标实现的合作行为

1　2　3　4　5　6　7

2. 合作过程中，我们相信合作伙伴有能力履行承诺，完成所应承担的任务

1　2　3　4　5　6　7

3. 虽然合作风险是不可能完全避免的，但我们还是愿意与对方建立合作关系

1　2　3　4　5　6　7

4. 做出违约行为被发现的概率非常大

1　2　3　4　5　6　7

5. 合作相关信息会迅速地在网络内部甚至外部传播开去

1　2　3　4　5　6　7

6. 违约行为会为组织带来包括经济、信誉等方面的严重损失

1　2　3　4　5　6　7

7. 合作各方在技术、人力方面的投入很难在合作结束后转移到其他领域

1　2　3　4　5　6　7

8. 合作各方在设备、物资方面的投入很难在合作结束后转移到其他领域

1　2　3　4　5　6　7

9. 我们关注长期合作收益而非短期利益

1　　2　　3　　4　　5　　6　　7

10. 合作过程中，我们与合作伙伴之间存在丰富的沟通渠道

1　　2　　3　　4　　5　　6　　7

11. 合作过程中，合作各方经常就各自掌握的技术、经验、信息等知识进行交流

1　　2　　3　　4　　5　　6　　7

12. 在沟通过程中，各方能彼此坦诚地表达想法，深入了解对方观点，自由交换不同意见

1　　2　　3　　4　　5　　6　　7

13. 合作各方愿意共享对于达成共同合作目标具有关键价值的经验、技术、信息等知识

1　　2　　3　　4　　5　　6　　7

14. 合作过程中，各方无须在知识冲突的解决上花费过多的时间、精力、人力等成本

1　　2　　3　　4　　5　　6　　7

15. 合作过程中，各方始终保持令人愉快的思想和知识碰撞，新灵感、新思想、新知识不断涌现，合作绩效令人满意

1　　2　　3　　4　　5　　6　　7

问卷到此结束，再次感谢您的支持！

后 记

本书是在我博士期间所取得的主要研究成果基础上完成的。博士期间，在做学问、做研究的路上不断探索，除了获得微不足道的研究成果，更重要的是在过程中获得思维模式的锻炼和科研精神的培养，为我后期的研究工作奠定了坚实的基础。回顾过往，在探索研究的道路上，经历了冥思、苦闷、欣喜的一次次峰回路转。一路走来，有太多的人给予我关怀、帮助与支持。

首先，要向我的恩师顾新教授致以最深的谢意！顾新教授是我做研究道路上的领路人，从硕士阶段入学第一天，到今日我自己也开始教书育人做研究，顾老师于我的帮助，太多太多，不能穷尽。从顾老师身上，我学会了做人与做事。顾老师是我的良师，开启学术研究之门那一刻，顾老师就明确提出恪守学术道德、创新务实的要求，我的每一项研究工作，每一篇学术论文都得到顾老师的悉心指导。在本书内容的研究过程中，顾老师不断为我提供有参考价值的文献资料，解答我在研究工作中遇到的困惑，协助我攻克难关，本书的完成倾注了顾老师的不少心血。顾老师还是我的益友，除了学术上严格要求和悉心指导外，顾老师对我的生活也倾注关怀。从我的家庭到我个人职业生涯的发展，都得到顾老师的帮助与支持。在我面临职业发展方向选择的一些重要节点，得到了顾老师许多真诚中肯的建议和指导，师从顾老师是我人生中的极大幸运。顾老师严谨治学的态度、思辨活跃的学术思想、待人以诚的行事风格、谦虚宽厚的为人品格都使我终身受益。而这些年的学习与研究生涯，还得到师母李久平老师无微不至的关心与帮助，在此，谨向顾老师及李老师表示最深的敬意和诚挚的感谢。

在本书的完成过程中，还得到了我的同门相助。顾新教授的硕士生李雪婷完成了本书第七章的核心内容，博士生李其玮对本书的参考文献进行了仔细校对和补充，并对全书内容进行了第一轮统稿和核校。在此，对他们的辛勤劳动表示真诚的感谢。

感谢四川大学商学院徐玖平教授、任佩瑜教授、毛道维教授、陈维政教授、贺昌政教授、揭筱纹教授、罗利教授等在博士阶段的课程学习和博士学位论文开题及评阅过程中的教诲与指导。感谢我的博士学位论文所有审评专家和答辩委员会的专家们，他们提出的宝贵意见帮助我发现问题，更快成长。这些教诲与指导，对本书的选题、定向、论证具有关键的启发，促进了本书的成形付梓。

感谢书中所有参考文献的作者，在他们智慧结晶的基础上，我才能完成自己的这部论著。

最后，特别感谢我的家人。感谢我的爸爸，父爱如山，爸爸的爱和教诲是我前进的动力，让我不断努力成为一个自立、自强、勇敢而有责任和良知的人。感谢我的妈妈，母爱似海，妈妈为我付出很多，帮助我解除所有后顾之忧，对我照顾得无微不至，让我能够全心投入研究工作中，才使本书顺利完成。而我今天的成长与发展，得益于父母民主开放的教育，离不开他们无怨无悔的付出。父母之爱，如山似海，我将用行动表达我对他们的爱。还要感谢我的姐姐、姐夫以及可爱的小侄女，他们的帮助和关爱，让我能够安心开展研究工作，让我感受到满满的手足情深。我的亲戚三姨、姨父也一直给予我鼓励、帮助，在此，也向他们深深鞠躬致谢。

这一路，还有许多老师、朋友关心、帮助并激励着我，他们的相扶相助也一直记在我心中。本书的完成，也是向这些可敬、可爱的人们致以深深谢意。我将继续怀着感恩的心，快乐前行。

著　者

2016 年 4 月